나를 위한 신화력

나를 위한 신화력

1판 1쇄 인쇄 2021. 08. 20
1판 1쇄 발행 2021. 08. 31

지은이 유선경

발행인 고세규
편집 강지혜 디자인 조은아 마케팅 백미숙 홍보 반재서
발행처 김영사

등록 1979년 5월 17일 (제406-2003-036호)
주소 경기도 파주시 문발로 197(문발동) 우편번호 10881
전화 마케팅부 031)955-3100, 편집부 031)955-3200 | 팩스 031)955-3111

값은 뒤표지에 있습니다.
ISBN 978-89-349-4412-6 03100

홈페이지 www.gimmyoung.com 블로그 blog.naver.com/gybook
인스타그램 instagram.com/gimmyoung 이메일 bestbook@gimmyoung.com

좋은 독자가 좋은 책을 만듭니다.
김영사는 독자 여러분의 의견에 항상 귀 기울이고 있습니다.

나를 위한 신화력

유선경 지음

THE
POWER of
MYTHO
- LOGY

나를 온전히
이해하기 위한
신화 수업

김영사

어둑새벽에 창밖 풍경은 전원 끊긴 모니터처럼 어둡고, 내가 내는 소리만 세상에서 제일 크다. 모든 동작을 멈추고 호흡조차 작게 다스리니 어득한 곳에서부터 귀가 열린다.

소행성 B-612에서 어린왕자가 자신의 장미꽃에 물 주는 소리, 과거에서 돌아온 상념들이 웍더그르르 부딪치는 소리, 지구가 도는 소리, 지구의 자전 속도는 시속 약 1,667킬로미터.

그만큼의 속도로 내게 달려온다.

토마스 만이 《베니스에서의 죽음》에 "저기 세상의 가장 자리에서 장미를 뿌리는 일이 시작되었고, 이루 말할 수 없이 사랑스럽게 빛이 나고 꽃이 피는 광경"이라고 묘사한 에오스Eos, 그가 내 머리 위 새벽하늘을 달리며 밤의 장막을 걷어내고 세상에 꽃을 뿌린다. 허다한 꽃 중 '장미'라는 사실에 주목해야 한다. 아프로디테와 함께 태어났으니 아름답기로 꽃 중에 따놓은 당상이다. 실제로 장미는 고대 로마에서 가장 귀한 꽃이었다.

아낌없이 뿌린다. 덕분에 온 세상이 장밋빛이다. 장밋빛 인생, 장밋빛 희망, 장밋빛 꿈이라는 말이 품은 '낙관적이고 희망적인 상태.' 모든 사람에게 공평하게, **새벽은 장밋빛으로 온다.**

17세기 이탈리아 화가 구에르치노가 〈아우로라〉를 그렸다. 로마인들은 에오스를 '아우로라Aurora'라 불렀다. 시커먼 밤이 물러가고 에오스가 빛나는 말 람포스와 파에톤이 힘차게 끄는 마차에 올라 아기천사들에게 건네받은 장미를 뿌린다. 천장벽화 형태로 그린 덕에 보고 있으면 흰 장미꽃들이 머리 위로 스르륵 스르륵 떨어지는 기분을 느낄수 있다.

장미꽃이 흰색인 것을 보니 아프로디테가 사랑한 미소년, 아도니스Adonis가 죽기 전이다. 처음에 장미는 흰색만 있었다. 아프로디테가 멧돼지 이빨에 옆구리를 찔려 죽어

구에르치노 〈아우로라〉 1621년

가는 아도니스를 살리려다 흰 장미에 찔려 피를 흘렸고, 이때부터 붉은 장미가 생겨났다. 그러나 아직은 흰 장미… 에오스가 세상에 뿌려 우리의 머리를, 어깨를, 양손을 부드럽게 토닥이며 곧 내디딜 미래라는 발치에 떨어지는 한 송이, 한 송이마다에는 이런 축복이 담겨 있다.

"꽃길만 걷게 해줄게."

그의 뒤를 태양신 헬리오스Helios 가 따른다. 곧 날이 밝고 하루가 시작될 것이다.

　오랫동안 희망에 침을 뱉었다. 희망은 실망과 절망을 부
대처럼 끌고 와 내 심장을 베었다. 니코스 카잔차키스는 이
세상의 모든 유혹 가운데 가장 무서운 유혹인 희망을 정복
하라고 경고했으나, 내가 든 칼은 희망을 정복하기에 무력
했다. 차라리 침을 뱉고 돌아섰다. 희망하지 않으려 노력했
다. 그러나 희망이 실망이나 절망에 맞물려 있듯 생은 늘
희망에 물려 있었다.

　'생生'이라는 한자는 네 다리를 가진 소[牛]가 외나무다
리[一]를 건너는 모습을 형상화한다. 한 발만 헛디뎌도 심
연으로 곤두박질칠 것이다. 조심스럽게 발을 보며 걷는 자
는 현명하다. 나는 어리석어 멀리 사방을 두리번거리고 팔
랑거리며 춤을 추었다. 허방다리 짚고 떨어졌다가 이제 겨
우 힘겹게 다시 외나무다리에 올라섰다. 함께 출발한 다른
자들은 진즉 외나무다리를 건넜고, 나는 부상마저 입어 절
뚝거린다. 어떤 날은 후회하고 어떤 날은 후회하지 않는다.
어느 쪽이든 이제 와 어쩔 것인가. 반성도 하지 않으련다.
그러느니 낮잠이나 자련다. 외나무다리를 성공적으로 건
너는 것이 목표인 사람이 있지만, 내게는 목표가 없으며 매
순간 살아 있음을 실감할 수 있기를 희망할 뿐이다. 로맹
가리가 "그 누구도 극복할 수 없는 유혹"이라 한 '희망.' 극
복할 수 없음을 깨우쳤으니 이제 스스로 무장을 해제해 기

꺼이 유혹당할 것이다. 이 외나무다리에서 춤출 것이다. 외
나무다리는 내가 될 것이다.

　부디 죽는 날까지 날 유혹하라,
　살아 있는 한 희망할 것이다.

　나는 이제야 장밋빛 손가락을 가진 에오스의 축복을 감
사하게 받아들인다.

차례

2장 어째서 매일 세우는 탑이 매번 무너지는가

3장 내가 비록 가진 눈이 한 개뿐이지만

1장

세상은 언제나
혼돈의 카오스

THE POWER OF MYTHOLOGY

낙원은 현실에 없다
세상도 나도 혼돈의 카오스

#낙원 #유토피아

동양에서 낙원은 전통적으로 '도원桃源'이다. 조선을 대표하는 산수화, 안견의 〈몽유도원도夢遊桃源圖〉의 '도원'도 같은 낙원으로, 그에게 그림을 의뢰했던 안평대군이 지난 밤 꿈에서 노닌 곳이라 해서 앞에 '몽유夢遊'가 붙었다.

그렇다. 꿈에서나 갈 수 있을 법해야 낙원이다. 현실에 도저히 없을 것 같아야 더욱 낙원답다. 토머스 모어는 에두르지 않고 낙원은 현실에 없다며 '유토피아utopia'라는 신조어를 만들었다. 그리스어로 '유u'에 해당하는 'ou'는 '없다', '토피아topia'에 해당하는 'toppos'는 '장소'를 뜻해, 유토피아는 '현실 어디에도 없는 땅'이란 뜻이다.

도연명은 어째서 어딘가에 있을 법한 이런 곳을 '도원'이

017

라 했을까. 아래 시에서 유래한 고사성어가 '무릉도원夢遊桃源.' 글자대로 풀면, '무릉夢遊이라는 곳에 사는 어부가 다녀온 복숭아나무 있는 마을'이라는 뜻이다.

서로 도와 농사일에 힘쓰고
해 지면 돌아와 쉬었다네.
뽕나무와 대나무는 짙은 그늘 드리우고,
콩과 기장은 철 따라 심는다오.
봄에는 누에에서 긴 명주실 뽑고,
가을에는 수확해도 세금이 없네.
(…)
아이들은 마음껏 다니며 노래 부르고,
노인들은 즐겁게 놀러 다니네.
풀이 자라면 시절이 온화한 줄 알고
나뭇잎 시들면 바람의 매서움을 아노라.
비록 세월 적은 달력 없지만,
사계절은 저절로 한 해를 이룬다.
기쁘고도 넘치는 즐거움 많으니
어찌 수고로이 꾀를 쓸 필요 있으랴.
— 도연명 지음, 〈도화원桃花源〉에서

처음에는 정지용의 〈향수〉와 비슷한 전원시로 읽었다.

그런데 다시 읽으니 목덜미가 서늘하다. 구구절절 실재한 적 없는 시공간이다! 모두가 본분을 다해 힘써 일하면 절로 평화롭고 기쁨과 즐거움이 따라와 수고롭게 꾀를 쓸 필요 없는 세상 같은 거, 아이들이 마음껏 다니면서 노래 부르고 노인들이 즐겁게 놀러 다닐 수 있어 걱정하지 않아도 되는 세상 같은 거, 인류는 한 번도 가져본 적 없다.

도연명은 마흔한 살에 "쌀 다섯 말 때문에 허리를 굽힐 수 없다"는 말을 남기고 낙향해 다시 권력에 발길을 돌리지 않았고 농사꾼이자 시인으로 평생 청빈하게 살았다.

애당초 쌀 다섯 말 때문에 벼슬길에 나섰을 리 없다. 난세를 바로잡고 싶은 꿈이 있어 출사했을 것이다. 그러나 힘써도 꿈은 멀고, 남은 것은 너덜너덜해진 자존감과 세속에 대한 환멸, 꼬박꼬박 들어오는 쌀 다섯 말뿐이었으리라.

힘써 들인 시간과 노력, 마음이 흔적 없이 사라져 아무것도 되지 않는 나락을 몇 번이고 겪었다. 이렇게 되고 말 걸 뭣 하러 그리 애썼을까. 차라리 아무것도 하지 말 걸 그랬나. 앞으로는 최선도, 진심도 다 하지 말아버릴까? 이제라도 나만 생각하고 이로운 꾀를 써야 하는 게 아닐까.

혼돈의 카오스다. 모든 게 엉망진창, 뒤죽박죽으로 섞여 무엇을 기준이나 원칙으로 삼아야 할지 갈피를 잡을 수 없다. 어떻게 살아야 하나. 하! 이제 그만 애쓰고 다 때려치워 버릴까. 하지만 말이 좋아 청빈이지 춥고 배고프게 살 자신이 없다. 도연명도 병을 얻어 쇠약해지자 가난하게 살 자식들 걱정이 가슴 깊이 맺혀 말로 다할 수 없다 하지 않았나. 여기에 생각이 닿으니 무릉도원을 꿈꾼 그의 심정을 헤아릴 수 있겠다. 힘쓰는 만큼 기쁨과 즐거움이 따라 수고롭게 꾀를 쓸 필요 없는 세상, 나의 과거의 삶인 아이들과 나의 미래의 삶인 노인들을 걱정하지 않아도 되는 곳이야말로 낙원이다.

　노력하면 그만큼의 결과를 얻을 수 있고, 착하게 살면 복을 받고, 정의는 승리한다고 의심 없이 믿었다. 무지의 소산이었다. 낙원에 숨은 패러독스를 알아차리고 나서는 그만 애쓰고 싶을 땐 두세 번쯤 더 애쓰다 그만두었지만, 다 때려치우고 싶을 땐 다음 날 때려치웠다. 온 힘을 다 쓰고 진심을 다했는데도 때려치우고 싶은 심정이 들고 만다면 이제 그만 떠나라는 신호로 받아들였다. 남들은 이런 나를 보고 어디 믿는 구석이 있는 모양이라고 픽도 단순하게 유추하더라만 나도 무서웠다. 그래도 뛰어들 수밖에 없었다. 혼돈의 카오스 속으로. 그래야 다시 살길이 열릴 것 같았다.

내 안의 카오스를 마주하다

새로운 탄생의 질료

#혼돈 # 카오스 #긴눙가가프

그림 한 장을 펼친다. 단원 김홍도가 1779년에 완성했다고 전하는 〈해상군선도海上群仙圖 8첩 병풍〉이다. 기세 좋게 넘실대는 파도는 적수赤水의 것이다. 적수는 사람의 힘으로 도저히 건널 수 없는데 그리스신화의 스틱스Styx°나 불교의 삼도천三途川, 제주신화의 원천강처럼 생과 사를 가르는 경계, 사람이 살아서는 건널 수 없다는 은유일 것이다. 그러니 적수의 파도 위를 걷는 저들은 사람이 아니라 신선이다. 몸소 걷는 신선이 있는가 하면 사슴과 나귀, 소 등을 탄 신선이 여럿이고 모두 서른여덟 명이다. 파도의 거품처럼 들뜬 분위기가 생생하다. 그도 그럴 것이 신선들은 지금 천상계 최고의 잔치인 '반도회蟠桃會'에 가는 길이다.

　잔치를 주관하는 이는 서왕모西王母˚. '서쪽에 사는 왕모
王母'라는 이름이 암시하듯 신들을 거느리는 최고위 신이
자 '반도원蟠桃園'의 주인이다.

　중국 명나라의 문인인 오승은吳承恩이 쓴 《서유기》에 따
르면 반도원에는 복숭아나무 3천6백 그루가 있다. 그중에
1천2백 그루는 3천 년마다 한 번씩 열매를 맺는데, 이 복숭
아를 먹으면 몸이 튼튼하고 가볍게 된다. 또 1천2백 그루는

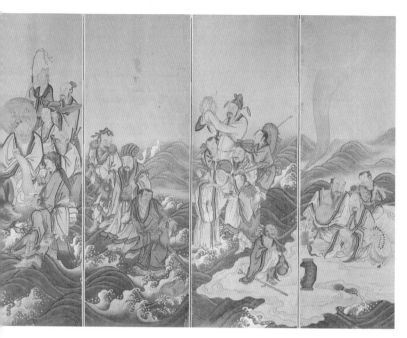

김홍도 〈해상군선도 8첩 병풍〉 1779년

6천 년 만에 한 번씩 열매를 맺는데, 먹으면 바람과 안개를 타고 날아다닐 수 있으며 늙지 않고 오래 살 수 있다. 가장 안쪽에 심어진 1천2백 그루는 무려 9천 년 만에 한 번씩 열매를 맺고 익는데, 이 복숭아를 먹으면 영원히 죽지 않고 살 수 있다. 동양신화에서 전통적인 낙원인 도원은 바로 이 서왕모의 반도원을 가리킨다. 서왕모는 해마다 한 차례 잔치를 열고 신선들을 초대해 반도원의 복숭아를 대접했다.

신선들이 감기몸살이나 요통, 치통, 관절염 등 각종 질병에 걸리지 않고 바람과 안개를 타고 날아다니며 늙지 않고 오래 사는 비결은 이 복숭아를 먹은 덕이다. 반도회가 열리는 장소는 신선들이 거하는 곤륜산에서도 '요지瑤池'라는 곳이다. 상자 앞면에 확대경을 달고 재미있는 그림을 넣어 들여다보는 장치인 요지경瑤池鏡이 여기서 왔다. 곤륜산 서쪽에 혼돈渾沌의 신이 살고 있다. 생김새가 어떤가 하니, 중국에서 가장 오래된 신화 책《산해경》에 이렇게 적혀 있다.

산속에는 신이 산다. 그 신은 노란 주머니처럼 생겼고, 피부는 단화丹火처럼 붉으며, 다리가 여섯이고 날개가 넷이다. 온몸이 한 덩어리로 되어 있어 얼굴과 눈을 찾아볼 수 없지만 노래하고 춤을 출 줄도 안다. 그가 바로 제강帝江이다.

—《산해경》 제1장 〈남산경〉 편

'섞을 혼混'에 '엉길 돈沌', 마구 섞이고 엉겨 갈피를 잡을 수 없는 상태를 뜻하니, 형상화하라면 나 같아도 아무렇게나 뭉쳐놓은 진흙 한 덩어리를 내놓겠다. 여기에 날개가 넷에 다리가 여섯이나 되니 얼마나 잘 달리고 잘 날겠는가. 게다가 깜찍하게도 노래하고 춤도 출 줄 안단다. 고대에 노래와 춤은 우주와 공명하고 교감하는 행위였다. 귀와 눈,

《산해경》 속 혼돈의 신
'제강'의 모습

코, 입이 없어도 혼돈의 신은 기쁨과 즐거움으로 충만했다.

혼돈에 인격을 부여한 이는 장자였다. 그가 쓴 《장자莊子》에서도 걸작으로 꼽히는 〈혼돈칠규混沌七竅〉에 담긴 철학은 2천3백여 년이 흐른 뒤, 일본의 이론물리학자 유카와 히데키에게 영감을 주어 1935년 중간자이론[1]을 탄생시켰고, 1949년 일본에 최초의 노벨상을 안겼다. 짧은 우화 형식인 〈혼돈칠규〉의 전반부는 이러하다.

남해의 임금을 '숙儵'이라 하고 북해의 임금을 '홀忽'이라 하며, 중앙의 임금을 '혼돈混沌'이라 한다. 숙과 홀이 때

---

1 (물리) 양자와 중성자에서 원자핵을 만드는 힘, 즉 핵력은 서로 중간자를 교환함으로써 생긴다고 설명하는 이론.

마침 혼돈의 땅에서 만났는데 혼돈이 매우 융숭하게 그
들을 대접했으므로 숙과 홀은 혼돈의 은혜에 보답할 의
논을 했다.

'남해'는 밝은 세상을, '북해'는 어두운 세상을 상징해 서
로에게 상반되는 상대다. '숙'은 현상이 재빨리 나타나는
모양을, '홀'은 현상이 재빨리 사라지는 모양을 상징하며
서로에게 유무의 상대다. 중앙은 상반이든 유무든 상대를
초월한 '절대 경지'를 상징하고 혼돈은 아직 무엇으로도 변
하지 않은 상태, 미분화未分化를 가리킨다. 상대를 초월한
절대 경지란 어떤 상태일까.《장자》에서 다른 구절을 옮겨
본다.

옛사람의 예지에는 최고의 경지에 다다른 데가 있었다.
어떤 경지에 다다랐는가? 애초 사물이란 없다고 생각하
는 무無의 경지다. 지극하고 완전하여 더이상 아무것도
덧붙일 수가 없다. 그다음 경지는 사물이 있다고 생각하
지만 거기에 구별을 두지 않는 경지다. 그다음은 구별이
있다고 생각하지만 거기에 시비를 고려하지 않는 입장이
다. 시비가 나타나면 도가 파괴되는 원인이 되고, 도가
파괴되면 또한 애증이 이루어지는 원인이 된다.

앞서 구절을 옮기며 찬탄한다. 장자가 언급한 '애초 사물이란 없다고 생각하는 무無의 경지'가 카오스이기 때문이다. 온몸이 한 덩어리인 혼돈과 달리 그리스신화에 나오는 카오스Khaos*는 대지의 여신 가이아Gaia*와 함께 태초부터 저절로 있었다.

태초에 카오스가 있었고, 그다음에는 넓은 젖가슴을 지닌 가이아가 있었는데.
— 헤시오도스 지음, 《신통기》

카오스는 고대 그리스에서 '벌어진 틈' '태초의 텅 빈 공간' '아무것도 존재하지 않는 절대 공간'이었다. 북유럽신화의 첫 장에 등장하는 긴눙가가프Ginnungagap*도 크게 다르지 않다.

태초에는 아무것도 없었네.
모래도 바다도 차가운 풍랑도 없었네.
대지도 없었고 그 위에 하늘도 없었으며,
풀도 없었고, 텅 빈 목구멍 같은 심연이 있었지.
— 스노리 스툴루손 지음, 《에다 이야기》

위의 시에서 '텅 빈 목구멍'이 고대 노르웨이어로 '긴눙가가프'다. 그러니까 혼돈과 카오스 모두, 본래 뜻은 마구 뒤섞여 갈피를 잡을 수 없는 무질서한 상태가 아니라 아무 것도 없는 텅 빈 공간, 즉 무無였다.

장자는 무에서 더 윗길의 경지가 있다 한다. 사물이 있지 만 구별을 두지 않고, 구별이 있어도 시비를 고려하지 않아 사물과 자아가 하나인 경지다. 혼돈은 이 절대 경지에 살고 있는, 온몸이 한 덩어리에 노래하고 춤추는 임금이다.

일체의 분별과 시비가 없어 도道가 완성되고 애증이 없 는 상태, 오로지 우주와 교감하는 에너지로 충만한 상태, 여기에서 생명이 생겨난다. 마치 아무것도 없던 자궁에 아 기가 생기는 것처럼. 그러니 자연 그대로 놓아두라. 아무것 도 하지 말고 아무것에도 쓰이지 않는 쓸모없는 무용無用 한 존재가 되어 스스로의 삶을 즐기라.

황금을 녹이는 용광로 같은 태양의 중심에 한 개의 눈이 자리 잡았다. 저 눈은 인간의 얼굴에 있는 두 개의 눈에서 왼쪽이거나 오른쪽이 아닌 제3의 눈, '영안靈眼'일 것이다. 활짝 벌린 저 두 개의 팔이 나의 몸을 꼭 품어 안을 것 같 고, 커다란 두 개의 발이 곧장 내 심장 속으로 뛰어들 태세 다. 받아들이면 내 정신이 저 태양이라는 생명의 에너지로 소용돌이칠 것이다.

그림의 제목은 〈매그넘 카오스〉, 온몸이 한 덩어리인 동양의 신 혼돈과 달리 온몸이 눈 한 개라는 외양의 차이가 있지만, 우주와 교감해서 얻은 에너지로 꽉 차 있다는 점에서 둘이 무척 닮았다. 무엇보다 〈매그넘 카오스〉가 16세기에 그려진 사실이 놀랍다. 당시에 카오스는 이미 혼란이나 무질서와 같은 뜻이었다. 로렌초 로토는 이런 사회적 통념을 거스르고 〈매그넘 카오스〉를 과감하게 표현했고, 5백 년 뒤 사람인 나는 그림이 들려주는 목소리에 마음을

로렌초 로토 〈매그넘 카오스〉 1524~1531년

기울인다.

"카오스는 새로운 탄생의 질료다. 카오스에서 생명이 탄
생한다. 겁먹지 말고 네 안의 카오스를 마주하라."

혼돈을 죽이고 카오스를 지우다

남들과 똑같이 살다

#카오스 #혼돈

혼돈을 맞닥뜨리면 왜 혼란스러운가. 오래전에 인류가 혼돈을 죽여버렸고, 카오스를 지워버렸기 때문이다. 죽거나 없어진 줄 알았던 게 멀쩡히 돌아다니면 누구라도 아연실색하여 혼란에 빠지지 않겠는가. 그렇다면 혼돈을 어찌 죽였던가. 앞서 소개한 《장자》의 우화 〈혼돈칠규〉에서 이어지는 글을 보자.

사람은 누구나 눈, 귀, 코, 입의 일곱 구멍이 있어서 그것으로 보고 듣고 먹고 숨 쉬는데 이 혼돈에게만 없다. 어디 시험 삼아 구멍을 뚫어주자. 그래서 날마다 한 구멍씩 뚫었는데, 7일이 지나자 혼돈은 그만 죽고 말았다.

숙과 홀의 의도는 선했지만 결과가 참담했다. 혼돈은 상대를 초월한 절대 경지에 살면서 아직 그 무엇도 아니지만 동시에 모든 것이었다. 그러나 인위적으로 이목구비가 열리는 바람에 죽고 만다. 그 결과, 세상에 시비와 구별만 남는다. 시비와 구별은 프랑켄슈타인 박사처럼 죽은 혼돈의 조각들을 조립해 괴물로 재생했다.

곤륜崑崙의 서쪽에 있는 어떤 짐승은 그 생김새가 개와 같은데 털이 길고 발이 네 개다. 발은 말곰과 비슷하나 발톱이 없다. 두 눈이 있으나 볼 수 없고 두 귀가 있으나 들을 수 없으며 인간의 지성知性이 있다. 배가 있으나 오장五臟이 없으며 창자는 구불구불하지 않고 직선으로 뻗쳐 있어서 먹은 음식물은 곧바로 내려간다. 누군가가 덕행德行이 있다고 하면 가서 들이받고 흉악하다고 하면 찾아가서 의지하는데 천성으로 그렇게 하는 것이다. 이름을 혼돈渾沌이라고 하고 일명 무복無腹, 무목無目, 무이無耳, 무심無心이라고도 한다. 미력하게 앉아 하는 일없이 항상 자기 꼬리만 썹고 빙빙 돌며 하늘을 보고 웃는다.
— 동방삭 지음, 《신이경神異經》〈서북황경西北荒經〉 편

눈과 귀가 없어도 모든 걸 보고 들었던 혼돈이다. 이제는 눈이 있어도 보지 못하고, 귀가 있어도 듣지 못한다. 현실

을 보지 못하고 진실한 말에 귀 기울이지 않는다. 네 개나 있던 날개는 누구한테 잘렸는지 먹혔는지 온데간데없고 다리도 여섯에서 넷으로 줄었다. 그마저 나아가지 못한다. 남도에 '창자 없는 놈'이라는 욕이 있는데 줏대가 없다는 뜻이다. 창자가 있기는 한데 일자라 먹는 대로 싸댄다는 말은 그보다 더한 욕 같다. 좋은 걸 먹는다 한들 피와 살로 갈 리 없다.

세상에 창자 없는 사람, 창자가 일자인 사람이 어디 있겠는가. 사람 같지 않다는 뜻으로 날리는, 말의 돌려차기다. 또 그렇게나 인심 후하고 예의 바르던 혼돈이 착한 사람 괴롭히고 힘 있는 사람한테 아부한단다. 노래하고 춤추며 우주와 교감하던 귀한 신명을 더불어 살 줄 모르고 하는 일 없이 빈둥거리며 헛짓하는 데 허비한단다. 혼돈은 더이상 태초의 신이 아니라 어둡고 어지럽고 흐릿하고 분별없는 상태일 뿐이다.

카오스라고 상황이 낫지 않다. 기원전 8세기에 '아무것도 존재하지 않는 절대 공간'이었던 카오스는 기원전 6세기, 피타고라스가 "아무것도 없는 것은 무질서한 것"이라고 정의 내리면서, 4원소가 뒤섞인 상태라는 뜻으로 바뀐다. 이로부터 6백여 년 뒤, 1세기 로마 시인 오비디우스가 《변신 이야기》에 소개한 카오스는 다음과 같다.

바다도 대지도 만물을 덮는 하늘도 없을 때 우주는 어디를 봐도 막막했다. 이것을 카오스라고 하는데 형체도, 질서도 없는 덩어리에 지나지 않았다. 제 모습을 갖춘 것은 하나도 없으면서 그 안의 만물은 서로 다투고 방해했다.
— 오비디우스 지음, 《변신 이야기》

　피타고라스와 오비디우스가 인지한 카오스(혼돈)는 오늘날 우리가 여기는 대로다. 하늘과 땅, 해와 달은 둘째 치고 빛과 어둠, 시간과 소리, 무엇도 존재하지 않는 공간. 보고 있으나 아무것도 보이지 않고 듣고 있으나 아무것도 들리지 않는다. 시작과 끝을 알 수 없어 무엇도 예측할 수 없다. 이러한 불규칙과 예측 불가능은 인간을 불편하고 불안하고 두렵게 만든다. 도저히 있는 그대로 놓아두고 견디기 힘들다. 그래서 사물이 없어도 구별을 두고, 구별이 없어도 시비를 고려한다. 처음에는 편의를 위한 약속이던 것이 불문율이 되고 법률과 규칙이 된다. 인류의 지배자는 단 한 번도 혼돈을 인정한 적 없다. 혼돈을 그대로 놓아두고는 국가도, 종교도, 사회도, 일터도, 가정도, 하다못해 조기축구 동호회조차 제대로 꾸릴 수 없다. 그래서 혼돈을 죽였고, 카오스를 지웠다.

　"네가 신명이 나든 말든 상관없다, 무조건 지켜라. 지키지 않으면 불이익이 생길 거다. 너도 남들과 똑같이 얼굴에 일곱 개 구멍을 뚫어라. 남들처럼 보고, 남들처럼 듣고, 남들처럼 먹고, 남들처럼 숨 쉬어라!"

그러나 죽인다고 죽고, 지운다고 지워지는가
인간의 잠재의식에 살아 있다

#반고 #브라흐마 #아툼 #에우리노메 #아브락사스

로렌초 로토의 〈매그넘 카오스〉는 카오스가 죽지 않고 어디로 갔는지 암시한다. 그림을 다시 보자. 한 개뿐인 눈이 어디를 보는가?

"그 눈과 마주친 당신이다."

반보쯤 내디딘 커다란 오른발을 보라. 어디를 향해 내딛고 있는가?

"당신의 심장 속이다."

세상이 인정하지 않아도 태초의 원시적인 생명력, 카오스는 한 번도 죽은 적 없이 인간의 무의식에 살고 있다. 태초에 카오스는 달걀(우주란) 속에 있었다.

태초에 우주는 혼돈 상태인 달걀 속 같았다. 반고가 달걀 속에 1만 8천 년 동안 태아처럼 있었다. 알을 깨뜨려 천지를 개벽하자 그 속에서 나온 가볍고 맑은 기체는 위로 올라가 하늘이 되고, 무겁고 혼탁한 것은 아래로 가라앉아 땅이 되었다.

— 서정 지음,《삼오력기三伍歷記》

'천지개벽天地開闢'이라는 고사성어는 앞의 글에서 나왔다. 혼돈이 죽어야 하는 이유는 당연히 천지개벽하기 위해서다.《삼오력기》를 쓴 서정은 장자보다 약 5백여 년 뒤 사람이다. 5백 년 사이에 혼돈은 인격을 갖춘 신에서 괴물을 거쳐 달걀 속 같은 상태, 불규칙하고 예측 불가능한 현상이 되었고, 여기에 훗날 '창조의 신'으로 불릴 반고盤古가 잠들어 있었다. 아직 태어나지도 않았는데 '둥글게 몸을 만 노인'이라는 뜻인 '반고'라고 이름을 붙인 건 왜였을까. 반고가 둥글게 만 몸을 펴 껍질을 깼다. 가벼운 흰자는 위로 올라가 하늘이 되고, 노른자는 아래로 내려가 땅이 되었다. 깨진 껍질에서 커다란 것은 태양과 달이, 자잘한 것들은 별이 되었다. 반고는 하늘과 땅을 갈라놓기 위해 둘 사이에 서서 하루에 3미터씩 자라다가 마침내 거인이 되었다.

태초에 달걀이 등장하는 신화는 인도에도 있다. 인도신화는 창세신과 창조신을 구분한다. 스스로 존재하는 창세신이 창조신을 창조하고, 창조신이 세상을 창조하는 구조인데 당시 인도에 상왕이 왕을 지배하거나, 왕이 제후를 지배하는 식의 전통이 있었을 것으로 짐작된다. 창세신의 이름은 나라야나Narayana˚, 판본에 따라 '그'라고만 기록하는데, 사람이 인식할 수 있는 한계 밖에 존재하기 때문이다. 창조신의 이름은 브라흐마Brahma˚, 판본에 따라 '프라자파티' '푸루샤' '아트만' 등으로 불린다. 창조신의 이름이 여럿인 것에서 알 수 있듯 인도의 창세신화는 시대별로 다수다. 그중 하나를 소개하면 이러하다.

아무것도 없는 상태에서 창세신이 처음 창조한 것은 '물'이었다. 씨앗을 담았고 점점 자라 황금 달걀이 되었다. 아홉 달 뒤 황금 달걀이 열리더니 브라흐마가 나왔다. 거의 1년 동안 말하거나 움직이지 않고 깨진 황금 달걀 속에 누워 있었다. 1년 뒤 침묵을 깼다. 처음 내뱉은 말이 지구가 되었다. 두 번째 한 말은 하늘이 되었다. 그것은 말이었을까, 소리였을까. '만트라mantra'[2]가 나온 배경이다.

이집트에서는 창세신 아툼이 상상으로 천국을 만들고 하늘과 신, 지구, 인간, 여자, 새, 동물, 식물을 생각했다. 지혜의 신 토트Thoth*가 아툼의 생각을 단어로 적었다. 아툼이 그대로 입 밖으로 내어 말했고 모든 만물이 창조되었다. "하느님이 말씀하시기를 '빛이 있으라' 하자 빛이 생겼다." 성서 창세기에 나오는 구절이다.

지혜로운 고대인들은 말의 힘을 믿었다. 말은 그 자체로 신성이자 진실이기에 맹세를 어기거나 거짓을 말하는 것은 악이었다. 죽인다고 죽고, 지운다고 지워질 수 있는 것이 아니었다.

중국과 인도에서 태초의 신은 달걀의 혼돈 속이든, 혼돈의 달걀 속이든 속에 잠들어 있다가 밖으로 나와 하늘과 땅을 창조한다. 이와 달리 그리스신화에서 땅은 카오스와 함께 처음부터 저절로 있고, 땅이 하늘을 만드는 형식을 취한다. 또, 로마신화에서는 신들 중 누군가 뒤죽박죽이던 무더기를 정돈하고 분해하고 성분 별로 나누어 하늘과 땅이 생겨났다고 소개하는데, 이야기의 진행이 논리적이라 오히려 태초의 천지창조답지 않다.

모든 민족에게 원시성이 강한 천지창조 신화가 있었을 것이다. 유구한 세월을 거치는 동안 침략이나 복속 등의 과

---

2 만트람 또는 진언이라 하며 타자, 혹은 자신의 내적 변화를 일으킬 수 있는 신비로운 힘을 가진 발음, 음절, 낱말 또는 구절. 대표적으로 아(깨어 있는 자아), 우(새로운 세계), 음(순수 직관)이 합쳐진 소리, 아-우-음, '옴'이 있다.

정을 거치면서 소멸, 변형, 왜곡, 재가공되고 신화적 요소보다 스토리텔링적 요소가 강해졌을 것이다. 즉 어색하지 않고 이해하기 쉬울수록 원형에서 멀어졌다는 소리다. 그리스-로마의 천지창조 신화가 대표적이다. 아니나 다를까, 그리스에 대지의 신, 가이아가 등장하기 전에 펠라스고이 Pelasgoi의 에우노리메 신화가 있었고, 역시나 여기에도 달걀이 등장한다.

펠라스고이는 기원전 6천 년에서 기원전 2천 년 펠라스기아(지금의 펠로폰네소스)에 살던 선주민을 일컫는다. 최초의 왕은 '펠라스고스'로 땅에서 솟아나 펠라스기아에 첫발을 디딘 최초의 인간이다. 기원전 2천 년경 중앙아시아에 살던 인도-유럽어 계통의 언어를 사용하는 부족이 대거 이동했다. 동쪽으로 향해 인도 북부에 정착한 이들은 '아리안(고귀한 사람)'이라 불렸다. 남쪽으로 이동한 이들은 자기네가 터를 잡은 지역을 '헬라스(헬렌의 자손)'라고, 스스로를 '헬라스인'이라고 칭했다. 이들이 고대 그리스인이다. 현재도 그리스인들은 자국을 칭할 때 '헬라스'라고 한다. 호메로스는 《일리아스》에 '펠라스고이가 헬라스의 원주민'이라고 썼는데, 이들이 살던 땅, 펠라스기아가 어쩌다 헬라스가 됐는지 신화를 통해 짐작할 수 있다.

펠라스고스에게는 '리카온'이라는 아들이 있었고, 리카온에게는 '칼리스토'라는 딸이 있었다. 딸은 '가장 아름다운'이라는 뜻을 가진 이름에 걸맞게 미모가 출중했다. 제우스가 반해 구애했지만 아르테미스Artemis*를 섬긴다는 이유로 받아주지 않았다. 제우스는 아르테미스로 변신해 칼리스토를 범했고, 이렇게 태어난 아들이 아르카스Arkas*다. 헤라Hera*는 제우스의 아내이자 결혼과 가정의 수호신이었다. 칼리스토에게 벌을 내려 곰으로 변신시켜버렸다. 제우스가 혼자가 되어버린 어린 아들을 걱정해 리카온에게 맡겼는데 그는 외손자 아르카스를 죽여 제물로 바쳤다. 제우스가 분노해 리카온을 늑대로 만들어버렸고, 아르카스를 부활시켜 펠라스기아의 통치를 맡겼다. 이때부터 이 땅이 '펠라스기아' 대신 '아르카디아'로 불리기 시작했다. 이상향의 대명사로 알려진 바로 그 아르카디아[3]다. 세월이 흘러 아르카스가 숲에 사냥을 하러 갔다가 큰 곰과 마주친다. 헤라가 곰으로 변신시킨 칼리스토였다. 아들을 보고 반가운 마음에 다가가지만 아르카스는 어미인 줄 모르고 화살을 겨누고, 제우스가 더 큰 비극이 벌어지기 전에 이들을 하늘로 끌어올려 별자리로 만들었다. 큰곰자리, 작은곰자리에 얽힌 신화다.

3   영어로는 '아르카디아Arcadia'로 발음하며 '목가적인 이상향'이라는 뜻을 가진 시적 단어로 사용된다.

피지배국의 경험을 가진 나라에서 태어나서인지 별자리 신화로 가린 역사를 쉽게 짐작할 수 있다. 리카온이 외손자를 죽여 제물로 바쳤다는 대목은 혈육 간에 있을 수 없는 잔인한 행위지만, 제우스로 상징되는 헬라스에 저항한 은유일 것이다. 제우스가 펠라스고이의 리카온을 늑대로 변신시켜버린 것처럼, 헬라스는 펠라스고이를 아르카디아라는 이름으로 덮어 지우려 했다. 하지만 죽인다고 죽고, 지운다고 지워지겠는가. 그랬다면 4천 년이라는 하염없는 세월이 흘러 머나먼 극동에 사는 내가 어떻게 알았겠는가.

펠레스고이에게 태초의 신은 '가이아'가 아니라 에우리노메Eurynome*였다. 가이아가 대지의 여신인 것과 대조적으로 에우리노메는 바다의 여신이다. 펠레스고이가 대지보다 바다를 기반으로 삶을 꾸려갔음을 암시한다. 그들의 천지창조 신화는 대략 이러하다.

에우리노메가 혼돈에서 춤을 추다 남쪽으로 가는데 길마다 바람이 불었다. 북풍을 잡아 양손에 넣고 부드럽게 비비자 거대한 구렁이로 변신했고, '오피온Ophion'*이라 불렸다. 에우리노메는 오피온과 결합해 임신했고, 비둘기로 변신해 파도에 둥지를 틀었다. 그리고 시간이 되자 우주의 알을 낳았다. 오피온이 우주란을 자신의 몸으로 일곱 번 휘감아 부화할 때까지 칭칭 감고 있었고, 마침내 알이 갈라지면서 태양과 달, 별, 산과 강, 대지가 태어났다.

그렇다. 요점은 닭의 알이든 우주의 알이든 '알'이다. 알에서 태어난다는 것은 두 번 태어나야 한다는 뜻이다. 알 속에서 한 번 태어나고 알을 깨고 나옴으로써 두 번 태어난다. 제힘으로 껍질을 깨야 천지가 개벽한다.

새는 힘겹게 투쟁해서 알에서 나온다. 알은 세계다. 태어나려는 자는 하나의 세계를 깨뜨려야 한다. 새는 신에게 날아간다. 그 신의 이름은 아프락사스다.
— 헤르만 헤세 지음, 《데미안》

아프락사스 혹은 아브락사스Abraxas˚라고 한다. 그노시

살바도르 달리 〈나르키소스의 변형〉 1937년

스파(영지주의)에서 섬긴 신으로 선과 악, 신과 악마, 남자와 여자 등 상반된 세계를 동시에 모두 품고 있어 상대와 시비를 초월한 중앙의 신, 혼돈과 닮았다. 혼돈 상태의 알을 깨고 나온 새가 그에게로 날아간다. 죽인다고 죽지 않고, 지운다고 지워지지 않는다. 아브락사스여, 아브라카다브라![4]

4 아브라카다브라Abracadabras는 기원전 500년경부터 기원후 600년 경까지 고대 오리엔트의 국제어였던 아람어aram의 '이루어지라'와 '내가 말한 대로'에서 나온 말로, '내가 말한 대로 될지어다'라는 뜻으로 오컬트계의 주문으로 유명해졌다. 신의 이름 '아브락사스'에서 따왔다.

— 아무도 막을 수 없다

잔혹한 역사

바다를 기반으로 살던 선주민이 땅을 기반으로 사는 이민
족에 정복당하자 에우리노메는 태초의 신 자리를 가이아에
게 내주었고, 헤시오도스는 인간의 역사에 충실하게 《신통
기》를 집필했다.

> 가이아는 자신을 꼭 덮어주어 성스러운 신들에게 절대로
> 흔들리지 않는 처소가 되도록 하기 위해 자신과 비슷한
> 크기로 별이 총총한 하늘을 만들어냈다.
> ― 헤시오도스 지음, 《신통기》

이렇게 만들어진 하늘(우라노스)이 땅(가이아)과 결합해

티탄Titan 신족˚ 열둘이 탄생한다. 이어 고집불통 퀴클롭
스Cyclops˚ 3형제와 크고 거친 헤카톤케이레스Hekatoncheir˚
3형제가 태어난다. 이마 한가운데 둥근 눈이 하나만 박혀
있다거나 백 개의 커다란 팔과 쉰 개의 머리가 돋아난 끔찍
한 모습이라 처음부터 우라노스Uranus˚를 소름 끼치게 만
들었다. 그는 자식들이 태어나는 족족 가이아의 자궁, 타르
타로스Tartaros˚에 가둬버린다.

　모성애 강한 가이아는 세상 빛을 보지 못하는 자식들을
가여워하며 고통과 원한에 사무쳤다. 회색빛 철을 원료로
큰 낫을 만들어 자식들에게 보여주며 극악무도한 아비에
게 복수하라 부추겼다. 모두 공포에 사로잡혀 입을 열지 못
하는데 막내인 덩치 큰 크로노스Kronos˚가 용기를 냈다. 우
라노스가 가이아를 뒤덮을 때 왼손으로 아비를 잡고 오른
손으로 크고 길고 날카로운 톱니가 달린 낫을 잡아 우라노
스의 성기를 재빨리 잘랐다. 그리고 이것을 뒤로 던져 날려
버렸는데 핏방울이 대지의 여신 가이아에게 스며들어 에리
니에스Erinyes˚ 세 자매가 태어났다. 에리니에스, 부모를 살
해하거나 자식을 학대하는 등 가족에게 죄를 지으면 그보
다 더 잔혹한 방식으로 응징하는 여신들이다. 또 바다에 떨
어진 성기에서 생겨난 거품에서 아프로디테Aphrodite˚가 탄
생한다. 여자들의 흉허물 없는 한담과 미소와 유혹, 달콤한
욕망, 포옹과 애무 등의 영역을 담당한다.

조르지오 바사리 〈우라노스를 거세하는 크로노스〉 16세기

아직 올림포스의 열두 신도, 인간도 없을 때 일어난 일이다. 최초의 최고신 우라노스가 거세되는 과정에서 복수의 신과 애욕의 신이 탄생하는 신화는 세상과 인간을 작동시키는 두 개의 근본 원리를 보여준다. 바로, '정당한 복수'와 '성애性愛'다. 복수의 신과 애욕의 신이 사실상 부모 없이 태어나 누구에게도 지배받지 않는다는 설정은 정당한 복수심과 애욕을 아무도, 그 무엇으로도 막을 수 없음을 암시한다.

그리스신화와 비극은 가족 안에서 일어난 살해나 유기, 폭력 등의 요소를 강박적이다 싶을 만큼 집요하게 다룬다. 국가나 사회에 아무리 위대한 업적을 쌓아도 에리니에스의 복수를 피하지 못한다. 오이디푸스Oedipus*가 성군이었는데도 나라에 극심한 가뭄이 든 이유는 생부를 살해했기 때문이고, 트로이 전쟁에서 승리하고 돌아온 아가멤논Agamemnon*이 부인 클리템네스트라에게 살해당한 원인은 출전하면서 딸 이피게네이아를 제물로 바친 데 있다. 또한 클리템네스트라가 아들 오레스테스에게 죽임을 당한 것은 그녀가 아들의 아비를 살해했기 때문이다. 비극적이지만 비난할 수 없다. 자신의 가족에게 폭력을 행사한 이들이 받아 마땅한 '정당한' 복수이기 때문이다. 그리스 시민들은 이런 신화와 비극을 접하면서 카타르시스를 느끼는 한편 자비 없는 에리니에스를 두려워하며 자신의 가족과 공동체를 돌아봤을 것이다.

아들에게 남근을, 아니 권력을 잃은 우라노스는 자식들을 '티탄'이라 비하하며 반드시 참회하게 될 거라고 저주했다. '타이탄Titan', 영어에서는 아주 건강하거나 지혜롭고 중요한 사람을 가리키지만, 고대 그리스어에서는 깡패, 불한당, 불량배라는 뜻이었다. "이 불한당 같은 자식들아, 너희들이 나한테 한 짓을 반드시 참회할 날이 올 것이다. 특히 너 크로노스야, 꼭 너 같은 아들을 낳아서 내가 당한 그대로 당해봐라."

말은 그 자체로 신성이자 진실이다. 신화에서 신이 하는 말은 예언이며 확실하게 실행된다. 크로노스는 자신의 운명이 아비의 저주대로 될까 두려웠다. 레아Rhea*가 자신의 자식을 낳을 때마다 경계를 늦추지 않다 태어나는 족족 먹어치운다. 그러기를 다섯 번이었다. 여섯 번째가 되자 레아는 같은 고통을 겪은 시어머니 가이아와 공모해 제우스 Zeus*의 출생을 숨긴다. 1년 뒤, 인간의 나이로 두 살인 제우스가 크로노스에게 구토제를 먹여 전에 먹힌 형과 누나를 토하게 만드는데 이들이 헤스티아, 데메테르, 헤라, 하데스, 포세이돈이다. 제우스와 남매들은 힘을 합쳐 크로노스를 상대로 10여 년에 걸친 전쟁을 치르고, 이를 '티타노마키아Titanomachia'라고 부른다.

거대한 낫을 들어 아비를 거세한 것도 끔찍한데 자식들을 먹어 치운 끝에 최고신에서 축출된 크로노스는 그리스 신화 속 최고의 문제 신이다. 서양 미술사의 거장, 페테르 파울 루벤스와 프란시스코 호세 데 고야가 약 2백여 년의 격차를 두고 〈아들을 먹는 크로노스〉를 그렸다.

산 채로 아들의 심장을 물어뜯는 아비와 이미 아들의 머리와 팔 한쪽을 삼키고 남은 팔을 먹으려 입을 크게 벌린 아비의 모습은 지독하게 악마적이라 누구라도 크로노스에게 일말의 동정도 품을 수 없게 만든다. 고야의 그림은 일본 애니메이션 〈진격의 거인〉에 모티브를 제공했는데, 〈진격의 거인〉의 초반부 줄거리는 대략 이러하다.

거인들이 나타나 성벽을 부수고 인간들을 집어삼킨다. 무자비한 거인들 앞에서 인간은 속수무책이다. 무엇보다 이상한 점은 거인이 왜 인간을 잡아먹는지 알 수 없다는 것

페테르 파울 루벤스 〈아들을 먹는 크로노스〉 1636년

프란시스코 호세 데 고야
〈아들을 먹는 크로노스〉
1819~1823년

이다. 거인은 배고픔을 모르기 때문에 굳이 먹지 않아도 되
는데 닥치는 대로 인간을 공격해 집어삼킨다. 고야의 크로
노스처럼.

아비가 먹은 자식의 정체는 무엇인가
언젠가는 반드시 후회할 것이라는 저주

#시간의_신_크로노스

예술은 예술가 스스로 의식했든 아니든 그 자체로 사상이다. 루벤스와 고야의 그림을 다시 본다.

루벤스의 그림에서 백발에 흰 수염, 어깨 위에 뜬 세 개의 별, 거대한 낫은 최고의 지위와 권력을 상징한다. 한 손에 그러쥘 수 있을 만큼 작고 나약한 갓난아기 따위가 대적할 수 있는 존재가 아니다. 처음 보면 고야의 그림이 더 잔인하다고 느낄 것이다. 그런데 보면 볼수록 루벤스의 그림이 훨씬 잔인하다. 산 채로 심장을 뜯어 먹히는 어린아이의 얼굴에 가득 서린 공포가 처절한데 정작 크로노스의 얼굴에서는 아무 감정도 읽히지 않는다. 작정한 대로 실행할 뿐이다. 권력의 잔혹성이다.

반면 고야의 그림에서 크로노스의 표정은 루벤스 그림에 등장한 어린아이의 표정과 흡사하다. 공포에 사로잡혀 동공이 확장되고 흡떴다. 루벤스가 그린, 심장을 물어뜯기는 어린아이는 크로노스의 과거일지 모른다. 그 역시 아비인 우라노스에게 박해받지 않았던가. 그런데 고야의 크로노스가 두 손으로 꼭 그러쥔, 이미 머리와 한쪽 팔이 먹혀버린 상태의 시신을 살피면 어린아이가 아니라는 사실을 알 수 있다. 남성인지 여성인지 명확하지 않지만 분명 성인의 몸이다. 크로노스의 아들이라면 제우스처럼 두 살만 돼도 아비만큼 거인으로 성장할 것이 분명하다. 그렇다면 크로노스가 먹어치우고 있는 건 자신의 아들이 아니라 그보다 더욱 완전한 그 무엇이 아닐까. 이 때문에 그가 더욱 공포에 사로잡혀 있는 게 아닐까. 막 태어났는데도 완전한 그것은 무엇일까.

시간이다. 시간은 늘 새로 태어나며 태어남과 동시에 죽는다. 가끔 골똘하게 '시간이 나를 먹는지, 내가 시간을 먹는지…' 생각하는데 아무래도 시간한테 먹힐 때가 훨씬 많은 것 같다. 그러고는 끝내 쓸쓸해져버린다. 이렇게 계속 먹히다 필멸할 것이기 때문이다.

이 모든 과정을 두려움이나 공포 대신 자연스러움으로 받아들일 수 있으면 얼마나 좋을까. '언젠가는 반드시 참회하게 될 것'이라는 저주조차도 말이다. 시간이 흐르면 우라노스가 '언젠가 반드시 참회하게 될 것'이라고 한 운명이 실현될 것이다. 크로노스는 새로 태어난 시간을 삼키는 것으로 자신에게 당도할 그 시간을 막으려 했다. 삼키면 없어질 줄 알았다. 우걱우걱 삼킨 것들을 줄줄이 토할 줄은 꿈에도 몰랐다. 그렇게 토해낸 것들이 나를 공격한다.

누군들 피할 수 있을까. 사람은 나이가 들면 자연스레 과거를 반추한다. 한 점 부끄러움도 없노라 하는 큰 소리는 허장성세다. 올바른 성찰은 참회를 동반하기 마련이며 필멸할 준비를 잘하고 있다는 방증이 아닐는지. 참회하는 자에게 복이 있기를…

루벤스와 고야가 아들을 먹는 크로노스를 그린 것은 둘 다 공교롭게도 죽기 몇 년 전이었다. 작품을 완성하고 루벤스는 4년 뒤 63세로, 고야는 5년 뒤 82세로 세상을 떠나서 거장들이 말년에 성찰한 권력과 인간의 속성이 무엇이었는지 보여주는 듯하다. 그들은 신화를 재현한 것이 아니라 사상을 구현했다.

진짜 크로노스는 어떻게 되었을까? 죗값을 받아 죽임을 당했을까, 아니면 우라노스가 저주한 대로 회한에 빠져 비참하고 구차하게 생을 연명했을까?

우리가 토요일과 크리스마스를 좋아하는 이유
모두 평등하고 함께 즐거움을 누릴 것

#사투르누스

크로노스의 속성이 '시간의 신'이라 하는 이들이 있다. 반은 맞고 반은 틀리다. 시간의 신 크로노스˚는 'Chronos', 최고신 크로노스는 'Kronos/Cronus'로 표기해 서로 다른 신이라는 사실을 알린다. 발음이 같아 고대 그리스에서도 둘을 혼동하거나 동일 신으로 여긴 사람들이 많았다.

폼페오 바토니의 그림 〈시간이 노년에게 아름다움을 파괴하라 명하다〉에서 머리와 수염이 세고 커다란 날개를 단 남성이 시간의 신 크로노스다. 앉은 채 손가락을 들어 젊은 여인을 가리키자 서 있는 노파가 손바닥으로 그녀의 얼굴을 훑는다. 젊은 여인은 얼굴만 움찔할 뿐 두 발은 꿈쩍도 못 한다. 사람은 시간의 힘을 피할 수 없다.

폼페오 바토니
〈시간이 노년에게 아름다움을 파괴하라 명하다〉 1746년

　이처럼 회화에서 시간의 신 크로노스는 늙은 현자의 모습으로, 최고신 크로노스는 거대한 낫을 든 모습으로 등장하는데 커다란 낫은 14세기 초, 페스트가 유럽 인구의 3분의 1가량인 2천만 명을 죽음으로 몰고 간 뒤에 '죽음의 신'의 상징이 된다. 추수철에 낫으로 곡식을 우수수 베는 것처럼 죽음의 신이 거대한 낫을 들어 인간의 육체와 영혼이 연

대大 페테르 브뤼헐 〈죽음의 승리〉 1562년

결된 끈을 끊어놓는 것 같았던 데에서 유래한다.

　제우스에게 축출되면서 그리스신화에서 사라진 크로노스는 거대한 낫을 든 모습 그대로, 로마신화에서 '사투르누스Saturnus'° 라는 이름으로 부활한다. 사투르누스는 그리스에 없고 로마에만 있는 신이다. 원형은 로마가 성립되기 전 그 땅에 살던 선주민들이 섬긴 최고신이었을 것이다.

　그리스신화에서는 제우스가 티타노마키아에서 승리한 뒤에 크로노스를 타르타로스에 가두었다고 하는데, 이와 달리 로마신화에서 크로노스는 배를 타고 티베리스강을 거슬러 서쪽 세상의 끝(이탈리아)에 도착해 '농경의 신'이 되고, 이탈리아 민족의 시조가 된다. 새로 얻은 이름인 '사투르누스'는 '씨를 뿌리는 자'란 뜻이다. 아버지 우라노스의 성기를 베는 데 썼던 거대한 낫은 추수할 작물을 베는 데 사용했을 것이다.

무엇보다 우리가 좋아하는 '토요일Saturday'이란 단어가 '사투르누스'에서 유래했다. 고대 로마에서 1년 중 가장 화려하게 치른 축제, '사투르날리아Saturnalia'도 '사투르누스 축제'라는 뜻이다. 사투르날리아는 로마제국이 성립되기 전부터 행해져 수천 년 동안 해마다 가장 큰 행사로 치러지다 그리스도교에 흡수되면서 크리스마스와 카니발로 변형되었다. 원형은 사투르누스에게 풍작을 기원하는 국가적 제의였다. 기간은 12월 17일부터 짧게는 사흘, 길게는 일주일가량으로 동양에서 동지를 작은 설로 쇠는 것과 비슷하다. 태양의 탄생이기 때문이다. 농업과 무관하게 사는 현대인에게 동지는 1년 중 낮이 제일 짧은 날일 뿐이지만, 같은 동지를 두고 고대인은 "오늘 태양이 새로 태어났어. 내일부터 해가 길어질 거야, 새로운 시작이라고!" 했다.

사투르누스 신전에 제의를 올리며 다음 해 풍작을 기원하고 양초나 인형 같은 선물을 주고받았다. 실컷 먹고 마시고 춤추고 노래했다. 무엇보다 사투르날리아 동안에는 모두 평등했다. 평민이 귀족에게 대놓고 욕을 해도 됐고, 노예조차 신분에서 자유로울 수 있었다. 주인은 노예와 옷을 바꿔 입었고, 주인 옷을 입은 노예는 노예 옷을 입은 주인을 조롱했으며 함께 똑같은 술과 고기를 먹었다. 이런 전통은 사투르날리아가 폐지된 뒤에도 카니발의 가면축제에 남았는데, 일시적이나마 사람들을 사회적인 신분에서 해방시켜 계층 갈등을 완화하는 데 기여했을 것이다.

1년에 한 번, 사투르날리아 때만이라도 모두 평등하게 함께 즐거움을 누릴 것. 이것이 고대 로마인이 사투르누스를 기념하는 방식이었다. 그들은 사투르누스가 다스리던 인류의 첫 번째 세상을 '황금시대'라고 불렀다.

황금시대와 태평성대를 꿈꾸다

미래를 만드는 것은 현재의 현실이 아니라 현재의 꿈

#황금시대 #황금기 #요순시대 #태평성대

'황금시대.' 황금기黃金期라고도 하며 어떤 대상이 보낸 최고의 시기를 일컫는다. 그리스신화에서는 크로노스가 다스린 시대를 황금 종족의 시대라고, 로마신화에서는 사투르누스가 다스린 시대를 황금시대라고 하는데, 인류에게 완전무결한 세상이었다는 소리다. 그때 사람들은 어떻게 살았던가. 로마 시인 오비디우스가 《변신 이야기》에 쓴 소개글을 보자.

이 시대에는 관료가 없고 법이 없어도 모두 알아서 신의를 지키고 정의로웠다. (…) 형벌을 집행하는 자 없이도 그들은 마음 놓고 살았다. (…) 날씨는 늘 봄이었고, 서풍은 부드러워 씨 뿌리지 않고도 자란 꽃들을 따스하게 어루만졌다. 대지는 힘써 일구지 않아도 곡식을 생산했고 밭은 한 해 묵히지 않아도 이삭으로 가득 차 황금 벌판이 되었다. 곳곳에 젖과 넥타르가 강물이 되어 흘렀고, 싱싱한 너도밤나무에서는 늘 누런 꿀이 떨어졌다.

— 오비디우스 지음,《변신 이야기》

이번에는 오비디우스보다 7백여 년 앞서 살았던 헤시오도스가《신통기》에 쓴 글이다.

맨 먼저 올림포스에 거하고 있는 신들은 말하는 인간 종족을 황금의 종족으로 창조하셨다. 이 인간들은 하늘에서 왕으로 군림했던 크로노스의 지배하에 살면서 마음속에 고통 없이, 궁핍함이나 비참함을 느끼지 않고 신들과 같은 생활을 영위했다. 슬픈 세월이 그를 억압하지도 않았고, 다리와 손의 힘도 언제나 한결같았으며, 모든 불행으로부터 벗어나서 기쁘고 행복하게 살았다. 그리고 죽을 때도 잠을 자듯이 죽었다. 모든 것들이 그들에게는 더할 나위 없이 좋았으며, 곡식을 선사하는 대지도 그들에게 열매를 풍성히 맺어주었다. 그들은 들일도 자기 뜻대로 편안하게 하였고, 성스러운 신들의 마음에 들어 재물의 축복을 받아 가축의 무리도 많았다.

— 헤시오도스 지음,《신통기》

도연명이 상상한 무릉도원과 흡사하다. 이 사실이 무엇을 의미할까. 요즘 주위에서 흔히 들을 수 있는, 옛날이 더 좋았다는 식의 향수일까.

그리스·로마에 크로노스−사투르누스가 있다면 중국에는 요·순 임금이 있다. 서양에 황금시대가 있다면 동양에는 태평성대가 있다. 사마천은《사기》에서 요 임금에 대해서 "덕이 하늘같이 높고, 지식은 신과 같이 미묘하여 헤아릴 수가 없었다. 사람들은 그를 태양과 같이 여기고, 따뜻한 비를 기다리듯 대하였다"라고, 순 임금에 대해서는 "하늘에 봉황까지 날아다니며 그 시대를 찬양하였다"고 썼는데 '태평성대'는 바로 이 요·순시대를 가리킨다. 태평성대, '어질고 착한 임금이 다스리는 태평한 세상'이라는 뜻이다.

크로노스−사투르누스와 요·순 임금은 실존한 적 없는 가공의 왕이다. 그러니 황금시대와 태평성대는 실재한 적 없다. 그렇다고 진실이 아닐까. 사투르누스와 요·순은 국민이 원하는 지도자상이며 황금시대와 태평성대는 국민이 원하는 세상이다. '태평太平'이란 '마음에 아무 근심 걱정이 없다'는 뜻이다. 지도자에게는 더도, 덜도 말고 태평한 세상을 만들고자 '노력'해야 할 의무가 있다. 현실적으로 불가능한 세상을 꿈꾸며 노력하는 것을 우습게 여기는 자는 정치를 해서도, 정치가가 되어서도 안 된다. 미래를 만든 것은 언제나 현재의 현실이 아니라 현재의 꿈이었다.

피에트로 다 코르토나 〈황금시대〉 1637년

황금시대는 크로노스가 제우스에게 축출되면서 끝난다. 인류는 이후 은의 시대로 진입한다. 생존하기 위해 집을 짓고, 땅에 씨앗을 뿌리고 소들이 멍에에 눌려 신음하는 등 농경과 노동이 시작되었다. 흥미롭게도 중국에서도 요·순 시대가 끝나고 우가 등극하면서 중국 최초의 왕조시대인

'하夏'가 막을 올린다. 참고로 현재 인류는 은의 종족과 청동의 종족, 영웅의 종족을 지나 헤시오도스가 "내가 이전에 죽었거나, 혹은 이후에 태어났다면 얼마나 좋았을까?"라고 비탄한 철의 종족이다.

이들은 낮에는 노고와 고초로 편안하지 못하다. 심지어 밤에도 그들의 고난은 끝나지 않는다. 신들은 그들에게 벌로 쓰라린 고통을 내린 것이다. 물론 이들의 사악한 마음속에는 고상한 심성도 약간 섞여 있다.

— 헤시오도스 지음, 《노동과 나날》

천박한 금속의 시대가 오자 인간들 사이에 악행이 끝없이 벌어졌다. 수치심과 정직, 성실은 사라지고 오로지 기만과 속임수, 배신과 폭력, 탐욕만이 가득찼다.

— 오비디우스 지음, 《변신 이야기》

과거는 좋고 현재는 그보다 못하며 미래는 더 못하리라는 디스토피아의 시작이다. 이러한 세계관은 제레미 리프킨이 《엔트로피》에 쓴 '우주는 완벽한 상태에서 시작하여 쇠락과 혼돈을 향해서 움직인다'라는 구절과 신기할 정도로 맞아떨어진다. 그런데 이런 우주의 실체와 달리 사람들은 지구에 대해서만큼은 혼돈 상태에서 시작해 점차 질서 있는 세계로 진보한다고 믿고 싶어했다. 그리스와 로마에서는 이 시작에 제우스가 있다.

제우스가 축출한 크로노스가 다스린 황금시대에는 생존을 위한 노동과 투쟁이 없었다. 벌주는 자도, 타율도 없었다. 그렇게 살아도 속임수를 쓰는 인간이 없고, 다들 걱정 없이 편안하고 한가롭게 살았다. 그것이 무엇이든 '하지 않는 것'이 가능하고, 또한 그것이 무엇이든 '없어도' 잘 돌아가는 세상이었다.

이는 장자가 말한 '혼돈'이라는 절대 경지와 통한다. 일체의 분별과 시비가 없어 도道가 완성되고 애증이 없는 상태, 사람이 도구로 쓰이지 않아 창조력과 신명으로 충만한 삶. 그러나 제우스가 최고신이 되어 세상을 철통같이 지배하면서 규칙과 규범, 분별과 질서가 생긴다.

비슷하게 중국에서는 순 임금이 후직(농사), 설(교육), 고요(법과 형벌), 수(여러 기구를 담당), 익(산과 하천의 관리를 담당), 백이(제례), 기(음악), 용(상하 간의 의사전달을 담당)과 같은 신하들에게 각각의 임무를 맡겨 나라의 기틀을 확립한다. 세상의 축이 카오스에서 코스모스로, 혼돈에서 질서로 바뀌었다.

기원전 8세기 사람인 헤시오도스가 '아무것도 존재하지 않는 절대 공간'으로 인식했던 카오스에 대한 정의는 2백여 년 뒤 피타고라스가 '아무것도 없는 것은 무질서한 것'

이라고 규정한 것을 기점으로 혼란과 비슷한 뜻으로 바뀐다. 피타고라스는 우주를 '코스모스Kosmos'라 칭한 최초의 인간이었다. 코스모스는 그리스어로 질서, 정돈, 장식이라는 뜻이라서 우주를 카오스, 텅 빈 공간이 아니라 조화롭고 질서 있는 세계로 인식했음을 알 수 있다. 혼돈의 반대말에 해당하는 '질서秩序' 역시 순서와 차례를 매겨 혼란스럽지 않도록 한다는 뜻을 가지고 있다.

그러나 카오스에서 태어난 우라노스도, 우라노스의 아들 크로노스도 카오스를 사랑했다. 시간을 삼켜 다가오는 새로운 시대를 막으려 했으나 예정된 수순 대로 실패했다. 누구도 새로운 시대를 막을 수 없다. 이는 결정된 일이다. 단지 속도를 늦출 수 있을 뿐이다. 이후 카오스는 무의식에 묻히는데 우리가 이유 없이 시시때때로 카오스를 그리워하곤 하는 것이 증거다. 이럴 때 우리는 '고귀한 야만인'처럼 원시적인 생명력을 발산하고 싶은 충동에 사로잡혀 파괴, 혹은 창조를 낳고 그 정점은 '애욕'이다.

카오스의 정점, 사랑은 모든 것을 지배한다
생명의 시작

#아트만 #아프로디테

인도의 창세신화는 다수지만, 크게 베다신화와 힌두신화로 나눌 수 있다. 베다신화에서 창세신은 프라자파티Prajapati*, 힌두신화에서 창세신은 '브라흐마'로 한자로는 '범梵'으로 음역하며 우주의 본질을 가리킨다. 형체가 있는 프라자파티와 달리 브라흐마는 카오스와 마찬가지로 일정한 형체가 없다. 하기는 우주의 본질을 어떻게 형상화하겠는가. 사유할 수 있을 뿐이다.

이들과 달리 창조주인 '아트만'은 인간의 모습으로 존재한다. 산스크리트어로 '호흡' '숨息'을 뜻하며 숨 쉬는 생명을 가진 본체다. 아트만은 '아我'로 음역하고 '참나(자아)'라 해석하는데 이는 어느 날 문득, 아트만이 우주에 자기 말고 아무것도 존재하지 않는다는 사실을 깨닫고서 "아함 아스마(내가 있다)"라고 말한 것에서 유래한다.

주위를 둘러보니 내가 아닌 다른 존재는 있지 않고 나밖에 없다고 깨달을 때에야 비로소 자신의 실체를 깨닫는 장면은 역설적이고 고독하다. 동시에《우파니샤드》에서 인간의 최종적인 깨달음이라 한 '범아일여(梵我一如, 브라흐만과 아트만은 같다. 즉, 우주의 본질과 개별자의 자아는 같다)'로 가는 첫걸음이다. 이때 아트만이 처음 느낀 감정은 '두려움'이었다.

그는 두려웠다. 그의 이 두려움 때문에 지금도 우리는 '혼자'가 되는 것을 두려워한다. 그는 생각하였다. 나 이외에 아무도 없는데 도대체 누구를 두려워하는가. 그리하여 그의 두려움이 점차 사라져갔다. 두려움이 있을 이유가 무엇인가. 두려움이란 다른 존재에 대해 생기는 것이다.
—《브리하다란야까 우파니샤드》제4편 2절

아무것도 존재하지 않으니 두려워해야 할 대상 역시 없다는 인과를 깨닫고 두려움을 걷어낸다. 그런데 혼자라서 기쁨이 없다.

그는 전혀 즐겁지 않았다. 그가 이때 즐겁지 않았기 때문에 지금도 우리는 혼자가 되는 것을 즐거워하지 않는다.

그는 다른 존재를 원했다. 그는 여자와 남자가 서로 부
둥켜안고 있는 것과 같은 크기가 되었다. 그 자신을 둘로
떨어지게 하였다. 거기에서 남편과 아내가 생겨났다.
—《브리하다란야카 우파니샤드》 제4편 3절

아트만은 기쁨을 얻고 싶어 다른 존재를 원했다. 그러나
우주에 혼자니 어디서 짝을 찾을 것인가. 자신을 둘로 나눈
다음 자기 안에 있는 양성 중 여성을 빼내 다른 한쪽을 여
성으로 만든다. 그 결과 자신은 남성이 되고, 본디 하나였
던 둘은 남편과 아내, 부부가 된다. 여기서 '인간은 반쪽'이
라는 말이 생겼다.

아트만의 반쪽이자 짝인 여성은 남편이지만 아버지인 아
트만과 결합하는 것을 부끄럽게 여겨 숨는다. 아트만은 결
합하기를 포기하지 않았다. 여성이 암소로 변하면 수소가
되어 결합해 소가 나왔고, 암말로 변하면 수말이 되어 결합
해 발굽을 가진 동물들이 생겨났다. 또 암양으로 변하면 숫
양이 되어 결합하고 이런 식으로 세상의 모든 생명체가 탄
생한다.

아트만의 창세신화는 세상에 존재하는 모든 생명체에 신
성이 깃들었다는 의미로 해석할 수도 있지만 '아무리 신화
라도 그렇게까지?' 싶을 정도로 욕정이 과하다. 이 과한 욕
정이 가리키는 방향은 분명하다. 창조다. 아트만은 기쁨을

얻기 위해 스스로를 재료 삼아 창조하기 시작했다. 욕정이 넘칠수록 다양하고 많은 생명체들이 창조됐다. 이러한 신의 창조 본능은 '이기적 유전자'에 새겨져 인류가 오늘날까지 무사히 번식하는 데 기여했다. 인간의 이기적 유전자에 새겨진 신의 창조 본능, 다른 말로 '애욕' '성적 욕구'다.

본래 한몸이었다 나뉘었기에 온전한 하나가 되기 위해 서로 갈구한다는 신화는 동서양에 널리 퍼져 있다. 결혼식 주례사에 단골로 등장하는 "이제 한몸이 되었으니…"라거나 반려자를 "나의 반쪽"이라고 하는 표현 역시 이런 신화의 연장선에 있다. 나는 이 대목에서 트레바리를 놓는다. 네 몸은 네 몸이고, 내 몸은 내 몸이며 누구의 몸이든 반쪽이 아니라 이미 온전하다. 앞서의 문장에서 몸 대신 정신이나 마음을 넣어도 같다. 우리는 단지 완벽하지 않을 뿐, 있는 그대로 온전하다.

아마도 반쪽 몸 신화는 유독 애욕에서만큼은 도저히 이성적으로 이해할 수 없을 만치 상보성이 성립되지 않는 데서 나온 게 아닐까. 애욕은 안정적인 가정, 신뢰할 수 있는 우정, 남부럽지 않은 부와 명예 등으로 대리만족할 수 있는 욕구가 아니다. 오로지 애욕으로만 만족할 수 있다. 이 때문에 파멸하고 마는 유명인의 스캔들은 동서고금에 흔하다. 애욕의 성질은 아프로디테의 탄생 신화에 잘 투영되어 있다.

크로노스가 낫으로 잘라서 육지로부터 큰 파도가 출렁이
는 바다로 던져버린 남근은 오랫동안 큰 파도에 표류하
였는데, 그 영생불멸하는 고깃덩이 주변에서 점차 하얀
거품이 일더니, 그 안에서 소녀 하나가 생겨났다.
— 헤시오도스 지음, 《신통기》

아프로디테는 '거품이 준 여인' '거품에서 태어난 여인'
을 어원으로 한다. 온갖 노력이나 꿈, 계획 등이 헛되어버
린 상태를 비유적으로 일컫는 바로 그 '물거품' 말이다. 사
랑과 아름다움을 관장하는 신이 거품에서 태어났다니 사랑
과 아름다움의 속성을 통렬하게 꼬집는다 해도 틀리지 않
다. 그러나 생명이 탄생하기 이전의 지구 역사와 결부해 아
프로디테의 탄생을 설명하면 상징이 자못 깊다.

지구의 약 4분의 3을 덮고 있는 것이 물이다. 대양이 가
장 큰 면적을 차지하고 우리 발밑에 지하수로 흐르고 머리
위에 수증기로 있으며, 모든 물은 비와 눈, 구름 등의 형태
로 순환한다. 물은 생명의 기원이다. 지구상에 존재하는 모
든 생명체는 바다든, 웅덩이든 물에서 시작되었고 물 없이
살 수 없다. 특히 가장 넓은 면적을 차지하는 바다의 거품
은 DNA를 구성하는 바닷속 유기물질을 농축해 육지로 실
어 날랐고, 자외선 등의 에너지와 결합해 생명체를 만들어
냈다. 아프로디테의 탄생 신화는 지구에 사는 생명체의 역

사를 놀랍도록 압축해 보여준다. 그리스의 철학자 탈레스
가 말했다. "만물의 근원은 물이다. 물은 모든 것이고, 모든
것은 물로 돌아오기 때문이다."

고대인이 왜 아프로디테에게 사랑과 아름다움의 신이라
는 지위를 부여했는지, 동시에 그들에게 사랑과 아름다움
의 기준이 무엇이었는지 짐작할 수 있다. 생명의 시작이다.
아프로디테의 탄생은 우라노스로 대변되는 카오스 시대
의 정점이었다. 크로노스는 우라노스가 더 이상 생명을 퍼
뜨릴 수 없도록 거세했지만 잘린 성기가 바다에 떨어져 생
긴 거품에서 아프로디테가 태어나 인간은 물론 불멸의 신
들까지 애욕, 다른 말로 새로운 생명을 퍼뜨리고 싶은 욕망
에 들끓게 만들었다. 이런 의미에서 아프로디테는 카오스
의 아들인 우라노스가 세상에 마지막으로 남긴 히든카드이
자 카오스의 정통 후계자라 할 수 있지 않을까.
아프로디테를 '여성의 성적 아름다움과 사랑의 욕망을
관장하는 여신'으로만 해석하면 신화를 절반도 이해하지
못한 것이다. 원형은 선주민인 펠라스고이의 신화에서 태
초의 신으로 바다에서 태어난 '에우리노메'에게서 취했을
가능성이 높다. 에우리노메가 어떤 신이었던가. 남편 오피
온이 태양과 달, 별, 산과 강, 대지를 창조한 주인공이 자기
라고 주장하자 그의 머리를 발로 짓밟아버리고 어두운 동

알렉상드르 카바넬 〈아프로디테의 탄생〉 1863년

굴로 추방해버린 다음 홀로 우주의 일곱 개 행성을 창조했었다.

크로노스는 한 무더기로 뒤섞인 카오스를 깨뜨리기 위해 우라노스를 거세했고, 제우스는 티타노마키아라는 전쟁까지 불사했지만, 아프로디테는 이 모든 투쟁을 무력화시키고 카오스의 상태로 돌아가 한 무더기가 되기를 욕망하게 만든다. 이처럼 간절하게 합일하고 싶은 욕망이 육체와 쾌락을 넘어 덕성과 학문, 예술 등으로 향할 때 빛나는 인류애와 사상, 걸작이 탄생한다.

그때 다른 선택을 했다면
지금 내 현실이 달라졌을까?
당신에게 모든 것이 달려 있지 않다

#데몬 #다이몬 #게니우스

남부럽잖은 대기업에 근무하는 M이 물었다. "과연 우리가 양반의 종으로 살던 시절 사람들보다 행복하다고 할 수 있을까요?" 나는 잠시 생각하다 되물었다. "그때는 그렇게 사는 게 당연한 줄 알아서 특별히 불행하다는 발상을 못 하지 않았을까요?" 그가 내 답을 받았다. "월급쟁이도 사실상 종살이나 다름없죠. 그래도 옛날보다 좋은 환경일 텐데 불행하다고 느껴지는 건 왜일까요?" 사실상 자문자답을 하고 있던 그에게 이 말을 들려주고 싶었다.

별이 총총한 하늘이 갈 수 있고 또 가야만 하는 길들의 지도인 시대, 별빛이 그 길들을 훤히 밝혀주는 시대는 복되도다.

— 게오르크 루카치 지음, 《소설의 이론》

이 문장에 나오는 '길'이란 '정해진 길'이다. 갈 수 있고 가야만 하지만 스스로 결정한 길은 아니다. 책임과 의무가 있을 뿐 자유와 권리는 사실상 없다. 좋은 종의 길을, 양반은 양반의 길을, 여성은 여성의 길을, 남성은 남성의 길을, 부모는 부모의 길을, 자식은 자식의 길을, 남편은 남편의 길을, 아내는 아내의 길을 가야 했다. 대한민국에서는 19세기 말, 신분에 자유와 평등이 도입되면서 자신의 길을 스스로 선택할 수 있게 되었다. 이 격변의 시기에 종으로 살던 시절을 그리워한 이들이 과연 없었을까. 그러나 자유와 평등, 자주를 경험한 사람이 스스로의 영혼을 죽이지 않고서야 자처해서 종으로 돌아가는 일은 드물다. 문명 또한 마찬가지다. 문명은 회귀하지 않는다. 옳고 그름의 차원이 아니다. 정해진 길은 사라졌고 승리의 여신이 모든 사람을 향해 약속했다. "너는 할 수 있다Just You Can Do It!"

지난 20세기의 슬로건이다시피 한 이 말은 잠재력을 일깨워 분명 많은 사람을 성공신화로 이끌었다. 동시에 무수한 신경증을 낳았다. '누구나 성공할 수 있다'는 말이 진리라면 '성공하지 못한 건 내 잘못'이 되기 때문이다.

성공과 실패가 오로지 자신에게 달려 있다는 판단은 얼

마나 위태로운가. 결정적인 순간에 잘못된 선택을 했을지 모른다는 회한이 애쓰며 살아온 인생을 모래성처럼 무너뜨린다. 모든 것을 해낼 수 있다는 학습이 실패를 더 시리게 만든다. 나는 이런 종류의 회한이 신분제도가 엄격했던 과거보다 만민 평등의 시대라고 하는 현재에 더 극심하게 발동하고 있다고 여긴다.

현재가 만족스럽지 않거나 결과가 좋지 않을 때 우리는 시선을 과거로 돌린다. "그때 내가 다른 선택을 했다면, 다르게 행동했다면 지금 내 현실이 달라졌을까?" 이제라도 과거에서 시선을 거두어 미래로 향한다 해도 사고를 바꾸지 않으면 이런 다짐이 될 것이다. "지금부터라도 현명하게 선택하고 똑바로 행동해서 지금의 내 현실을 바꾸겠어." 이렇게 생각하는 이들에게 들려주고 싶은 동화가 있다. 17세기 프랑스 작가 라 퐁텐이 쓴 〈우유 배달 여인과 우유 항아리〉라는 우화다.

우유 배달 여인의 이름은 페레트, 머리에 우유 항아리를 이고 활기찬 발걸음으로 배달에 나섰다. 두 발은 아직 길에 있는데 머릿속에서는 배달을 진즉 마치고 우유값 계산까지 끝내고 희망에 부풀어 있다. "달걀을 1백 개 사서 세 배로 늘려야지. 집 주위에 병아리들을 키우는 건 나한테 어려운 일이 아니지. 여우가 아무리 꾀를 내면서 병아리들을 노려도 소용없을 거야. 병아리들이 자라면 그놈들을 팔아서

돼지를 사야지. 돼지는 밀기울을 조금만 줘도 포동포동 살이 잘 찔 거야. 돼지가 알맞게 살이 쪘을 때 팔아야지. 그러면 꽤 돈을 받을 수 있을 거야. 그 돈을 받으면 외양간에 암소 한 마리와 송아지를 사놓을 수 있을 거고 송아지가 가축들 사이에서 깡충깡충 뛰어놀면 얼마나 귀여울까?"

무엇이든 다 그렇게 시작은 미미한 법이라고, 부지런하기만 하면 계획대로 될 거라 생각한다면 당신은 '뉴턴의 결정론'을—설령 그게 뭔지 모른다 해도—믿고 있을 가능성이 크다. 반대로 아무리 목표를 세우고 계획대로 실천해도 말처럼 이루어지기 힘들 거라고 여긴다면 당신은 '카오스'를—설령 그게 뭔지 모른다 해도—믿고 있을 가능성이 크다.

'뉴턴의 결정론'을 정립한 이는 아이작 뉴턴이 아니라 18세기 프랑스 수학자 피에르 시몽 라플라스Pierre Simon Laplace다. 그는 F=ma, '운동의 변화는 가해진 힘에 비례하며 힘이 가해진 직선 방향으로 일어난다' 등 초기 조건과 법칙을 알면 미래를 예측할 수 있다는 뉴턴의 역학을 근거로 다음과 같이 주장했다. "최고 지성은 우주에서 가장 큰 물체와 가장 가벼운 원자의 운동을 하나의 공식 안에 동시에 나타낼 것이다. 불확실한 것은 하나도 없으며 최고 지성의 눈에는 미래가 마치 과거처럼 나타날 것이다."

여기에서 나온 말이 '라플라스의 악마Laplace's demon'다. 그런데 이 용어는 결정된 미래를 완벽히 예측하는 존재가 인간에게 악으로 작용할 것이라는 선입견을 준다. 결정된 미래를 완벽히 예측하는 존재를 왜 '악마'라고 하는지 이상하지 않은가?

악마로 번역한 '데몬demon'의 어원은 그리스어 '다이몬 Dimon'*으로 '초자연적인 힘'을 뜻하며, 그들은 인류의 첫 번째 시대인 황금시대를 살았던 황금종족 출신이다. 헤시오도스는 다이몬이 어떻게 생겨났는지 다음과 같이 소개한다.

이 일족은 죽어 대지가 그들을 땅 아래로 받아들인 이후에도 위대한 제우스 신의 뜻대로 지상의 선한 정령이자 유한한 인간의 파수꾼 역할을 하고 있다. 그들은 판결과 불법 행위를 감독하고 안개에 둘러싸인 채 대지 곳곳을 누비며 풍요로움을 선사한다. 신들의 왕이 그들에게 이러한 권한을 주었기 때문이다.

— 헤시오도스 지음, 《노동과 나날》

이렇게 생겨난 다이몬에 해당하는 로마의 신이 게니우스 Genius*다. 고대 로마인들은 사람마다 수호신이 있다고 믿었는데, 남성의 수호신은 '게니우스', 여성의 수호신은 '유노'다. 이중 '게니우스'는 천재를 뜻하는 영어 '지니어스 genius'의 어원이 된다. 세상의 선한 천재들이 인간의 파수꾼 역할을 해온 사실을 감안하면 '게니우스'와 '다이몬'은 수미상응을 이룬다. 이랬던 다이몬이 디아볼로Diabolo 같은 악마로 통칭된 것은 '하느님을 제외한 다른 신은 모두 악'이라는 그리스도교적인 이분법이 이데올로기가 되면서부터다.

21세기 인류는 '라플라스의 다이몬'이 되려 한다. 인간의 힘으로 미래를 정확히 예측하고 완벽히 통제하기 위해서다. 이는 미래가 있다는 것을, 나아가 정해져 있다는 것을 전제한다. 있지도 않은 것을 예측하고 통제한다는 논리는 성립할 수 없기 때문이다. 라플라스의 다이몬은 과연 실재할 수 있을까? 질문이 퍽 난해하니 이렇게 바꾸어 물어도 되겠다. 우유 배달 여인 페레트의 계획은 그대로 이루어질 수 있을까? 우선, 이 우화를 지은 라 퐁텐의 답부터 들어보자.

자기 말에 흥분한 페레트는 그만 그 자리에서 뛰어오르고 말았다. 우유는 길에 쏟아졌다. 송아지, 암소, 돼지, 병아리 들이여 모두 안녕. 잠시 이 모든 재산을 가졌던 여인은, 유감스러운 눈으로 자신의 행운이 길에 쏟아져버린 것을 보며 남편에게 변명을 늘어놓으러 갔다. 두들겨 맞을 각오를 하고서.

— 장 드 라 퐁텐 지음,《라 퐁텐 그림우화》〈우유 배달 여인과 우유 항아리〉

이런 우화를 쓴 의도도 분명히 밝혔다.

모두들 밤새 꿈을 꾼다. 그보다 더 달콤한 것은 없다. 그릇된 것이 우리의 마음을 부추겨 유혹하면 우리는 거기에 빠져들고 만다. 이 세상의 모든 재물이 우리 것이며 모든 명예와 모든 여자가 우리 것이다. 혼자 있을 때에는 반란을 일으켜 왕도 쫓아낼 수 있다. 나는 새 왕이 되어 백성들의 사랑을 받는다. 내 머리 위로 왕관이 비 오듯 떨어져 내린다. 그러다가 어떤 사건이 나를 문득 정신 차리게 만든다. 그때야 나는 예전처럼 다시 평범한 나 자신이 된다.

— 장 드 라 퐁텐 지음,《라 퐁텐 그림우화》〈우유 배달 여인과 우유 항아리〉

그러니까 이 우화는 '헛꿈 꾸지 마라'라는 교훈을 설파하고 있다. 고백해야겠다. 어렸을 적에 나는 페레트의 계획이 왜 현실화될 수 없는지 이해할 수 없었다. 그대로만 하면 되지 않는가 말이다.

'달걀이 부화할 때까지는 병아리 머릿수를 헤아리지 않는 법'이라는 러시아 속담이 있다. 달걀에서 병아리 머릿수를 헤아리지 않는 이유는 우리가 '카오스'라는 복잡계에 살고 있어서다. 카오스는 어디에나 존재하는데 라 퐁텐이 우화에서 '어떤 사건'이라고 언급한 것이 바로 그것이다. 달걀이 부화하는 과정에도 예외는 없다. 하지만 페레트는 카오스를 간과한 결정론자였다.

양자역학과 카오스 이론이 등장하기 전까지 현대과학은 뉴턴을 따랐고, 라플라스와 동일한 꿈을 품었다. 물리 세계에는 질서가 있고 자연에 우연히 일어나는 과정은 없으며, 사람의 눈에 우연한 것으로, 무질서한 것으로 보인다면 알지 못해 그리 보인다고 가정하였다. 이러한 가정은 초기 조건과 규칙을 알면 미래를 예측할 수 있다는 결정론으로 이어졌다. 그제야 비로소 인류는 신과 자연의 속박과 지배에서 해방될 수 있었다. 미래를 과거처럼 들여다볼 꿈에 부풀었다. 결정론은 이후 4백여 년간 사회와 경제, 정치 등 세상을 변혁시킬 위대한 첫 발자국이었다. 시발점에 있는 데카르트와 뉴턴은 21세기에도 여전히 위대한 철학자이고, 물리학자다.

그러나 20세기에 들어서면서 '양자(量子, quantum, 더이상

나눌 수 없는 에너지의 최소 단위)' 등 미시세계를 설명하는 데
는 뉴턴의 이론이 들어맞지 않았다. 1927년 하이젠베르크[5]
가 "어느 입자의 위치와 운동량을 동시에 정확히 아는 것은
원리적으로 불가능하기에 이론상으로 측정할 수 없으며,
어떤 것은 확률이나 통계만을 놓고 이야기할 수 있을 뿐"이
라는 것을 골자로 하는 '불확정성의 원리'를 발견해 제창했
고, 이로부터 양자역학이 탄생한다.

그런데 아인슈타인은 정작 자신이 양자이론을 창시했으
면서도 물리학을 인과법칙이 아니라 확률적으로 논하는 것
에 동의할 수 없어 이렇게 밝혔다. "신이 우주를 놓고 주사
위 놀이를 하고 있다고는 믿을 수 없다." 하이젠베르크와
함께 양자역학을 연구한 동료이자 스승인 닐스 보어[6]가 즉
각 반격했다. "신이 무엇을 하든 주문을 해서는 안 된다."
이 말은 "신에게 이래라 저래라 하지 마라"로 의역되기도
한다. 보어의 말은 하이젠베르크가 한 이 말과 상통한다.
"왜 받아들이지 못하는가?"

그들의 말대로 양자역학은 '세상에 단 한 명도 정확히 이

---

5 베르너 하이젠베르크(Werner Karl Heisenberg, 1901~1976), 1932년
노벨물리학상 수상.

6 닐스 보어(Niels Henrik David Bohr, 1885~1962), 1922년 노벨물
리학상 수상.

해하지 못하는'[7] 물리학 이론이다. 그래도 결과는 명백해서 현대인의 생활 깊숙이 들어와버렸다. 트랜지스터를 비롯해 노트북과 휴대전화 등에 쓰이는 반도체가 양자역학에 기반하고 있고, 슈뢰딩거[8] 방정식은 자연현상의 99퍼센트를 설명한다. 그래서 파인만[9]도 이렇게 말했던 것이다. "양자역학은 상식에서 완전히 벗어난 희한한 방식으로 자연을 서술하고 있음에도 실험결과와 신기할 정도로 일치한다. 그러므로 우리는 자연 자체가 상식에서 완전히 벗어나 있음을 인정하는 수밖에 없다."

그 말은 상식에서 완전히 벗어나야 양자역학을 이해할수 있다는 소리로도 들린다. 여기에서 상식이란 고전물리학의 결정론이다. 하이젠베르크의 불확정성은 "그래도 초기 조건을 알면 예측할 수 있는 거 아니야?" 하는 수준이 아니다. 파동이자 입자인 전자는 너무 미세해 관찰행위가 곧바로 영향을 끼치기 때문에 어떤 순간에도 초기 조건의 값을 알 수 없다. 초기 조건을 모르니 예측하기도 당연히 불가능하다. 확률적으로 해석할 수 있을 뿐이다. 그러니

---

7 리처드 파인만이 한 말. "이 세상에 양자역학을 정확히 이해하는 사람은 단 한 명도 없다."

8 에르빈 슈뢰딩거(Erwin Schrodinger, 1887~1961) 1933년 노벨물리학상 수상.

9 리처드 파인만(Richard Feynman, 1918~1988) 1965년 노벨물리학상 수상.

다시 질문으로 돌아가서 "우유 배달 여인 페레트의 계획은 이루어질 수 있을까?"라고 묻는다면 무엇이라 답해야 할까.

페레트가 지금 머리에 이고 있는 우유 항아리를 깨뜨리지 않고 무사히 배달을 마친다면 우유 대금을 받을 수 있을 것이다. 물론 이 또한 완벽한 예측은 아니다. 우유 대금을 떼어먹힐 변수가 작용하기 때문이다. 그래도 우유 대금을 받을 수 있다는 가정하에 달걀 1백 개를 살 수 있는지 어쩐지도 예측할 수 있다. 달걀 값이 얼마인지 알면 되니까. 그러나 달걀 1백 개를 세 배로 늘릴 수 있는지 단계부터는 정확히 예측할 수 없다. 초기 조건의 민감성이 작용하기 때문이다. 즉, 페레트의 계획이 이루어질지 아닌지 질문에 대한 답은 "가까운 미래는 예측가능하지만, 먼 미래는 예측 불가능하다"이다.

1961년 기상학자 에드워드 로렌츠Edward N. Lorenz가 동일한 조건에서 출발한 두 개의 기상현상을 컴퓨터에 입력해 재현했고, 갈수록 모든 유사성이 사라진다는 사실을 발견한다. 원인은 소수점 여섯 자리 이하, 백만 분의 1 이하에서 발생한 차이에 있었다. '나비효과Butterfly effect'라는 용어로 더 유명한 '초기 조건의 민감성'은 이렇게 등장했다. 나비의 날갯짓일 뿐이지만 예측하지 못한 오차가 예측 불가능한 대기를 타고 이동하면서 누적되면 대륙을 강타하는 토네이도가 될 수 있다.

나비효과가 전제하는 초기 조건의 민감성은 영화 〈슬라이딩 도어즈〉에서처럼 지하철을 놓쳤을 때와 놓치지 않았을 때 인생이 어떻게 달라지는지 보여주는 것과 비교할 수 없을 정도로 하찮다. "못이 없어서 말굽을 잃었네. 말굽이 없어서 말을 잃었네. 말이 없어서 기사를 잃었네. 기사가 없어서 전쟁에 졌네. 전쟁에 져서 왕국을 잃었네"라는 영국의 옛 시는 과장이거나 비하겠거니 싶지만, 초기 조건의 민감성이 엄청난 결과를 초래하는 나비효과는 신화나 전설에 곧잘 등장하는 소재다. 북유럽신화 속 라그나뢰크Ragnarök°가 대표적이다. 바로 겨우 그까짓 것, 겨우살이가 원인이 되어 아스 신들이 서리 거인들과 전쟁을 벌여 다 죽고 모든 것이 종말을 맞지 않았는가. 어떻게 이런 일이 벌어질 수 있을까.

에드워드 로렌츠가 미지수 세 개인 비선형 연립 미분 방정식[10]에 값을 입력했고, 계산 결과를 3차원 공간에 표시했다. 결과는 다음 쪽의 그림과 같다.

---

10   일차 함수식처럼 변수들 사이의 관계가 직선으로 증가하거나 감소하는 것이 아니라 변수들 사이의 관계가 곡선으로 증가하거나 감소하는 현상을 나타내는 방정식을 비선형적 방정식이라고 한다.

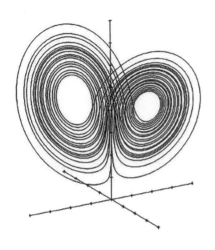

로렌츠 끌개Lorenz attractor *11*

나비가 양 날개를 펼친 모습 같아 '로렌츠 날개'로도 불리는 '로렌츠 끌개'는 그래프라고만 하기엔 신비롭고 우아하다. 실제로 많은 컴퓨터 그래픽과 일러스트, 영화에 영감을 주었다. 조금만 자세히 들여다보면 점이나 패턴이 똑같이 반복하지 않은 채로 계속 빙빙 돌고 있어 상당히 복잡하다는 사실을 알아차릴 수 있다. 로렌츠는 이 그래프를 통해 설정값에 단 세 개 변수만 더해도 정확한 기상예측이 불가능하다는 사실을 보여주었다.

'생生'이라는 외나무다리를 건너는 동안 생겨날 변수는

11　로렌츠가 1963년 《대기과학저널Journal of Atmospheric Science》에 발표한 〈결정론적이며 비주기적인 흐름Deterministic nonperiodic flow〉이라는 논문에 실렸다.

고작 세 개 정도가 아니라 그것의 열 배, 백 배가 넘는다. 우리가 과거로 돌아가 초기 조건을 내 마음에 맞게 설정할 수 있다 해도 이후 일어날 변수까지 정확히 예측하지 못한다면—이는 불가능하다—원하는 결과를 얻어낼 수 없다. 그러니 "그때 내가 다른 선택을 했다면, 다르게 행동했다면 지금 내 현실이 달라졌을까?"라는 질문에 대한 답은 '그렇다' '아니다'가 아니라 '예측불가능'이다.

결국 우리가 과거에 '해서' 혹은 '하지 않아서' 하는 후회란, 결과를 담보하지 않는 원인을 가지고 상상의 나래를 펼치는 것과 다르지 않다. "미래를 정확히 예측하는 것이 가능한가?" "라플라스의 다이몬은 실재할 수 있는가?"에 대한 답 역시 비슷하며 그림으로 비유하면 르네 마그리트의 〈빛의 제국〉과 같다.

그림 속 공간이 낮인지 밤인지 우리는 끝까지 알아낼 수 없다. (낮을 보고 싶어 하는 사람은 낮이라 할 것이고, 밤을 보고 싶어 하는 사람은 밤이라 할 것이라는 선문답은 예외로 한다.) 단지 이런 일이 현실에서 일어날 수 없다는 것만 알 뿐이다.

인간은 태어나서 죽는다는 점에서는 선형이다. '죽었다가 깨어나도'라는 관용구를 흔히 사용하지만 실제로 그럴 일은 없다. 시간은 흐르고 엔트로피는 증가한다. 그 반대는 성립하지 않는다. 그러나 탄생과 죽음 사이에 일어나는 모든 일은 파동처럼 비선형이다. 그로 인한 예측불가능에서 비롯되는 불안과 위험을 줄이기 위해 초기 조건을 완벽하게 입력하려고 하지만—예를 들어 개인으로 치면 집안, 학력, 돈, 지위 등—몇 번의 변수만 생겨도 결과값은 예측과 완전히 다르게 나타나며 시간이 흐를수록 급격히 증가한다. 물론 이 변수 또한 일정한 법칙에 따르며 그 법칙을 알아내면 변수를 예측할 수 있다고 주장하는 '카오스 이론'도 있다. 카오스 이론은 용어가 주는 인상과 달리 결정론처럼 카오스를 허용하지 않기 위한 것이 목적이다. 그러나 어느 쪽이든 세상이 카오스라는 사실을 전제로 한다.

대상과 대상, 대상과 사물, 사물과 사물 사이에서 벌어지는 수많은 사건들이 결과를 좌우한다. 그러니 승리의 여신이 약속한 대로 당신은 할 수 있지만, 당신에게 모든 것이 달려 있지 않다. 잘 된다 해도 온전히 당신 덕이 아니고, 잘못된다 해도 오로지 당신 탓이 아니다. 세상은 너무나 변화무쌍해서 당장은 완벽한 초기 조건 같아도 내일은 아닐 수 있기에 우리는 미래를 두고 절대 정확한 답을 얻어낼 수 없다. 이런 미래를 두고 통제하고 지배하려는 의지가 우리를 힘들게 한다. 그것은 인간의 몫이 아니라 다이몬의 몫이다.

본질적으로 불확실한 세상을 살아가는 데 인간에게 필요한 것은, 맞을지 안 맞을지 모를 예측이 아니라 불확실성과 더불어 살아갈 수 있는 지혜다. 양자역학의 아버지인 닐스 보어가 고전론과 양자론을 결합해 원자이론을 정립하는데 영감을 준 것은 앞선 글에서 이야기한 《우파니샤드》의 '범아일여'였다. 실제로 그는 베단타 철학Vedanta[12]에 관심이 깊었다. 그래서 이런 말도 할 수 있었을 것이다. "자연이 어떠하다는 것을 찾기가 물리학의 과제라고 생각하는 것은 옳지 않다. 물리학은 우리가 자연에 대해 무엇을 말할 수 있는지에 관심을 가진다." 그의 말을 인생으로 데려오면 이러한 의미가 되지 않을까.

인생의 답을 찾으려고 애쓰지 마라. 이해하려고 하지 마라. 마음을 열고 세상과 대상, 사물을 바라보라. 더 많은 것을 알게 될 것이다. 진실로 중요한 것은 우리가 인생에 대해 무엇을 말할 수 있는가이며 그 이야기들을 함께 나누는 것이다.

---

[12] '베다의 끝'이라는 뜻으로 《우파니샤드》를 체계적으로 발전시킨 철학이다.

2장

어째서 매일 세우는 탑이
매번 무너지는가

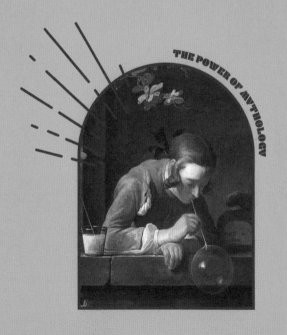

THE POWER OF MYTHOLOGY

어째서 매일 세우는 탑이 매번 무너지는가

내 밑바닥에 신과 악마가 같이 자고 있다

#멀린 #아서 #붉은_용(레드 드래곤)

켈트신화에서 가장 유명한 마법사는 멀린Merlin*이다. 어느 정도 위상인가 하면 머글Muggle[1]들이 "Oh, my god!"이라고 할 때 마법사들은 "Merlin's beard!"라고 한다. 또 뛰어난 업적을 이룬 마법사들에게 '멀린 훈장'을 수여하는데 이는 마법사 평생의 영예다. 물론 취지와 달리 사기꾼과 배신자가 속임수를 써서 차지할 수도 있다는 허점이 있기는 하다. J. K. 롤링의《해리포터》에 나오는 이야기다.

---

1 J. K. 롤링의 소설 《해리포터》 시리즈에서 마법사나 마녀들이 사용하는 단어로, 이른바 '보통 인간'을 가리킨다. 작가 롤링이 만들어낸 말이지만, 작품의 인기가 높아지면서 이 말도 널리 알려졌고, 영어에서 '일반인'이라는 의미로 사용하게 되었다.

롤링을 영국인이라고만 소개하면 부족하다. 그는 백인 사회의 주류를 형성해온 앵글로색슨족이 아니라 브리튼족이다. 우리가 '영국'이라 부르는 나라의 정식명칭은 'United Kingdom of Great Britain and Northern Ireland', 즉 그레이트브리튼섬에 위치한 잉글랜드와 웨일스, 스코틀랜드 3개국에 아일랜드섬 북부의 북아일랜드까지 4개국이 연합한 국가다. '브리튼'이라는 명칭에서 짐작할 수 있듯 고대에는 이 땅에 켈트계인 브리튼족이 살고 있었다. 5세기, 게르마니아에서 건너온 앵글족과 색슨족에 침략당하면서 중앙을 내주고 서쪽 끝, 북쪽 끝으로 내몰렸고, 이 접전의 시기에 등장한 영웅이 '아서'다. '멀린'은 아서가 영웅으로 태어나는 데 산파 역할을 했다. 이들은 모두 브리튼족으로 웨일스신화에 등장한다. 웨일스는 콘월과 함께 색슨족에게 동화되지 않은 남부 지역이었고, 롤링은 바로 그 웨일스에서 태어났다.

마법사들의 감탄사라고 한 "Merlin's beard!" 역시 수염을 중시한 웨일스 문화의 소산이다. 직역하면 '멀린의 수염'인데 웨일스인들은 수염을 남성다움의 상징으로 여겨 강제로 깎이거나 하면 힘을 잃는다고 믿었다.—사회적인 위치나 체면을 잃는다는 의미일 것이다—아서 왕King Arthur˚ 신화에는 '수염의 성'이라는 곳이 등장하는데, 여기를 지나는 기사는 수염을 내놓든지 무사들과 싸워서 이기든지 해야 하는 에피소드가 등장할 정도다. 이렇게나 수염을 중시하는 웨일스의 마법사들이 대마법사 멀린의 수염을 입에 올릴 지경이라면 예삿일이 아닐 것이다.

아무튼 영국이라고 하면 죄다 잉글랜드인 줄 알고 웨일스나 스코틀랜드, 북아일랜드 사람한테 냅다 잉글랜드 사람이라고 했다가는 눈빛으로 주먹 맞는 대참사가 벌어질 수 있으니 조심해야 한다. 이들은 결코 서로를, 특히 잉글랜드를 같은 민족이나 나라로 받아들이지 않는다. 그들은 각기 다른 나라이며 각각의 언어와 국기를 가지고 있다. 웨일스의 국기를 보자.

붉은 용은 웨일스를 상징한다. 웨일스어로 'Y Ddraig Goch'라 한다. 서양 문화를 아는 이들은 의아할 것이다. "Merlin's beard! 붉은 용이라니!" 우리가 알기로 그들에게

웨일스 국기

붉은 용이란 이렇지 않은가 말이다.

큰 붉은 용이 나타났는데 일곱 개의 머리와 열 개의 뿔을 가졌고 머리마다 왕관을 썼으며 꼬리가 하늘의 별 3분의 1을 끌어다가 땅에 던지더라. 그 용은 막 해산하려는 그 여자가 아기를 낳기만 하면 아기를 삼켜버리려고 여자 앞에 지켜 서 있었다.
—밧모의 요한 지음,《요한계시록》

태양을 옷으로 입은 여인이 출산하려는데 붉은 용이 나타나 아기를 삼키려 한다. 세상이 마침내 종말에 이르러 우주의 선과 악이 대결을 시작하려는 장면이다. 아기는 장차 우주를 통솔할 자이기에 하느님이 여인과 아기를 들어 올린다. 이어 미가엘이 부하 천사들을 거느리고 나타나 붉은 용과 성전을 벌인다.《요한계시록》은 붉은 용의 정체를 분명히 밝힌다.

마귀라고도 하고 사탄이라고도 하며 온 천하를 꾀는 자라.

그는 하늘에서 대천사 미가엘과 벌인 성전에 패해 땅으로 내려왔다. 그저 괴물이 아니라 악신이다. 그 붉은 용이 웨일스 국기에 등장한다. 이는 웨일스가 붉은 용을 악으로

월리엄 블레이크 〈거대한 붉은 용과 태양 옷을 입은 여인〉
1805~1810년

간주하는 문화권이 아니었음을 시사한다.

멀린이 소년일 적에 브리튼의 왕은 보티건이었다. 그는
반역을 일으켜 왕이 되었으며 순전히 개인적인 욕심을 채
우려고 색슨족을 끌어들인 인물이다. 당연히 보티건을 원수
로 대적하는 이가 많았다. 보티건은 신변의 위협을 느껴 난
공불락의 요새에 자신이 거주할 탑을 세우려 했는데 어찌

된 영문인지 완성만 하면 밤 사이에 무너지기를 세 번이나 거듭했다. 건축가들과 현자들이 도무지 해결책을 찾지 못했지만, 마법사들은 알고 있었다. 토대로 만들 회반죽에 아비 없이 태어난 아이의 피를 섞어야 한다는 것을. 몽마夢魔가 아비라 사람 아비가 없는 멀린이 그렇게 보티건 앞에 선다. 여차하면 죽임을 당해 피가 회반죽에 버무려질 상황, 멀린은 어째서 매일 세우는 탑이 매번 무너지는지에 대한 답을 들려준다.

"이 탑 아래에 거대한 지하수층이 있다는 것을 알고 계십니까? 그 아래에는 두 마리 눈먼 용이 있는데, 하나는 흰색이고 다른 하나는 붉은색입니다. 두 마리 용 위에는 두 개의 큰 바위가 올려 있습니다. 두 놈은 매우 크고 무척 강한데다가 서로 상대방을 알고 있지요. 탑을 세우면, 물과 흙의 무게를 점점 견딜 수 없게 됩니다. 그래서 두 마리 용이 움직이는 겁니다. 그 때문에 탑이 무너질 수밖에 없는 것이지요."
—장 마르칼 지음,《아발론 연대기 1》

탑은 나 자신이다. 밑바닥에 눈먼 용 두 마리가 산다. 서로 내 영혼을 차지하려고 싸움을 벌인다. 춥거나 배고프거나 외롭거나 만사가 막혀 내 위에 얹히는 무게가 무거워지면, 혹은 한쪽에 일방적으로 먹이를 많이 주면, 용이 꿈틀거리기 시작한다. 따뜻하고 배부르고 외롭지 않게 살면서 감당하기 힘든 무게를 짊어지지 않고, 어느 쪽으로든 치우친 삶을 살지 않는다면 용을 달래가며 잘 살 수 있을 것이다. 할 수만 있다면 그리 사는 것도 나쁘지 않겠다.

그러나 탑을 세울 수는 없을 것이다. 언제 깨어날지 모를 용을 발밑에 두고 탑을 세울 수는 없다. 대마법사 멀린은 다른 방식을 제안한다. 땅을 계속 파서 밑바닥에 웅크리고 있는 두 마리 용을 아예 세상에 드러내자는 것이다. 그래서 어떻게 하자는 것일까.

> "두 용은 상대방의 존재를 인식할 겁니다. 놈들은 마비 상태에서 깨어나 그 자리에서 싸움을 벌이고 서로 죽일 것입니다."
> —장 마르칼 지음, 《아발론 연대기 1》

나는 무릎을 탁 친다. 평생 용을 달래가며 살아갈 평정심도 부족하고 죽일 깜냥도 못 되는데 잘되었구나. 용을 죽일 필요 있나. 가히 죽일 수나 있나. 더이상 속에 숨기지 말고 드러내 저이들끼리 싸우게 내버려두면 누구 하나 죽든지, 둘 다 죽든지 할 테지.

내게 필요한 건 용과 맞붙을 실력이 아니라 내 밑바닥을 파헤쳐 용들을 드러내 보일 용기였던 거다. 그 용기가 없어 지금까지 용 대신 내가 땅속에 파묻혀 몽상을 이불로 덮고 있던 거다.

마침내 땅 밑에 엎드려 있던 두 용이 모습을 드러낸다. 붉은 용이 흰 용보다 더 흉측하고 힘이 세 보인다. 싸움은 하루 낮과 하루 밤 동안 격렬하게 이어지고 다음 날 정오쯤

오스카 코코슈카 〈잠자는 여인〉 1908년, 동화집 《꿈꾸는 소년》 삽화

되었을 때 구경꾼들 대부분 붉은 용이 이길 거라고 내다본다. 그런데 갑자기 흰 용이 불을 뿜어 붉은 용을 태워버리더니 저도 죽어버린다.

"자, 이제 됐습니다. 여기에 폐하께서 원하시는 대로 높고 튼튼한 탑을 지으십시오. 그 탑은 두 번 다시 무너지지 않을 것입니다."
— 장 마르칼 지음,《아발론 연대기 1》

멀린의 말대로 탑은 높고 튼튼하게 지어졌다. 그 후 보티건은 원하던 대로 탑 안에서 안전하게 잘 살았을까. 그렇다고 하면 신화가 아니라 동화다. 전왕의 조카들인 엠리스와 우터가 브리튼 백성들의 지지를 우군으로 삼아 보티건을 공격한다. 보티건의 탑은 무너지는 대신 하늘에서 내려온 불에 타버려 흔적조차 없이 사라져버린다. 보티건도 붉은 용처럼 불에 타 죽는다. 그 후 엠리스와 우터 형제는 멀린의 조언을 받으며 왕국을 다스리는데, 색슨족이 강력한 부대를 이끌고 침략한다. 브리튼에는 그들을 대적할 만한 군사도, 무기도 없어 전장에 나선 엠리스가 전사하고 만다. 이때 모두가 죽은 줄 알았던 붉은 용이 나타나더니 색슨족 진영 위를 날며 불을 토해 공포와 혼란에 빠뜨리고 브리튼족을 승전으로 이끈다. 웨일스 국기의 붉은 용은 이때의 붉은 용이다. 무엇보다 '펜드래건pendragon'이라는 이름이 용의 우두머리라는 뜻으로 우터 펜드래건은 아서의 생부다. 붉은 용이 그를 돕지 않았다면 아서는 없었을 것이다. 그나저나 흰 용이 내뿜은 불에 타죽었다는 용이 어떻게 다시 나타났을까? 세월이 흘러 아서 왕의 죽음과 브리튼의 몰락이 임박했을 즈음 멀린은 다음과 같이 밝힌다.

"나는 어린아이였을 때, 보티건 왕에게 설명했던 적이 있소. 어째서 그가 매일 세우는 탑이 매번 무너지는지. 그것은 두 마리 용이 토대 아래에서 싸우고 있었기 때문이오. 나는 두 마리 용을 밖으로 끌어내어 싸우게 만들었소. 그 결과 한 놈이 다른 놈을 이겼지. 그 패배는 표면적인 것이었을 뿐이오. 놈은 단지 깊이 잠들어 있었던 거요. 놈이 잠들어 있는 동안 나는 원탁을 설립할 수 있었다오. 그때 이래로 많은 변화가 있었소. 지금 용은 원탁 아래에 잠들어 있소. 여전히 잠들어 있지만 주위에 죽음과 파괴의 씨앗을 뿌리며 복수를 준비하고 있소. 그를 깨우기만 하면 되오."
— 장 마르칼 지음, 《아발론 연대기 8》

아서를 왕으로 세우고 원탁의 기사를 모았으며 브리튼의 중흥을 이끌려 했으나 전부 무너지려 한다. 멀린의 예감대로 아서는 죽고 브리튼은 멸망할 것이다. 아, 어째서 매일 세우는 탑이 매번 무너지는가!

여전히 용들 때문이다. 죽은 용들이 어떻게 살아났는지는 중요하지 않다. 형체 없고 구분할 수 없는 것을 상징화한 상상의 동물이기에 언제든 죽을 수 있고, 또 언제든 살아날 수 있다.

국가 안에, 사회 안에, 가정 안에, 사랑과 우정을 맹세했던 우리 사이에 그리고 내 안에 잠들어 있다. 느낀다. 세상이 시끄럽고 내 속도 시끄러운 건 저 밑바닥에서 꿈틀거리는 용들 때문이다.

현대인들은 합리적으로 움직이고 능률적으로 살고 있으면서도 자신이 제어할 수 없는 엄청난 어떤 〈힘〉에 시달리고 있다는 사실을 알지 못한다. 신이나 악마는 사라져버린 것이 아니다. 새로운 이름으로 등장하고 있는 데 지나지 않는다. 신이나 악마는 현대인들에게, 하루도 가실 날이 없는 막연한 불안이나 심리적인 갈등, 약물, 알코올, 담배, 먹을 것에 대한 끝없는 욕구(그리고 무엇보다도 갖가지 신경증)로 나타나고 있다.

—칼 G. 융 지음,《인간과 상징》

이것은 밑바닥에서 벌어지는 내전이다.

세계 곳곳에 출몰하는 용의 진실은 무엇인가
인간의 본질이다

#얀카 #티폰 #요르문간드 #우로보로스

용은 히타이트와 페르시아, 그리스신화에서부터 '악'을 상징했다. 히타이트[2]신화에서 최고신은 폭풍우의 신인 테슙Teshub°으로 얀카Yanka°와 전투를 치러야 했는데, 히타이트의 수도였던 하투샤에서 나온 쐐기문자 토판[3]을 보면 얀카

---

2 기원전 2000년 무렵 등장해 기원전 13~14세기에 오리엔트를 지배했으며 기원전 1180년경 멸망했다. 구약성서 《열왕기》 하에 '헷'이라는 명칭으로 등장한다. 오늘날 터키에 해당한다.

3 19세기 말 발굴되었고 20세기 초 해독에 성공하면서 히타이트라는 국가의 존재가 세상에 알려졌다. 19세기 말 이처럼 메소포타미아와 이집트에서 무더기로 발견된 점토 서판은 성서와 그리스신화가 최고最古라는 역사를 바꾸었다. 실제로 히타이트신화는 그리스신화와 유사하고, 히타이트보다 앞서 존재한 수메르신화는 구약성서와 유사한 내용이 많다. 참고로 히타이트어와 라틴어는 같은 인도-유럽어족이며 수메르어는 고립어이나 기원전

가 거대한 뱀용으로 형상화되어 있다. 그리스신화에서 제우스가 고전을 면치 못한 적수도 뱀용, 티폰Typhon*이었다. 가이아가 낳은 마지막 자식으로 어깨는 하늘에 닿고 눈에서 불을 내뿜는 1백 개의 머리는 하늘을 스치며 두 팔은 세상의 동쪽과 서쪽의 끝까지 닿아 신들도 그를 감당할 수 없었다. 티폰이 올림포스산으로 돌진했을 때 신들 모두 도망쳤으나 아테나Athena*만 자리를 지켰다. 아테나의 비웃음을 뒤통수에 달고 도망치던 제우스가 돌아와 티폰과 맞붙었다. 첫 번째 전투 결과는 참혹했다. 티폰에게 붙잡혀 팔과 다리의 힘줄이 모두 잘려 힘을 쓸 수 없게 된 것이다. 헤르메스Hermes*가 힘줄을 찾아 붙여주었다.

히타이트의 테슙과 얀카의 일전에도 비슷한 상황이 전개된다. 테슙이 패하자 얀카가 그의 눈과 심장을 가져가버린다. 이처럼 최고위 신에게 가장 큰 타격을 준 존재가 용이었다. 생김새는 거대한 뱀에 가깝다.

기원전 7세기 고대 페르시아에서 창시된 조로아스터교⁴에서 악신 앙그라 마이뉴Angra Mainyu*는 인류와 지상을 멸

3000년부터는 수메르 지역에 이주민이 유입되며 셈어에 속한 아카드어를 혼용하며 서로 영향을 주고받았다.

4 기원전 7세기에서 6세기 조로아스터가 창시한 종교. 조로아스터를 현대식으로 표기하면 '차라투스트라'가 된다. 조로아스터교는 불교와 그리스도교, 그노시스파(영지주의)에 영향을 끼쳤다.

망시키려는 목적으로 아지 다하카Azi Dahaka°를 창조한다. 아지 다하카는 세 개의 머리, 세 개의 입, 여섯 개의 눈, 천 가지 마법을 가진 용이었다. 히타이트와 그리스에서는 선신이 온갖 고난을 이겨내고 끝내 용을 퇴치하지만, 페르시아에서는 그렇게 하지 못했다. 선과 악의 힘이 대등해서 선이 악을 완전히 물리치지 못하고 다마반드산의 깊은 구멍에 가두는 데 그치고 말았다. 이에 따라 절대 악은 아직 살아 있다. 그러나 세상이 종말로 치달을 때 동정녀에게서 난 구원자 사오쉬안트Saoshyant°가 최고신 아후라 마즈다Ahura Mazda°의 뜻에 따라, 앙그라 마이뉴가 창조한 악한 피조물들과 최후의 성전을 치르고 승리할 것이다. 또한 죽은 자들을 부활시켜 심판을 받게 하고 인류의 역사를 새로이 시작할 것이다.

북유럽신화에서는 거대한 뱀이 인간이 사는 대지인 '미드가르드'를 둘러싸고 있다. 이 뱀을 요르문간드Jormungand°라 한다. 자기 입으로 자기 꼬리를 문 채 절대 움직이지 않다가 '라그나뢰크'라 불리는 종말에 대지로 올라와 독을 내뿜어 세상의 공기와 물을 오염시키고 형제인 늑대 펜리르Fenrir°와 함께 아스가르드Asgard°에 사는 신들에게 대항해 결전을 치른다. 토르Thor°에게 죽임당하지만 토르 역시 뱀이 내뿜은 독기에 죽고 만다.

거대한 뱀, 혹은 용을 악으로 간주해 결전을 치르는 소재는 그리스도교와 결합해 3세기경 고대 로마에서 〈성 게오르기우스와 용〉이라는 전설로 발전한다. 이 이야기는 우리에게 생소하지만 서양에서는 용과 관련해 가장 유명한 전설이다. '마을에 용이 살아 주민들이 인신공양으로 달래며 지냈는데 마침내 공주 차례가 되었고, 이때 나타난 떠돌이 기사 게오르기우스St. Georgius가 용을 무찌르고 공주도 구한다'까지는 용이 등장하는 여느 신화나 전설과 비슷하다. 하지만 게오르기우스는 다른 영웅들처럼 자신이 구출한

프란츠 폰 슈투크 《용 사냥꾼》 1913년

공주와 사랑에 빠지거나 결혼하지 않고 세례받을 것을 당부하고 떠난다. 라파엘, 루벤스, 모로, 들라크루아, 반 다이크, 칸딘스키 그리고 앤디 워홀에 이르기까지 서양의 내로라하는 화가들이 성 게오르기우스가 용을 무찌르는 장면을 화폭에 담아 기념했다.

뱀은 날개나 다리가 없이도 빠르게 움직이고 제 몸보다 훨씬 큰 것을 통째로 삼킨다. 생텍쥐페리의 《어린왕자》에도 코끼리를 삼킨 보아뱀이 나오지 않던가. 가늘고 긴 외양은 탯줄을 연상시키고 신비로운 특성은 '탈피'에 있다. 유충이 탈피해서 성체가 되는 매미나 나비 등과 달리 뱀은 죽을 때까지 탈피를 반복하며 할 때마다 이전보다 커지고 깨끗해진다. 고대인에게 그 모습은 새로 젊고 건강한 몸을 얻어 영원히 사는 것처럼 보였을 것이다. 세계 4대 문명 발상지[5]라고 하면 중국의 황허 유역, 인도의 인더스강 유역, 이집트의 나일 유역, 메소포타미아의 티그리스와 유프라테스강 유역을 꼽는다. 인류 최고最古 문명이 발생한 지역의 신화에는 공통적으로 뱀을 숭배한 흔적이 남아 있다.

---

5 중국 랴오허강 유역의 '훙산 문화', 터키 코니아의 '차탈회위크'가 발굴되면서 이제 더 이상 세계 4대 문명 발상지가 인류의 가장 오랜 문명은 아니다.

수메르에서 생물을 창조한 신은 티아마트Tiamat˚, 중국에서 인류를 창조한 신은 여와女媧˚다. 둘 다 여성으로 상반신은 사람, 하반신은 뱀이다. 이집트에 왕조가 들어서기 전부터 숭배한 가장 오랜 신, 와젯Wadjet˚ 역시 여신으로 코브라다. 이는 뱀과 여성을 신성하게 여긴 사실을 뒷받침한다. 또 다른 중국신화에 따르면 인간도 노쇠하면 뱀처럼 탈피해서 다시 소년소녀가 되었다고 한다. 그 덕에 죽지 않고 영원히 살 수 있었지만 탈피할 때마다 고통이 심했다. 어느 날 한 노파가 신에게 이렇게 고통스러울 바에야 차라리 죽는 게 낫겠다고 절규했고 말대로 되었다. 이후 인간은 죽음이라는 운명을 맞는다.

죽을 수밖에 없어 영원을 꿈꾸었다. 피라미드와 미라가 알려주듯 고대 이집트인들은 한 번 태어난 생명은 생과 사를 통과하며 순환한다고 믿었고 —태를 바꾸어 태어나는 윤회와 다른 개념이다— 이를 제 꼬리를 물고 있는 뱀으로 형상화해 벽화나 문장으로 새겼다. 1세기 무렵 서아시아 일대에서 형성된 '그노시스파(영지주의)'**[6]**는 이 뱀을 '우로보로스'라 칭했다. 그리스어로 '꼬리를 씹어 먹는 자'라는 뜻이다. 우로보로스Ouroboros˚는 영원과 무한을 상징한다.

---

6   비밀의 지식을 통해 영혼을 구원하고 천상의 충만함을 성취하는 것을 목적으로 하는 종교.

이집트에서 코브라가 파라오를 상징했다면, 인도에서는 삼주신[7] 중 하나인 파괴의 신, 시바shiva®를 상징한다. 파괴의 신을 창조의 신과 함께 같은 위치에 올리고 주요 신으로 섬겼다는 사실은 고대 인도인의 놀라운 통찰을 보여준다. 새로운 것을 창조하기 위해서는 낡은 것을 파괴해야 한다. 바꿔 말해 낡은 것을 파괴해야 새로운 것을 창조할 수 있다.─참고로 낡았다는 말은 오래되었다는 말과 같은 뜻이 아니다. 때로는 새로운 것보다 더 새로운 오래된 것이 있다.─시바는 춤의 신이기도 하다. 다른 신들이 시바를 죽이

---

7 인도신화에서 주요한 3신으로 브라흐마가 세상을 창조하고, 비슈누가 유지하고 시바가 파괴한다.

려고 호랑이를 보내자 가죽을 벗기며 춤을 추었고, 맹독을 지닌 큰 뱀을 풀어놓았을 땐 뱀을 목걸이 삼아 춤추었다. 마지막으로 마물을 보내자 발로 밟으며 춤을 추었다. 시바는 이처럼 무시무시한 파괴의 힘과 함께 신명을 지녔고, 동시에 수행자였다. 껍데기를 벗고 새로운 몸을 얻는 뱀은 이런 시바를 상징하는 데 더없이 적합하다. 뱀을 신격화한 신도 있다. 나가Naga다. 수메르나 중국의 고대 신화에서와 마찬가지로 상반신은 인간이고 하반신은 뱀이다. 혹은 머리와 목에 여러 마리의 코브라가 돋아 있는 모습이기도 하다. 뱀을 숭배한 흔적을 보여준 시바와 나가는 인도의 토착신이었다.

기원전 3천 년경 스텝 지역[8]에서 인도-유럽어 계열의 언어를 구사하며 살던 유목민들이 기후변화 때문에 사방으로 흩어져 이동하기 시작했다. 일부가 기원전 2000년~1500년경 인도 북부로 내려왔다. 그런데 이곳에는 이미 드라비다족[9]을 비롯해 여러 종족이 1천 년 넘게 인더스 문

---

8 시베리아에서 중앙아시아에 걸쳐 나타나는 짧은 풀로 뒤덮인 넓은 초원지대 또는 사막 주변에 넓게 펼쳐진 초원지대.

9 현재 인도 남부 지역에 살고 있으며, 이들이 사용하는 언어를 드라비다어라고 하는데 인도 남부 외에 스리랑카, 파키스탄, 네팔, 아프가니스탄, 이란의 일부 지역에서도 사용한다. 드라비다어는 인도-유럽어와 체계가 다를 뿐 아니라 다른 어떤 어족과도 연관성이 없다.

명을 일구며 살고 있었다. 이들은 피부가 하얗고 콧대가 우뚝하며 체격이 큰 외지인의 침략을 받아 남부로 밀려났고 그곳에서 독자적인 문화를 형성했다. 한편 침략자들은 스스로를 '아리안'이라 칭했는데, 산스크리트어로 '고귀한 사람'이라는 뜻이다. 그들은 인도 북부에 이어 갠지스강을 따라 동부까지 침략해 정착에 성공하자 '카스트'로 불리는 계급제도를 만들고 자신들이 숭배하는 신들에 대한 찬가를 모아 수백 년에 걸쳐 문자화했다. 이것이 고대 인도의 종교(브라만교)와 철학을 담은 가장 오랜 문헌《베다Véda》다. 최고신은 천둥과 번개의 신이자 전쟁의 신인 인드라Indra˚로, 아리안이 인도에 정착하기 전부터 숭배한 신이었다. 이 때문에 4대《베다》중 가장 처음 작성된《리그 베다》에 가장 많은 찬가가 수록되어 있다.

《리그 베다》에는 '브리트라'라고 하는 거대한 용이 등장한다. 그는 아수라를 이끄는 마신이었다. 브리트라가 하늘에서 흘러내리는 강물을 막아 지상에 가뭄을 일으켜 사람들에게 고통을 주었다. '하늘에서 흘러내리는 강물'이라는 표현은 수사적인 표현이 아니라 고대 인도인들이 믿은 그대로이다. 천상을 흐르는 강가Ganga˚ 여신이 하강한 것이 오늘날의 갠지스강이라서다. 또 인도신화 속 신과 영웅들은 요즘의 게임 아이템을 연상시키는 기상천외한 '아스트라'[10]를 무기로 사용했는데, 인드라의 아스트라는 양쪽에 날카로운 날이 붙은 방망이 모양으로, 모든 것을 벨 수 있는 '바즈라'였다. 인드라가 바즈라로 브리트라를 베어 다시 강물을 흐르게 했지만, 브리트라는 해마다 다시 태어났고 그때마다 인드라는 브리트라를 베어야 했다. 인드라는 훗날 불교에서 제석천이 되었고, 바즈라는 모든 번뇌를 깨뜨리는, 깨달음을 상징하는 금강저가 된다.

거대한 뱀이나 용이 마신이거나 악의 상징으로 나타나는 것은 이처럼 '아리안'과 연관 있다. 히틀러와 나치가 인종청소를 자행할 때 순수백인을 지칭하는 말로 '아리안'을 써서 유감스럽게도 본래 의미를 심하게 오염시켰지만, 이 말은 인도에서 처음 나왔고 다른 말로 '인도-유럽어족'이라고 풀이한다. 최근에는 인도-유럽어족 중에서도 인도-이란어를 사용하던 고대 민족을 일컫는 말로 의미가 좁아졌다. 인도-유럽어족은 세계 인구의 약 3분의 1이 사용하는 최대 어족으로 라틴어·영어·에스파냐어·프랑스어·포르투갈어·독일어·스칸디나비아어·아일랜드어·러시아어·힌두어·그리스어·벵골어·이란어(페르시아어) 등이 이에 속한다. 최근에는 '아리안' 대신 '스키타이'로 순화해 쓰도록 권고하고 있는데―이 또한 히틀러와 나치 때문이

___

10 아스트라는 신에게 받은 무기나 마법을 뜻한다.

다―아무튼 인도유럽어족 – 아리안 – 스키타이로 불리는 이들은 기억에 없는 머나먼 옛날에 상당히 느슨한 개념으로 비슷한 문화권이었고, 다른 고대 문화권과 달리 뱀이나 용을 부정적으로 인식했을 것이다. 그런데 같은 인도-유럽어족이라도 인도에서는 달라질 수밖에 없었다. 이미 선주민이 1천 년 넘게 문명을 이루며 살고 있었고 뱀을 숭배했기 때문이다. 아리안은 인드라와 《리그 베다》, 카스트 등으로 선주민들을 지배했지만, 점차 토착신을 흡수했고 이에 따라 용이 상징하는 바가 달라진다.

인도신화의 삼주신 중 세상의 유지를 맡은 비슈누Vishnu˚는 무한을 상징하는 거대한 뱀 '아난타'를 타고 휴식한다. 그가 아난타를 타고 잠을 자는 동안 꾸는 꿈이 이 세상이니, 우리가 사는 이 세상은 실재가 아닌 '마야(환상)'다. 여기서 말하는 환상이란 마음과 감각, 인식 등에서 비롯된 관점에 갇혀 생겨난 세상을 뜻한다. 모든 것의 끝일 것 같은 죽음조차 마야다. 마야를 제거해야 본질을 깨우칠 수 있지만 인간은 마야를 깨뜨릴 수 없다. 깨뜨릴 수 있다고 여긴다면 그 또한 환상이며 지금의 환상은 또 다른 환상으로 깨지거나 깨뜨릴 수 있을 뿐이다. 우리가 해야 하는 것은 환상을 깨뜨리는 게 아니라 보다 가치 있고 고귀한 환상을 창조하는 것이다. 그것이 바로 '꿈을 찾아서'라고 할 때의 꿈이고, "당신의 꿈은 무엇인가요?"라고 물을 때의 꿈일 것이다.

불교가 창시된 뒤 용은 불법을 수호하는 용왕이 되고, 기원전 4000년 한漢에서는 백호, 현무, 주작과 더불어 사방위를 지키며 상서롭지 못한 것을 물리치는 신의 반열에 오른다. 생김새도 저마다의 동물이 지닌 강점을 속속들이 갖춰 머리는 낙타, 뿔은 사슴, 눈은 토끼, 귀는 소, 목덜미는 뱀, 배는 큰 조개, 비늘은 잉어, 발톱은 매, 주먹은 호랑이로 나타난다. 입 주위에 긴 수염이 있고, 턱 밑에 고운 구슬이 있고, 목 아래에 거꾸로 박힌 비늘(역린)이 있으며, 머리에는 보물이 있다. 동양의 용은 서양의 용과 달리 날개가 없어도 하늘을 날고 입에서 화염을 뿜지 않는다.

한국과 중국에서 용은 제왕을 상징한다. 그들은 자기네들이 용의 후손이라고 주장하며 권력에 정당성을 부여했다. 용의 자식이니까 용이라는 식으로 말이다. 용의 자식이 아니면 용이 될 수 없을까. 천만에! '등용문登龍門'을 통과하면 누구라도 용이 될 수 있다. 황허가 산시성에 이르면 3단계 폭포를 이루는 곳이 있어 이를 '용문'이라 하는데, 잉어가 물길을 거슬러 끝내 통과하면 용이 되어 하늘로 승천한다. '개천에서 용 났다'는 속담과 통하는 전설이다. 용의 후손이 아니라도 용이 될 수 있다는 희망과 포부가 힘차다. 이럴 때 용은 이상적이고 원형적인 자아를 상징한다. 그런데 정말 용은 무엇이었을까. 뱀을 커다랗게 부풀린 상상의 동물에 불과할까. 혹시 곳곳에 심심찮게 출몰했을 익

〈사령도〉 중 청룡 부분, 조선시대

룡의 거대한 뼈나 화석을 보고 용이라고 했던 게 아닐까.

아! 여전히 용들 때문이다. 국가 안에, 사회 안에, 가정 안에, 사랑과 우정을 맹세했던 우리 사이에 그리고 내 안에 잠들어 있다. 느낀다. 세상이 시끄럽고 내 속도 시끄러운 건 저 밑바닥에서 꿈틀거리는 용들 때문이다.

인간은 공허에서 먼지와
반역자의 피로 만들어졌다
생의 본질이다

#타르타로스 #심연 #나락 #아비소스

그리스신화에서 밑바닥의 이름은 타르타로스, 북유럽신화에서는 '니플헤임'이라고 한다. 간혹 이 둘을 '지옥'이라고 옮기기도 하는데 아직 천국과 지옥이라는 개념이 없을 때라 타르타로스는 타르타로스로, 니플헤임은 니플헤임으로 표기하는 게 맞다.

우선 니플헤임에 대해 소개하자면, 허무의 심연 북쪽 끝에 있으며 이곳의 주민인 죽은 자들을 다스리는 자는 거인, 헬Hel*이다. 그녀를 둘러싼 환경의 명명은 이러하다. 살고 있는 저택은 '비참', 그녀의 밥그릇은 '굶주림', 그녀의 나이프는 '기아', 하인은 '활기 없음', 사람들이 들어서는 문지방은 '낙상의 위험', 침대는 '병상', 침대 커튼은 '번득이는 화

禍'. 헬은 절반은 검은 시체의 모습이고, 절반은 싱싱하게 살아 있는 모습이라 쉽게 분간할 수 있다.

참고로 지옥은 산스크리트어 '나라카naraka' 혹은 '니라야 niraya'를 한자로 번역한 불교 용어로 '땅속에 있는 감옥'이라는 뜻이다. 또 나라카를 음으로 차용한 한자가 '나락那落, 奈落'으로 여러 지옥 중 하나인데 밑이 없는 구멍이다. 그러니 '나락으로 떨어진다'는 말은 얼마나 절망적인가. 바닥이 없으니 한없이 떨어질 것이기 때문이다. 딛고 일어설 바닥조차 허용되지 않는다니 참으로 무서운 지옥이다.

그리스신화에 나락과 비슷한 곳이 있다. 영어 '어비스 abyss'의 어원인 '아비소스'다. '바닥이 없다'는 뜻으로 우리말로 '심연深淵'이라 번역하며 '심연에 빠진다'고 하면 나락과 마찬가지로 좀처럼 빠져나오기 힘든 구렁에 빠졌다는 의미가 된다. 바로 이곳에 죽은 자들의 세계인 하데스가 있고, 하데스는 다시 상층부 에레보스와 하층부 타르타로스로 나뉜다. 타르타로스가 얼마나 깊으냐 하면 대지와 하늘 사이 만큼이다. 하늘에서 청동 모루를 땅 위로 떨어뜨리면 아흐레 낮과 밤을 떨어져서 열흘째 되는 날 밤에야 비로소 땅에 부딪힌다. 마찬가지로 청동 모루를 땅에서 아래로 떨어뜨리면 아흐레 낮과 밤을 떨어져서 열흘째 되는 밤에야 비로소 타르타로스에 부딪힌다. 여기에 신의 자식들과 형제들이 갇혀 있다.

처음에는 우라노스와 가이아 사이에 태어난 티탄들이 갇혔다. 우라노스는 이들이 그저 끔찍하게 생겼다는 이유로 타르타로스에 가둬버렸는데, 헤시오도스는 가이아가 대지의 신인 점에 착안해 '가이아의 자궁'에 가뒀다고 은유적으로 표현했다. 최초의 최고신인 우라노스는 제 손으로 무엇 하나 창조한 것이 없으며 그저—지금의 우주처럼—존재했을 뿐이다. 그가 타르타로스에 가둔 것들의 면면을 살피면 어떤 창조를 막으려 했는지 짐작할 수 있다.

티탄 신족 열둘은 오케아노스(큰 강), 코이오스(하늘의 덮개), 크레이오스(모든 별들의 조상), 휘페리온(헬리오스의 아버지), 이아페토스(프로메테우스의 아버지), 테이아(휘페리온과 결혼, 헬리오스와 에오스, 셀레네의 어머니), 레아(크로노스의 부인이자 제우스와 그의 형제자매의 어머니), 테미스(법과 질서의 여신으로 계절의 여신 호라이와 운명의 여신 모이라이의 어머니), 므네모시네(기억의 여신), 포이베(아폴론의 어머니인 레토의 어머니), 테튀스(바다와 강의 어머니) 그리고 훗날 최고신이 되는 크로노스로, 모두 지구를 창조하는 데 기원이 되는 존재들이다. 이마에 둥근 눈 하나만 갖고 있는 퀴클롭스 3형제(브론테스, 스테로페스, 아르게스)는 각각 천둥, 번개, 벼락을 상징하며 겨드랑이에 1백 개의 거대한 팔이 솟아 있고 어깨에는 쉰 개의 머리가 돋아나 있는 헤카톤케이레스 3형제(코토스,

브리아레오스, 귀게스)는 거칠고 무지막지한 자연의 힘을 상징한다.

우라노스는 이들이 생겨나길 원치 않았다. 그는 모든 것이 하나가 되어 뒤엉킨 카오스를 사랑한 우주, 그 자체였다. 뚜렷한 형상을 가진 것들은 그에게 자연스럽지 못한 괴물이었다. 그래서 도로 가이아의 자궁 속에 꾸역꾸역 집어넣으려 했는데, 이런 행동은 모든 것을 탄생시키려 한 대지의 여신, 어쩌면 지구의 여신일지 모를 가이아의 분노를 샀다. 가이아는 아들 크로노스에게 기대를 걸고 낫을 쥐어주며 힘을 실어주었다. 그러나 그 역시 가이아의 희망을 꺾어버렸다. 우라노스를 몰락시킨 뒤에 티탄 신족들만 풀어주고 퀴클롭스 3형제와 헤카톤케이레스 3형제를 풀어주지 않았기 때문이다.

이들이 풀려난 것은 제우스와 그의 형제들이 크로노스와 그의 형제들인 티탄 신족을 상대로 격전을 벌인 티타노마키아 때였다. 가이아가 퀴클롭스 3형제, 헤카톤케이레스 3형제와 연합하면 승리와 영광스러운 영예를 얻으리라고 조언했기 때문이다.

퀴클롭스는 솜씨 좋은 대장장이들이었다. 제우스에게 번개를, 포세이돈에게 삼지창 트라이아나를, 하데스에게는 머리에 쓰면 상대방에게 보이지 않게 되는 황금투구 퀴네에를 무기로 만들어주었다. 또한 헤카톤케이레스 3형제는 강력한 백 개의 팔로 도합 한 번에 3백 개의 바윗덩어리를 티탄 신족에게 집어던져 그들의 하늘을 온통 어두컴컴하게 만들었다.

스틱스가 자식들인 크라토스(힘), 비아(폭력), 젤로스(의욕 또는 질투), 니케(승리)를 거느리고 제우스와 함께 싸웠고, 프로메테우스Prometheus°도 제우스 편에 섰다. 그러나 제우스는 10년에 걸친 전쟁인 티타노마키아에서 승리한 뒤 자신에게 대적한 티탄들을 몽땅 타르타로스에 감금해버렸다. 가이아는 자신의 창조물을 가둔 것에 다시 분노하고 이번에는 기간테스Gigantes°를 부추겨 두 번째 신들의 전쟁을 일으키는데 이를 '기간토마키아'라 한다. 기간테스는 우라노스가 거세당할 때 흘린 피가 대지에 스며 태어난 티탄들로 기가스Gigas의 복수형이고, 기가스는 가이아가 낳은 자식이라는 뜻이다. 이 기가스에서 10의 9제곱을 표기하는 '기가giga'가, 기간테스에서 거인을 뜻하는 영어 '자이언트giant'가 나왔다. 또 10의 12제곱을 '테라tera'라고 하는데, 이는 가이아의 영어 이름이다. 기가와 테라는 오늘날 컴퓨터 드라이브 용량의 단위가 되었다. 또한 기가스는 사람의 형상을 빚는 재료가 되었다.

기간테스(기가스들)가 오싸산 위에 펠리온산을 쌓아올려 천궁으로 돌진하자 제우스가 산에 벼락을 던졌다. 겹쳐 쌓아올린 산이 무너지면서 거대한 거인들이 아래에 깔렸고,

이들이 흘린 피가 대지를 붉게 물들였는데, 가이아가 이 피에 생명을 불어넣어 사람을 만들었다. 우라노스가 흘린 피에서 기간테스가 태어났고, 기간테스가 흘린 피에서 사람이 태어난 셈이다. 그 후손들은 살육과 폭력을 아무렇지 않게 일삼는 잔인한 족속을 이루었다.

제우스에게 살해당한 거인이 사람을 빚는 재료가 된다는 이야기는 고대 그리스의 밀교인 오르페우스교[11]에도 전한다. 이들은 오르페우스Orpheus˚와 페르세포네Persephone˚, 자그레우스Zagreus˚를 숭배했다. 자그레우스는 뱀으로 변신한 제우스가 하계의 여왕인 페르세포네와 관계를 맺어 낳은 아들로 아버지처럼 자유자재로 변신할 수 있었다. 어느 날 티탄들이 그를 습격하자 사자, 뱀, 호랑이 등으로 변신하면서 도망쳤지만 황소로 변했을 때 포박되고 말았다. 티탄들은 그를 일곱 토막 내어 끓여 먹거나 구워 먹었다. 이들이 잔치를 끝냈을 때 자그레우스의 시신 일부가 여기저기 바닥에 남아 있었다. 제우스가 뒤늦게 아들이 당한 참사를 알고 번개로 티탄들을 내려쳐 잿더미로 만들어버렸다.

***

11 기원전 7세기 무렵, 고대 그리스에 퍼져 비밀 의식을 행하던 종교로, 오르페우스를 종조宗祖로 하며, 인간은 영혼이 사악한 육체에 잡혀 긴 윤회의 업業이 계속되므로 금욕 생활로 구원을 받아야 한다고 주장하였다.

〈진흙을 빚어 인간을 창조하는 프로메테우스와 이를 지켜보는 아테나〉 3세기

비가 내리자 티탄이 탄 잿더미와 자그레우스의 남은 뼈, 살덩어리 들이 흙에 섞이며 진흙이 되었다. 바로 이것으로 프로메테우스가 사람을 빚은 까닭에 사람은 자그레우스의 선한 면과 티탄의 사악한 면을 모두 가지게 되었다.

인간을 창조하는 장면은 수메르신화에서도 극적이다. 수메르신화는 아카드, 아시리아, 바빌로니아 신화에서 등장인물들의 이름만 바뀔 뿐 같은 내용으로 전해지며 그리스-로마신화와 유대교 등에 영향을 끼쳤다. 포괄적으로 메소포타미아[12]신화로 칭하기도 한다.

아직 사람이 없던 시절에 신들이 사는 도시에서 노역을 담당한 이들은 하급 신들이었다. 이들을 통틀어 '이기기'라 하고 상위 신들을 통틀어 '아눈나'라 한다. 이기기는 매일 티그리스강과 유프라테스강을 파내는 등 노역에 시달리다 더 이상 견디기 힘들어 최고위 신인 엔릴Enlil°에게 몰려가 연장을 태우고 항의했다. 엔릴이 주모자를 처벌하려고 하자, 이복형인 지혜의 신 엔키Enki°가 신들을 대신해 노역을 담당할 존재를 창조하자고 제안한다. 아눈나가 모두 찬성하자 엔키는 폭동을 주도한 이기기의 우두머리 웨일라를 죽여 그 살과 피에서 영혼이 생기게 했고, 산파신 닌투가 웨일라의 살과 피에 찰흙을 섞은 다음 열네 개로 떼어 일곱

---

12   티그리스-유프라테스 유역을 통칭하는 말로 수메르가 기원전 30세기 세계 최고의 문명을 이룩해 오리엔트 문명에 영향을 끼쳤고 기원전 24~23세기 셈족인 아카드 왕조가 메소포타미아를 최초로 통일하면서 복속되었다. 아카드 왕조 유적은 지금까지 발굴된 것이 없다. 기원전 20세기에 남부는 바빌로니아, 북부는 아시리아가 고대국가로 번성했다. '메소포타미아'는 수메르-아카드-바빌로니아-아시리아를 통칭하며 오리엔트의 마지막 문명은 페르시아로 기원전 331년 마케도니아의 알렉산더에게 정복되면서 오리엔트 문명의 전성기는 종식된다. 아케메네스 왕조는 멸망했으나 국호는 그대로 유지하면서 기원전 250까지 헬레니즘의 통치를 받았다. 이후 파르티아-사산 왕조 페르시아-사파비 왕조-팔레비 왕조로 계승되었고 국호를 '아리안의 나라'라는 뜻인 '이란'으로 바꾼 것이 1935년이다.

개로 남자를, 일곱 개로 여자를 만들었다. 이들을 수메르어로 '룰루lullu' 아카드어로 '아윌루awilu'라 부르는데 '(원시적) 사람'을 뜻한다.

수메르신화는 등장하는 인물의 이름만 바꾸어 바빌로니아신화의 창세기인 〈에누마 엘리쉬Enûma Eliš〉에 그대로 전승되었다. 또 구약성서에 최초의 사람으로 등장하는 '아담Adam'의 어원 '아다마adama'는 흙 중에서도 검붉은 흙을 의미해서 검붉은 흙으로 만들어진 사람을 말하지만, '담dam'이 피를 의미해 '피로 만들어진 사람'이라는 뜻도 된다.

이처럼 인간을 창조할 적에 사악한 티탄을 불태운 재나 반역자의 피와 살이 재료가 되었다. 동시에 선한 자그레우스의 뼈와 살이, 지혜의 신이 불어넣은 영혼도 함께 들어 있다.

이처럼 내 안에 모든 것이 들어 있다. 올림포스뿐 아니라 타르타로스도 있다. 선과 악의 투쟁일 때도 있으나 덜 사악한 욕망과 더 사악한 욕망의 투쟁이기도 하다. 그리고 삶은 내 안에 있는 모든 것 중에 무엇이 될지 선택하는 것이다. '잘'이거나 혹은 '잘못'이거나.

제우스가 코스모스의 시대를 연 뒤에 티탄들뿐 아니라 사람들도 타르타로스로 끌려와 형벌을 받았다. 다시 말하지만 타르타로스는 이 세상의 밑바닥에, 내 밑바닥에, 당신 밑바닥에 있다. 여기에 무엇이 있는지 모르고서야 탑을 세울 수 없다.

모든 밑바닥에 굶주림이 있다

욕망을 어떻게 다뤄야 하는가

#우골리노 #탄탈로스

그즈음 나는 10만 년 가까이 지구에 존재했다는 네안데르탈인이 갑자기 멸종한 이유에 대해 궁금해하고 있었다. 현생인류의 조상인 크로마뇽인이 출현한 것은 1만 5천 년 전, 완전한 네안데르탈인이 출현한 것은 무려 13만 년 전이다. 두 종이 함께 존재한 시기가 하필이면 빙하기였다. 이들은 먹잇감을 놓고 치열하게 경쟁했고 결과적으로 지능이 뛰어난 크로마뇽인이 힘이 강한 네안데르탈인보다 효과적으로 위기에 대처해 살아남았으리라는 것이 학계의 추측이다. 조심스럽게 이런 가설도 세워볼 수 있다. 효과적으로 위기에 대처한 방법 중 하나가 배고픈 크로마뇽인이 네안데르탈인을 사냥해 먹어치운 것이라면?

상징이나 은유가 아니라 말 그대로 인류가 또 다른 인류를 먹어 치워 멸종시켰을 가능성이 전혀 없지 않다. 같은 방식으로 인류가 지구의 수많은 종을 멸종시켰고 현재도 그러하다. 한동안 상상했다. 일체의 무기가 없는 원시 상태에서 사람을 어떻게 살상했을까. 그러다 파리 오르세 미술관에서 한 그림을 보고 극도의 사악함에 전율했다.

뒤에서 무릎으로 상대의 허리를 거세게 가격하고 순식간에 왼팔을 뒤로 꺾으면 상대의 목이 자동적으로 뒤로 젖힐 것이다. 이때 목의 대동맥을 짐승처럼 이빨로 물어뜯는 것이다. 그림은 내 궁금증에 완벽하게 답을 들려주고 있었다. 한참이나 눈을 떼지 못했다. 나는 단지 무기를 사용하지 않고 사람을 죽일 수 있는지 궁금했을 뿐이었다. 그런데 내 눈앞에 지옥이 있었다.

사람의 목을 물어 숨을 끊는 모습은 드라큘라나 좀비에서 숱하게 소비되었다. 부게로가 그린 이 그림이 섬뜩한 이유는 드라큘라나 좀비가 아니라 나 같은 사람이 나 같은 사람의 목을 물어뜯고 있기 때문이다.

나는 한 구멍에 둘이 얼어붙어 있는 것을 보았는데, 하나의 머리가 다른 자의 모자가 되어 있었다. 그리고 마치 배고픔에 빵을 썹어대듯이, 위에 있는 자는 다른 자의 머리와 목덜미가 맞붙은 곳을 이빨로 물어뜯고 있었다.

월리엄 아돌프 부게로 〈지옥의 단테와 베르길리우스〉 1850년

— 단테 알리기에리 지음, 《신곡》〈지옥〉 편 제32곡

단테와 베르길리우스가 이들을 발견한 곳은 지옥에서도 '안테노라'였다. 그곳은 조국과 동료를 배반한 영혼들이 벌

을 받는 곳으로, 앞서 글에서 야수처럼 물어뜯는 남자는 이
탈리아 피사의 우골리노 델라 게라르데스카 백작, 꼼짝없
이 당하는 남자는 루젤리 우발디니 대주교다. 정쟁의 소용
돌이에서 둘이 한 편이었지만 루젤리가 배반하고 우골리노
를 죽음으로 몰았다. 이런 일은 동서고금에 흔해 빠졌지만
죽이고 죽는 과정이 전례 없이 잔혹했다.

　루젤리는 우골리노뿐 아니라 그의 아들 둘, 손자 둘까지
피사의 탑에 가두었다. 그 상태에서 반년 뒤에는 문짝에 아
예 못을 박아버리고는 열쇠를 강에 던졌다. 이후 우골리노
일가에 어떤 일이 벌어졌을까. 단테가 지옥에서 들은 우골
리노의 말을 옮긴다.

　괴로운 마음에 나는 손을 물어뜯었는데, 그들은 내가 먹
　고 싶어서 그런 것으로 생각하고 곧바로 일어서서 말하
　더군요. "아버지, 저희를 잡수시는 것이 저희에게 덜 고
　통스럽겠습니다. 이 비참한 육신을 입혀주셨으니, 이제
　는 벗겨주십시오." 그들을 슬프게 하지 않으려고 나는
　진정했고, 그날도 다음 날도 우리는 모두 말이 없었지요.
　아, 매정한 땅이여. 왜 열리지 않았던가. 그리고 넷째 날
　이 되었을 때 가도가 내 발치에 길게 쓰러지면서 말하더
　군요. "아버지, 왜 저를 도와주지 않습니까?" 그는 그 자
　리에서 죽었지요. 그리고 그대가 나를 보듯, 나는 닷샛날

과 엿샛날 사이에 세 자식들이 하나씩 쓰러지는 것을 보았소. 이미 눈이 멀어버린 나는 그들을 더듬으며 그들이 죽은 뒤 이틀 동안 그들을 불렀는데, 고통 못지않게 배고픔도 괴로웠답니다.

— 단테 알리기에리 지음,《신곡》〈지옥〉편 제33곡

이 참담한 순간을 오귀스트 로댕이 조각으로 얼려 〈지옥의 문〉에 세웠다.

우골리노는 오랫동안 먹지 못해 눈이 멀었다. 아들과 손자들이 연달아 모두 굶어 죽자 이틀 동안 피붙이들을 더듬으며 대성통곡했다. 더 끔찍한 비극이 그를 기다리고 있었다. 굶주림이었다. 우골리노는 죽은 자식들을 먹어 굶주림을 채웠다. 13세기 이탈리아에서 벌어진 실화다.

사람이 사람의 목덜미를 물어뜯는 지옥은 단테의 상상이지만 굶주려 자식의 시신으로 배를 채운 것은 실제였다. 나는 무엇이 더 지옥에서 벌어질 만한 일인지 알지 못하겠다. 굶주림은 자식을 잃은 고통 못지않을 뿐 아니라 그 시신까지 먹게[13] 만들 수 있다. 그러니 누군가 내게 이 세상의 밑

---

13 시신을 먹는 것을 망자와 한몸이 되는 것으로 여겨 신성하게 여기는 부족도 있다. 여기서는 그런 의식이 아니라 굶주림을 채우기 위한 목적으로 먹는 것을 말한다.

오귀스트 로댕 〈우골리노 델라 게라르데스카〉 1880~1882년

바닥에, 내 밑바닥에, 당신 밑바닥에 무엇이 있을 거라 여기는지 묻는다면 '굶주림'이라 하겠다. 단연코 굶주림만 한 형벌은 없다 하겠다.

지옥에서는 단순히 배만 주리게 하는 데 그치지 않는다. 단테가 1세기 로마의 시인 베르길리우스를 최고의 시인으로 존경했고, 그가 쓴 《아이네이스》에 영향을 받아 《신곡》을 쓴 사실은 잘 알려져 있다. 훗날 로마의 건국 시조가 되는 아이네아스는 죽은 아버지 안키세스를 만나기 위해 하데스로 내려가고 거기서 이런 광경을 본다.

> "높은 황금 등받이가 달린 의자 앞에 산해진미 가득한 잔
> 칫상이 풍성하게 차려져 있소. 그러나 복수의 여신들 중
> 첫째가 옆에 쪼그려 앉아 있다가 음식에 손도 대지 못하
> 게 횃불을 휘두르며 쫓아내고 있소."
>
> ─ 베르길리우스 지음,《아이네이스》

먹을 게 없어서 배곯는 것도 참혹하지만 눈앞에 진수성
찬이 거나한데 한 입도 먹을 수 없이 굶주리는 것은 더욱
잔혹하다. 그리스 시인, 호메로스의《오디세이아》에는 타
르타로스에서 그와 같은 형벌을 받는 인물의 이름이 전해
진다. 탄탈로스Tantalus*다.

물을 마시려고 허리를 구부리면 신이 물을 말려버리고,
열매를 잡으려고 손을 내밀면 바람이 열매가 달린 가지를
구름 위로 쳐올린다. 탄탈로스의 굶주림은 결코 채워질 수
없다. 여기에서 나온 영어가 'tantalize.' '(보여주거나 헛된 기
대를 가지게 하여) 감질나게 (안타깝게) 만들어 괴롭히다'라는
뜻이다. 독일어에도 'Tantalusqualen'라는 명사가 있는데
'(곧 충족될 것 같이 보이는) 욕망이 충족되지 않는 괴로움'을
가리킨다.

동양신화에도 비슷한 지옥이 있다. 염마왕이 다스리는

베르나르 피카르 〈탄탈로스의 형벌〉 1842년,
존 매독스 로버츠의 소설 《뮤즈의 사원》 삽화

'아귀도餓鬼道'다. 이곳에 떨어진 귀신을 '아귀'라 한다. 먹
으려 들면 눈앞에서 음식이 불타버리고, 먹을 수 있다 해도
굶주림과 목마름을 채울 수 없다. 몸집은 집채만 한데 입은
작고 목구멍이 모기 주둥이만큼 가늘고 길어서다. 그런데

도 저희들끼리 먹을 것을 두고 죽도록 싸우니 여기에서 유래한 말이 '아귀 다툼'이다.

절실하게 원하는 것을 눈앞에 두고도 취할 수 없는 타르타로스와 아귀도는 수천 년 전 고대인의 상상에 있었으나 이제는 현실이다. 현대인의 욕구는 이미 생존에 필요한 소유를 넘어섰으며 라캉의 정언처럼 '타인의 욕망을 욕망한다.'

타인의 욕망은 나에게 환상이고, 내가 욕망하는 것은 나에게 실재이니 그 간극은 탄탈로스와 그의 머리 위에 주렁주렁 탐스럽게 열린 열매만큼이다. 사회구조가 조작한 욕망을 나의 욕망으로 착각한 것이니 열심히 몸을 부려도 매일 세우는 탑이 매번 무너진다.

진정으로 원하는 것을 가지면 탄탈로스의 형벌에서 안전할 수 있을까. 사랑받고 인정받으면 아귀도에서 벗어날 수 있을까. 욕망의 대상일 때는 그토록 찬란하게 빛나던 것도 정작 내 것이 되면 얼마 못 가 빛을 잃고 평범해져 또 다른 욕망을 좇느라 절대로 완벽하게 충족되는 법이 없는 것, 이것이 욕망의 실체다.

그러니 욕망은 나쁠까. 다른 사람은 가졌는데 나는 갖지 못해 생기는 박탈감과 외로움은 내가 못나서일까. 나도 갖고 싶다고, 되고 싶다고, 욕망이 똬리를 틀 때마다 죄책감을 느끼는 게 마땅할까. 그래야 할까.

끊임없이 욕망하는 자를 사랑한다. 나 또한 생의 마지막 날까지 그러하길 바란다. 욕망은 생의 쾌락이자 충동이며 무엇보다 욕망으로 인한 괴로움을 모르고서야 어떻게 서로를 헤아려 마음을 나눌 수 있을까. 무엇보다 아무것도 욕망하지 않는다면 무의미에 시달린 나머지 더 이상 삶을 지속하고 싶지 않을 것이다. 나는 살기 위해서라도 욕망을 충족시키려 행동할 것이다.

그러나 욕망의 민낯이 타인의 욕망과 인정을 얻기 위해서이고, 자본주의에 놀아나는 것이라면 수치스럽고 참담하다. 생의 끝에 우리를 기다리는 질문은 얼마나 최선을 다했느냐가 아니라 무엇을 위해 최선을 다했느냐가 아닐까. 방향이 잘못된 최선은 '나'를 지운다. 결코 탑을 세울 수 없다. 무엇보다 나의 욕망이든 타인의 욕망이든 충족시킬 수 없다는 진실을 염두에 둬야 한다. 욕망을 충족하고 싶어서 노력할 테지만, 결코 성공할 수 없다는 사실을 받아들이면 최소한 욕망으로 인한 고통이 머리 하나를 자르면 새로 머리 두 개가 생기는 히드라처럼 되는 지경은 피할 수 있다. 모든 밑바닥에는 굶주림이 있다. 채우려 들면, 밑이 없는 구멍, 나락으로 떨어진다. 굶주림의 비슷한 말은 지금까지 '욕망'이었다. 그런데 언제부터인가 '박탈감'이 유력해 보인다.

나의 행복을 자랑하지 마라

공동체의 평안을 위해

#아라크네 #마르시아스 #니오베 #히브리스

비상이 땅에서 하늘로 날아오르는 거라면, 추락은 하늘에서 땅으로 떨어지는 것이다. 그래서 비상은 신보다 사람에게, 추락은 사람보다 신에게 어울린다.

사람으로서 가장 높이 비상해 올림포스에서 영생불멸을 누린 이는 프시케Psyche*, 신으로서 가장 깊은 곳으로 추락해 지옥의 밑바닥에 갇힌 자는 '루시퍼'다. 프시케는 그리스어로 '영혼'을 뜻하고, 루시퍼는 '빛나는 자'라는 뜻인 히브리어 '헬렐'을 라틴어로 번역한 것이다. 온갖 고통을 이겨낸 영혼이 상승한다. 빛나는 자가 더 높은 곳을 향하려 할 때 추락한다.

'에베메로스 설' '유헤메리즘'이라는 용어가 있다. 신화에

귀스타브 도레 〈루시퍼의 추락〉 1866년, 존 밀턴의 소설 《실낙원》 삽화

나오는 신들은 실존 인물들로 그들의 이야기가 역사였으리라는 해석 방식이다. 수메르에서는 '신(神, God)'이라는 뜻을 가진 낱말을 정복 민족이나 통치자 가문, 즉 최고 지배 계급 등을 지칭할 때도 썼을 것으로 추정한다. 이에 따르면

비상은 피지배 계급에, 추락은 지배 계급에 어울린다.

신과 사람, 계급이 견고하던 시절에 비상과 추락은 신화의 소재로 쓰일 만큼이나 희귀했지만, 이제는 하루라도 사람들 입을 거르면 심심한 해프닝이다. 비상과 추락을 좌우하는 이가 과거에는 신이나 황제였고, 현재는 대중이라는 점이 다를 뿐이다. 그런데 비상 혹은 추락을 부른 결정적 이유가 무엇인지는 예나 지금이나, 신에게나 대중에게나 크게 다르지 않아 보인다.

그리스신화에는 지은 죄에 비해 형벌을 과하게 받은 인물이 여럿 등장한다. 아라크네와 마르시아스가 대표적이다. 아라크네는 아테나와 길쌈을 겨루었고, 마르시아스는 아폴론Apollon˚과 연주를 겨루었다. 이 대목에서 "그래서 누구 실력이 더 뛰어났어?"라는 호기심이 돈다면 제2의 아라크네, 제2의 마르시아스가 될 소질이 다분하니 조심하시라. 감히 신들의 솜씨를 의심하다니 큰일날 소리다. 이를 경고하기 위해 루이 14세는 〈미다스 왕의 심판〉을 그림으로 제작해 베르사유의 트리아농 궁에 걸었다. 신하들에게 왕권 모독의 최후를 경고하는 의도에서였으니 절대권력, 전제주의의 극치였다.

신들은 승리했고, 루이 14세는 태양왕이 되었다. 아라크네는 거미가 되었고, 마르시아스는 산 채로 살갗이 벗겨졌다. 그럼에도 아폴론보다 마르시아스의 음악이 아름다웠을 것으로 의심되는 정황이 있다. 《삼국유사》에 등장하는 '임금님 귀는 당나귀 귀'와 똑같은 이야기가 그리스신화에도 나오는데 주인공이 미다스 왕이다. 멀쩡한 그의 귀를 당나귀 귀로[14] 만들어버린 신은 아폴론이다. 미다스가 아폴론의 리라 연주보다 마르시아스의 아울로스 연주가 더 아름답다고 평했기 때문이다. 신과 인간(한편으로 지배 계급과 피지배 계급)의 겨루기는 공정할 수 없다. 공정할 것이라 믿는다면 순진하거나 어리석거나 오만하거나, 셋 중 하나가 아닐는지. 그런데도 신은 인간에게 세상이 궁극적으로 질서를 찾아가며 선한 자가 복 받을 거라고 가르친다.

그런데 여기, 아폴론이 당나귀 귀를 붙인 미다스 얼굴에다 자신이 지독히 싫어하는 자의 얼굴을 갖다 붙인 사람이 있다. 미켈란젤로다. 그가 복수한 방식이다. 예술가는 적어도 자신의 작품에서만큼은 신이다.

얼굴의 주인은 비아지오 다 체세나 추기경으로 당시 교황인 바오로 3세의 의전을 맡고 있었다. 그는 완성 단계에 있는 〈최후의 심판〉을 공중목욕탕에나 어울리는 그림이라고 보고했고, 교황은 벌거벗은 남성들의 성기를 가릴 것을

---

14   만지는 것은 무엇이든 황금으로 만든 미다스의 손을 가진 미다스와 동일 인물이다. 당나귀 귀가 된 것은 황금 손 사건 이후의 일이다.

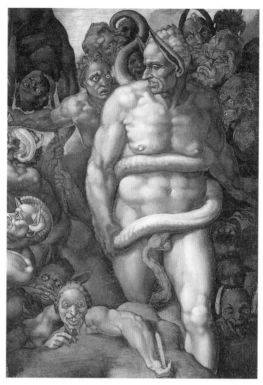

미켈란젤로 〈최후의 심판〉 중 미다스 부분, 1534~1541년

명했다. 미켈란젤로는 명에 따르기는커녕 미다스의 얼굴
자리에 체세나의 얼굴을 그려 넣었다. 그것으로도 분이 풀
리지 않았는지 커다란 뱀이 미다스 아니, 체세나의 몸을 칭
칭 감고 성기를 물고 있다. 체세나가 교황에게 도움을 요청
했는데 이때 바오로 3세가 했다는 말이 꽤 유머러스하다.

"화가가 그대를 연옥으로 보냈다면 나는 그대가 거기서 벗어나도록 최선의 노력을 다할 것이오. 하지만 나는 지옥에 대해서는 아무 힘도 없소."

5년 동안 발판에 누워서 시스티나 성당의 천장화를 완성한 미켈란젤로였다. 예순을 앞두고 다시 불려와 7년째 벽화를 그리고 있었다. 얼마나 정신적 육체적으로 피폐했을지 성 바돌로메가 손에 들고 있는 축 처진 살갗에 자신의 얼굴을 그려 넣은 것으로도 짐작할 수 있다. 바돌로메는 예수의 열두 제자 중 한 명으로 살갗이 벗겨지는 형벌을 받아 순교한 성인이다. 바돌로메의 벗겨진 살갗이 될 것 같은 심정으로 하루하루 작업하고 있는데, 옆에서 공중목욕탕 운운하는 소리나 지껄이다니, 아폴론이 미다스에게 당나귀 귀를 붙였을 때와 비슷하지 않았을까. "예술이라고는 쥐뿔도 모르는 주제에!"

미켈란젤로가 그린 원본은 보존되지 못했다. 다음 교황인 바오로 4세가 벌거벗은 몸들에 조치를 취하도록 명했기 때문이다. 불행 중 다행이라 해야 할지 미켈란젤로는 이미 이 세상 사람이 아니라 그 꼴을 보지 않아도 되었다. 1990년대에 바티칸에서 대대적인 복원공사에 착수한 적 있다. 하지만 얼마 지나지 않아 덧칠한 천 가리개나 마름모꼴 무늬를 지우고 복원하는 것은 불가능하다고 발표했는데 속내야 모를 일이다. 5백 년 전이나 지금이나 벌거벗은 몸

미켈란젤로 〈최후의 심판〉 중
성 바돌로메와 벗겨진 살갗 부분, 1534~1541년

은 여전히 세상을 소란스럽게 하는 소재다.

아라크네와 아테나가 겨룬 길쌈은 기술의 대결을 넘은
예술의 대결이었다. 둘은 미켈란젤로가 그린 〈천지창조〉

나 〈최후의 심판〉 못지않게 올림포스 신들의 이야기를 역동적으로 짜 넣었다. 신들을 찬미한 아테나와 달리 아라크네는 신들이 변신을 해가며 여자들을 덮치는 난잡한 사생활을 폭로했다. 17세기 스페인 화가 디에고 벨라스케스가 아라크네의 현현을 담았다. 〈실 잣는 여인들〉이라는 작품이다.

그림 속 그림, 현실과 신화 속 현실이 중첩되어 있다. 공방에서 실 잣는 여인들 뒤로 태피스트리가 걸려 있고, 구경하는 귀부인들이 서 있다. 그들 옆에 아테나와 아라크네가 있다. 투구를 쓴 이가 아테나로 오른팔을 번쩍 든 것으로 보아 곧 아라크네를 벌할 것으로 보인다. 그렇다면 뒤에 걸린 태피스트리는 아라크네가 짠 것일 게다. 그런데 아라크네가 짠 태피스트리 문양이 이 그림과 흡사하다. 베첼리오 티치아노가 그린 〈에우로페 납치〉, 일명 '황소로 변한 제우스'다.

벨라스케스의 그림에 따르면 티치아노는 아라크네의 현현이다. 어디 티치아노뿐일까. 올림포스 신들의 사생활을 폭로한 예술가는 하나둘이 아니다. 그중 아라크네가 벌을 받았지만 길쌈 솜씨는 아테나보다 출중했을 것으로 추정되는 정황을 찾을 수 있다. 오비디우스가 "금발의 처녀 신은 자신의 경쟁자의 성공에 속이 상해 하늘의 신들의 비행을 수놓은 천을 찢어버렸다"고 기록했기 때문이다. 아테나가

디에고 벨라스케스 〈실 잣는 여인들〉 1657년

베첼리오 티치아노 〈에우로페의 납치〉 1559~1562년

회양나무 북을 집어 들어 아라크네의 이마를 서너 번 때리
자, 아라크네가 돌이킬 수 없음을 깨닫고 들보에 목을 매달
았다. 아테나가 그녀를 들어 올리며 말한다.

"이 악한 것아! 목숨을 보존하되 이렇게 늘 매달려 있거
라. 이 벌은 너로 끝나지 않고 네 후손들까지 이어질 것
이다." 이 말을 마친 여신이 헤카테의 독초 즙을 아라크
네에게 뿌렸다. 즙이 닿자마자 아라크네의 머리털이 빠
졌고 코와 두 귀도 없어졌다. 머리도 몸통도 아주 조그맣
게 줄어들었다. 손가락은 다리처럼 길어져 옆구리에 붙

었고 나머지 부분은 모두 배가 되었다. 거미가 된 아라크네는 지금도 제 몸에서 실을 뽑고 베를 짜면서 거기에 매달려 있다.

— 오비디우스 지음, 《변신 이야기》

마르시아스와 아라크네의 이야기는 여러 번 읽을수록 괴상하다. 아폴론은 합리적 이성을, 아테나는 냉철한 지성을 상징한다. 그런데 과도할 만큼 감정적인 모습을 보인다. 아폴론의 과한 징벌의 예는 또 있다. 니오베Niobe˚한테다.

니오베는 앞서 나왔던 탄탈로스의 딸로 제우스의 손녀였으니 어엿한 신의 혈통이며 남편은 테베의 왕 암피온이었다. 하지만 이 모든 것을 다 합쳐도 자신이 낳은 아들 일곱과 딸 일곱보다 마음에 들지 않는다고 말할 정도로 많은 자식을 낳은 것에 자부심이 대단한 여인이었다. 이런 그녀가 테베의 백성들이 여신 레토Leto˚의 신전에 제물과 기도를 바치는 모습을 보고는 영 눈에 거슬려 하며 "눈에 보이는 하늘의 신들보다 이름만 들어본 신들을 선호하다니 이게 무슨 짓이오?"라고 분개했다. 자신을 '하늘의 신'이라 칭한 것이다. 니오베는 헤라의 눈을 피해 제우스의 자식들을 낳아야 했던 레토를 모욕했고, 그렇게 낳은 레토의 자식 수가 자신이 낳은 자식의 7분의 1에 불과하다며 스스로에게 한껏 도취되었다.

문제는 레토의 자식이 아폴론과 아르테미스였다는 점이다. 자신에게 도전한 마르시아스를 살갗을 벗겨 죽인 아폴론이다. 자기가 목욕하는 모습을 훔쳐봤다고 악타이온을 사슴으로 만들어 악타이온이 길들인 사냥개에게 물려 죽게 한 아르테미스다. 니오베를 그냥 놓아둘 리 없다. 둘 다 출중한 궁수들이라 니오베가 그토록 자랑스러워한 일곱 아들과 일곱 딸을 차례대로 화살을 쏘아 모두 죽여버린다. 막내딸 하나라도 남겨달라는 애걸복걸에 눈 하나 꿈쩍하지 않았다. 순식간에 자식 열넷을 눈앞에서 잃은 니오베는 극한에 이른 슬픔을 견디지 못해 그 자리에서 돌이 되어버렸다. 팔도 다리도 움직일 수 없었고, 혀는 입천장에 달라붙어 말할 수 없었지만 눈물은 계속 흘러나왔다.

이 정도면 죄가 있다 한들 벌보다 가벼울 것 같다. 노력 없이 그 자리에 오른 건 오히려 제우스의 자식들 아닌가. 마르시아스와 아라크네는 스스로의 재능과 노력으로 경지를 이루었다. 마르시아스가 아울로스 연주법을 개발해 불고 다니면서 듣는 이들을 얼마나 황홀하게 했는지 그리스에서는 오랫동안 아름다운 음악이나 연설을 '마르시아스의 연주'에 비유했다. 아라크네는 한미한 가정에서 태어나 재주 하나로 온 도시에서 명성을 얻었다. 니오베 역시 출산이 전쟁만큼이나 위험하던 시절에 자식을 열넷이나 낳는 산고를 겪었다. 모두 자부심을 가질 만하다. 그러나 파멸했다.

비상했으나 추락했다. 탁월한 재주와 노력으로 정상에 올랐다가 추락하거나, 모든 것을 다 가져 세간의 부러움과 존경을 한몸에 받다가 인생의 정점에서 파멸하는 유명인의 소식을 오늘날에도 자주 접한다. 무엇이 문제였을까.

실마리는 아폴론에 있다. 흔히 아폴론을 '태양의 신'이라 하는데, 이는 중세에 티탄 신 히페리온의 자리를 빼앗아 부여한 것이고, 본래 임무가 무엇인지는 태어난 지 얼마 지나지 않아 신들을 향해 천명했다는 이 말에 들어 있다. "나의 리라와 나의 굽은 활을 주시오. 나는 제우스의 확실한 의도를 나의 신탁 속에 드러낼 것이오." 아폴론은 '신탁의 신'이자 사실상 제우스의 분신이었다. 별칭인 '포이보스'는 '빛나는 자'라는 뜻으로, 같은 뜻의 이름을 가졌으나 악마가 되어버린 루시퍼와 대조를 이룬다. 이 둘의 운명을 가른 결정적인 차이는 아폴론의 신탁을 들을 수 있는 델포이 신전 입구에 새겨 있다는 이 문구에 있다. "너 자신을 알라."

'네가 영원히 사는 신이 아니라 필멸의 인간이라는 한계를 자각하라, 매사에 지나치지 마라'라는 경고다. 소년이 온 신경을 집중해 가만가만 비눗방울을 부풀리고 있지만 곧 터져 흔적 없이 사라질 것이다. "바니타스 바니타툼 옴니아 바니타스Vanitas vanitatum omnia vanitas, 헛되고 헛되도다. 모든 것이 헛되도다."

아폴론의 신탁이 어떤 방식으로 이루어질지는 늘 지니

장 바티스트 샤르댕 〈비눗방울〉 1733~1735년

고 다니는 리라와 활이 암시한다. 아폴론의 경고를 받아들인 자는 리라 소리를 들을 것이고, 무시한 자는 화살을 맞을 것이다. "너 자신을 알라."

　인생이든, 기업이든, 국가든, 결딴날 때는 이 세 단계를 거쳤을 가능성이 크다. 바로, 히브리스Hybris*와 아이도스 Aidos* 그리고 네메시스Nemesis*다. 개념을 의인화한 신들로 히브리스는 오만과 교만, 아이도스는 염치와 미덕, 네메시스는 율법과 복수의 여신이다. 그런데 이들 개념은 현재 우리가 여기는 것과 차이가 있다. 그게 무엇이든 넘치면 그 자체가 히브리스, 오만이나 교만이다. 욕망이나 욕심, 권력이 넘치면 화가 된다는 사실은 누구나 예상할 수 있지만 재능이 넘치는 것도, 복을 지나치게 누리는 것도, 보상을 과도하게 받는 것도 히브리스를 부른다. 모든 종류의 과도함은 제우스가 두 차례의 전쟁을 무릅쓰며 직조한 코스모스 (조화)를 깨뜨린다. 이를 방지하기 위해 아이도스와 네메시스가 온다. 둘은 함께 다니며 이들이 지상을 떠나면 인류는 멸망한다고 했다.

아이도스는 사람에게 염치를 알고 수치심을 느끼게 한다. 염치와 수치심은 부정적인 감정이지만 더 나쁜 일을 방지한다는 점에서 긍정적이다. 자신이 누리는 성공, 재능, 권력, 부유함, 행복 등이 오로지 자기 잘난 덕이라고 믿는다면 염치없고 미덕 없는 인간이다. 아이도스의 경고를 무시한 것이다.

네메시스는 '분배자'라는 뜻이다. 응징과 복수를 통해 세상에 행복과 불행을 분배한다. 또 다른 복수의 여신들인 에리니에스와 달리 선악의 구분이 없으며, 오로지 히브리스에 대한 신의 응징이며 복수다. 네메시스를 맞으면 어떻게 해도 돌이킬 수 없다. 다행히 지혜로운 자들이 네메시스를 피할 수 있는 대책을 강구했으니 바로 '노블레스 오블리주 noblesse oblige'다. 자신이 누리는 것이 분에 넘치지 않도록 영광을 돌리거나 부족한 사람들에게 나누는 행위는 신의 응징과 복수를 피하기 위한 지혜였다. 스스로 분배하지 않으면 네메시스가 불행이라는 이름으로 강제 분배할 것이기 때문이다.

히브리스와 아이도스, 네메시스는《오이디푸스》를 비롯해 그리스 비극을 관통하는 주제다. 왜 이들 개념을 신화나 우화로 지어 대중에게 널리 알렸을까 추측해보면, 지나친 재주나 성공, 부유함, 행복 등은 선악과 관계없이 누군가의 상대적 박탈감을 불러일으키기 때문이 아닐까. 염치와 미덕마저 없어 제 잘난 덕이라 우쭐거리기까지 하면 진실이 아닐 뿐더러 다른 사람에게 상처를 줄 수 있다. 타고난 것도, 가진 것도, 제대로 하는 것도 없는 졸자로 만들어버리기 때문이다.

상대적 박탈감을 자극할 수 있는 모든 말과 행동이 과거에는 신의 노여움을, 현대에는 대중의 노여움을 불러온다. 상대적 박탈감은 공동체에 미묘한 균열을 일으킨다. 여기에 '소문'이 일조한다. 로마신화는 소문의 여신을 '파마 Fama'라 부르는데, 라틴어로 소문이나 명성, 명예, 불명예,

악평이라는 뜻이며, 영어 'fame(명성)' 'famous(유명한)'의 어원이다. 소문이 나지 않고는 유명해질 수 없다. 바꿔 말해 유명해지고 싶다면 소문을 내야 한다. 지어낸 이야기가 자꾸 커지고, 새로 전하는 자마다 들은 것에다 무언가를 보태 경박한 믿음, 근거 없는 기쁨, 갑작스러운 선동 등을 일으킬 수 있어야 한다. 그리하여 우리 귀에 당도한 소문은 사실 그 자체가 아니다. 2천 년 전, 베르길리우스가 《아이네이스》에 쓴 '파마'는 놀라울 정도로 오늘날의 무엇과 흡사하다.

> 파마는 천 개의 눈과 천 개의 귀 그리고 천 개의 입을 가진 거대한 괴물이다. 한시도 잠들지 않고 모든 것을 보고 모든 것을 듣되, 사실을 꾸며 훨씬 더 많은 것을 말하고 다닌다. 못된 소문이 신이 나서 집들과 성안을 휩쓸고, 바람보다 빠른 속도로 사방을 날아다닌다.
> — 베르길리우스 지음, 《아이네이스》

오늘날의 방송과 언론, 인터넷 등과 똑 닮았다. 빠른 속도로 유명해질 수 있게 하지만 그보다 빨리 추락하는 데도 일조하며 심지어 화근이 되는 경우가 적지 않다.

그렇다고 훌륭한 가문, 탁월한 재주, 아름다운 용모, 부유함, 권력, 명성 등을 부정적으로 재단하면 곤란하다. 신화나 우화에는 신(격)으로 등장하는 이들이 "네가 가진 행운을 이용하라!"고 충고하는 장면이 곧잘 나온다. 사람은 자신이 소중한 행운을 이미 가졌다는 사실을, 그것으로 얼마나 의미 있는 일을 할 수 있는지 잘 알지 못한다. 행운을 쓰지 않는 것은 잘못이다. 그렇다고 막 쓰면 큰일난다. 이 알다가도 모를 경계는 아폴론과 아테나가 상징하는 바에 있다.

아폴론과 아테나는 신을 이기려들거나 모욕하는 자들을 무지막지하게 벌했다. 여기서 신을 이기려들거나 모욕하는 행위가 히브리스를 은유화한 것이다. 아폴론과 아테나가 관장하는 분야가 달라도 공통적으로 합리적인 이성, 냉철한 지성을 상징한다. 즉, 히브리스는 합리적이지 않다, 이성적이지 않다, 지혜롭지 못하다는 충고다. 참고로 고대 그리스나 로마에서 최고의 덕목이 지혜였다는 점을 염두에 두면 합리적이지 않다, 이성적이지 않다, 지혜롭지 못하다는 평가가 얼마나 치명적인 결함일지 그릴 수 있다. 현대에 와서는 역사학자 아놀드 토인비가 문명의 생성과 소멸을 설명하면서 히브리스를 고유명사로 쓰기도 했다. 그는 '창조적 소수'가 시대의 도전에 응전할 때 문명이 발생하고 성장하며, 이들이 과거의 성공에 도취해 새로운 도전에 안이하게 대처할 때 문명이 쇠퇴한다고 규정했다. 그러면서 과거에 한 번 성공한 창조적 소수가 자기 능력과 과거의 방법론을 자신하는 것을 '휴브리스Hubris'라고 명명했다.

성공한 경험과 성공으로 얻은 자신감이 오히려 상황을 제대로 통찰할 수 없게 만들고 위험을 감지할 수 없게 한다. 심한 경우 아직 성공한 경험이 없는 다음 세대의 발을 걸어 넘어뜨리는 걸림돌이 되기도 한다. 제국이 멸망한 원인에는 대부분 이런 휴브리스가 있었다. 성공이 최종 목표일 수 없고 인생의 전부일 수 없는 이유다. "왕자님과 결혼했습니다"가 끝이 아니라 결혼생활의 시작이고, "악당들을 무찌르고 새로운 나라를 세웠습니다"가 끝이 아니라 국정 운영의 시작인 것처럼 말이다. 또 대단한 성공까진 아니더라도 목표를 이루었는데 성취감은 잠시, 그 뒤 갈 길을 몰라 공허함에 빠지거나 방황하는 이들이 많다.

성공하기 전에 이미 성공한 사람처럼 미덕을 갖추는 것이 현명할지 모른다. 히브리스를 조심하고 아이도스를 가까이하고 파마에 보태거나 휘둘리지 않는 미덕 말이다. 그러면 세속적 의미의 성공을 하든, 못 하든, 안 하든 상관없이 성공적으로 살 수 있을 것이다.

환상 속에 내가 있고, 거울 속에 그대가 있네
자신을 진정으로 알기 위해 필요한 고통

#나르키소스 #아폴론 #디오니소스 #샬롯_성의_아가씨

정신분석 용어인 '나르시시즘'은 잘 알려진 대로 그리스신화에 나오는 미소년 나르키소스Narcissus*에서 유래했다. 그가 샘물에 비친 자신과 사랑에 빠진 사건은 복수의 결과였다. 누군가를 대신해 그에게 복수한 신은 '네메시스', 나르키소스가 히브리스를 저질렀음을 시사한다.

뭐가 되었든 넘치면 히브리스의 원인이 된다 했다. 나르키소스는 사랑을 받아도 너무 많이 받았고, 거절을 해도 너무 많이 했다. 자신에게 향한 물의 요정들, 산의 요정들, 남자 친구들의 열망을 죄다 멸시했다. 그중 하나인 에코는 거절당해도 시들지 않는 사랑의 고통 때문에 비참하게 여위다 목소리만 남는 지경에 이르고 말았다. 그처럼 멸시밖에 돌려받은 게 없는 이들 중 하나가 기도했다. "그도 이렇게 사랑하다가 사랑받는 것을 얻지 못하게 하소서!" 기도는 정당했고 네메시스가 들어주었다. 그가 택한 복수의 방식은 아주 단순했다. 나르키소스가 자기 자신의 모습을 보게 했을 뿐이다.

숲에서 사냥을 하다 지쳐 이끌리듯 간 맑은 샘물에 비친 자기 모습을 보기 전까지 나르키소스는 한 번도 제 모습을 본 적 없었다. 어머니인 물의 요정 리리오페는 나르키소스를 낳고 예언자 테이레시아스Teiresias에게 "자신을 알지 못한다면 오래 살 수 있을 것"이라는 예언을 들었다. 어미는 아들이 제 모습을 볼 수 없게 갖은 수단과 방법을 동원했다. 그 결과 나르키소스는 제 모습을 한 번도 제대로 본 적 없이 많은 이들이 자기를 열망하는 경험만 했다. 이대로라면 '자신을 알지 못한다면 오래 살 수 있을 것'이라고 한 테이레시아스의 예언이 문제없이 이루어질 것 같았다. 그러나 테이레시아스의 예언이 진실일지라도 그 말은 아폴론을 대신해 델포이 신전에 새겨진 '너 자신을 알라'라는 경구와 전면적으로 배치되어 이루어질 수 없음을 예고한다. 세상에는 공동체의 평화와 안전을 위해 차라리 모르는 게 나은 진실도 있다. 신화는 그러한 진실조차 언젠가는 반드시 폭로된다고 이른다.

나르키소스가 처음으로 본 자신의 모습은 샘물에 비친

것이었다. 독자들은 그의 아름다움에 눈이 멀어 '샘물에 비친'을 간과한다. 그가 실제로 아름다운지 추한지보다 샘물에 비친 자신과 사랑에 빠졌다는 사실이 중요하다. 샘물에 비친 그것은 실체가 없다. 이번에는 '나르키소스'라는 이름을 '나'로 바꾸어보자. 진정한 자기 모습을 알지 못하는 이가 여기는 '나'란, 샘물에 비친 그것처럼 대체로 실체 없는 희망이거나 그림자 같다. 그러한 것을 계속 자신이라 여긴다면 이와 같다.

"네가 찾는 그것은 어디에도 없다. 돌아보라. 네가 사랑하는 그것도 사라질 것이다. 네가 보고 있는 것은 비친 그림자에 지나지 않는다. 네가 거기에 있으면 그것도 함께 머물고, 네가 가버리면 그것도 따라서 가버린다. 환상은 실체가 없다."
— 오비디우스 지음,《변신 이야기》

나르키소스는 샘물에 비친 이가 자신인 줄 모른 채로 사랑에 빠졌다. 하지만 자신인 줄 안 다음에도 샘물을 떠나지 못했다. 그 사랑이 고통스러워 눈물을 흘리면 눈물이 수면에 떨어져 자기 모습이 흐려지는 게 더 고통스러워 바라볼 수만 있게 해달라고 소리쳤다.

그렇다, 나르키소스의 사랑은 망상이었다. 내가 생각한

내 모습이 현실에 없고, 현실이 될 수 없다는 사실을 깨달았을 때의 무력감과 절망감을 겪어보지 않은 이가 얼마나 될까. 우리는 이런 과정을 거쳐 성장한다. 생의 분기점이 될 이 지점에서 건강한 자아를 가진 이는 고통스러워도 받아들이고 샘물을 떠나려고 시도한다. 하지만 어머니의 과보호 탓에 균형 잡힌 자아를 갖추지 못한 나르키소스는 샘물을 떠날 수 없었고 이로 인해 더 큰 고통을 겪었다.

이쯤 되면 네메시스가 벌하는 방식 중 하나가 무엇인지 확실해진다. 자기만 보는 것이다. 무의식에서 나오는 에너지가 전부 자신에게만 향하는 것이다. 이것이 나르시시즘이다. 자기만 쳐다보고 자신만 생각하고 자기만 위하는 것

귀스타브 쿠르베 〈절망적인 남자〉 1844~1845년

은 원인이 아니라 결과이며 신의 복수다.

　무의식적으로 자기를 사랑하고 위하는 것은 미성숙이라기보다 본능이라서 비난받을 이유가 없다. 세상에는 스스로를 사랑해서가 아니라 사랑하지 않아서 일어나는 비극이 훨씬 많다. 굳이 따지자면 자기혐오보다야 자기도취가 이롭다. 하지만 도가 지나쳐 모든 에너지가 온통 자신에게만 향해 있다면 나르키소스처럼 자기 모습이라고 망상하는 실체 없는 것과 사랑에 빠지는 것이고, 그 사랑은 필연적으로 실연의 고통만 남길 뿐이다. 혹은 다른 측면에서 자의식 과잉이 되기도 하는데 이 또한 넘치는 거라서 네메시스의 복수를 받기는 매한가지일 것이다.

왜 내게서 나를 벗기시는 거예요?

　아폴론이 살갗을 벗기자 마르시아스가 비명을 지르며 외친 말이 귀에 쟁쟁하다.
　마르시아스는 사티로스였고, 사티로스는 숲의 정령이자 디오니소스Dionysus*의 시종이었다. 그러니 아폴론과 마르시아스의 대결은 사실상 아폴론적인 것과 디오니소스적인 것의 대결이었다. 질서와 자유의 대결, 의식과 도취의 대결, 우리 안에서 늘 충동하고 대립하는, 깨어 있는 반쪽과 꿈꾸는 반쪽의 대결. 이렇게 생각하면 아폴론이 마르시아스에게 벗겨낸 '나'가 무엇인지 상상할 수 있다. 조화와 화합을 최우선으로 하는 아폴론의 세계에서 황홀과 도취를 추구하는 디오니소스적인 요소는 위험하다.

그러나 프리드리히 니체는 《비극의 탄생》에서 깨어 있는 '반쪽(아폴론)'과 꿈꾸는 '반쪽(디오니소스)'이라 했다. 이 반쪽의 충동들이 상호균형을 이루며 힘을 발휘할 때 예술이 탄생한다고 했다. 그는 우리에게 왜 예술이 필요한지, 구체적으로 왜 신화와 비극이 창조되었는지 신화로서 설명한다.

주세페 드 리베라 〈아폴론과 마르시아스〉 1637년

미다스 왕이 오랫동안 숲 속에서 디오니소스의 시종인 현자 실레노스를 추적했으나 그를 잡지 못했다는 전설이 있다. 그가 마침내 왕의 수중에 떨어지자, 왕은 그에게 인간에게 가장 좋은 것, 가장 훌륭한 것은 무엇이냐고 물었다. 그 마신은 미동조차 없이 부동의 상태로 침묵했다. 그러다가 왕이 강요하자 마침내 껄껄 웃으며 이렇게 말문을 열었다.

"가련한 하루살이여, 우연의 자식이여, 고통의 자식이여, 왜 하필이면 듣지 않는 것이 그대에게 가장 복될 일을 나에게 말하라고 강요하는가? 최상의 것은 그대가 도저히 성취할 수 없는 것이네. 태어나지 않는 것, 존재하지 않는 것, 무無로 존재하는 것이 바로 그것이네. 그러나 그대에게 차선의 것은—바로 죽는 것이네."

(…)

그리스인은 실존의 공포와 경악을 알고 있었고 느꼈다. 그리스인은 살 수 있기 위하여 그 공포와 경악 앞에 올림포스 신이라는 꿈의 산물을 세워야 했다.

—프리드리히 니체 지음, 《비극의 탄생》

이쯤에서 "나는 울지 않기 위해서 그린다. 그것이 처음이자 마지막 이유다"라고 했던 파울 클레가 그린 그림을 본다. 마치 작은 돌을 층층이 쌓듯 캔버스에 색색의 점들을

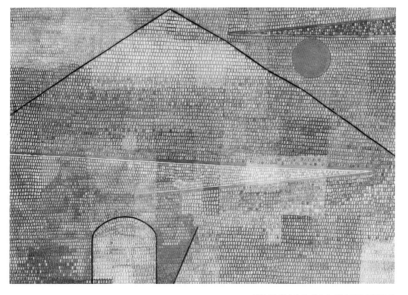

파울 클레 〈파르나소스산으로〉 1932년

중첩시켜 파르나소스산을 쌓아올렸다. 델포이에 있는 파르나소스산은 아폴론에게 봉헌된 산이자 무사이 여신의 고향으로 예술과 문학을 상징한다. 우리에게는 '살 수 있기 위하여' 꿈의 산물이 필요하고 그러기 위하여 아폴론적 요소와 디오니소스적 요소 모두 필요하며 적용하는 과정에서 자의로든 타의로든 내게서 나를 벗겨야 하는 고통을 겪는다.

그러나 오비디우스가 들려주었다. 마르시아스의 죽음을 슬퍼하며 형제인 사티로스들, 숲의 정령과 요정들, 양떼와 목자들이 흘린 눈물이 '마르시아'라는 이름을 가진, 프리기아 땅에서 가장 맑은 강물이 되어 세차게 바다로 흘러갔노라고. 이 표현이 내게는 비극이라는 이름의 예술이 사람들의 가슴이라는 대지에 깊이 파고들어 눈물로 퍼지는 비유로 연상된다.

"오로지 거울을 통해 밖을 보아야 저주에 걸리지 않을 것입니다."

샬롯 성의 아가씨, 일레인이 태어나자마자 들은 예언이다. 아비인 성주는 딸을 저주에서 보호하려고 거울과 함께 성에 가두었다. 일레인은 한 번도 제 눈으로 바깥세상을 본 적 없었다.

한 번도 제 눈으로 제 모습을 본 적 없는 나르키소스와 한 번도 제 눈으로 바깥세상을 본 적 없는 일레인. 나르키소스는 자기 말고 바깥세상을 보는 것이 허용되었고, 일레인은 바깥세상 말고 자기를 보는 것이 허용되었다. 앞의 문장에서 '본다'를 '안다'로 환치해도 무방하다. 보는 것은 아는 것이다. 아는 것은 보는 것이다. 보는 만큼 알고 아는 만큼 본다. 얼핏 일레인과 나르키소스는 반대 같다. 그러나 나를 모르고 세상만 아는 것이나 세상을 모르고 나만 아는 것이나 둘 다 '안다'고 생각했던 것에서 필연적으로 오류가 생길 수밖에 없다는 점에서 하나다. 아니, 처음부터 세상과 나는 둘이 아니라 하나였다. 한쪽에 문제가 생기면 다른 쪽에도 문제가 생기는 하나.

헌트의 그림에서 정면에 보이는 풍경은 창밖이 아니라 거울이다. 일레인은 거울 속 풍경을 태피스트리로 짜고 있다. 거울에 갑옷을 입고 검을 든 기사가 말을 탄 모습이 보이는데 태피스트리에 없는 걸로 미루어 아직 일레인이 기사를 못 본 거 같다. 그런데 그녀의 몸이 실에 휘감겨 있다. 밧줄도 아니고 겨우 실일 뿐인데 다리가 꼼짝없이 운명에 붙들린 양 한 발자국도 움직이기 힘들어 보인다. 한 발자국 앞에 신발이 놓여 있다. 신발이 놓인 위치가 금방이라도 일레인을 신고 밖으로 뛰쳐나갈 듯하다. 일레인이 자신의 몸을 휘감은 실을 스스로 끊어내기만 한다면 가능할 것이다.

윌리엄 홀먼 헌트 〈샬롯의 아가씨〉 1905년

나르키소스가 샘물에 비친 미소년을 보고 사랑에 빠진 것처럼 일레인은 거울에 비친 란슬롯을 보는 순간 사랑의 불길에 휩싸인다. 거울을 통해서가 아니라 직접 보고 싶었다. 참을 수 없었다. 창가로 달려가 태어나 처음 제 눈으로 '란슬롯'이라는 세상을 보았을 때 거울은 깨지고 예언은 작동했다. 일레인은 자신의 죽음을 직감하고 한 번이라도 란슬롯을 만나고 싶어서 샬롯 성을 떠난다.

'샬롯의 아가씨'는 아서 왕 신화에 나오는 '에스칼로 성의 아가씨, 일레인'에 영감을 받아 알프레드 테니슨이 지은 장편 시의 제목이다. 에스칼로 성의 아가씨는 란슬롯을 사랑했지만 란슬롯의 몸과 마음은 귀네비어 왕비의 것이었다. 카멜롯 성에 아름답게 치장한 배 한 척이 떠내려왔고 한가운데 놓인 침대에 아름다운 아가씨가 죽은 채 누워 있었다. 에스칼로 성의 아가씨, 일레인이었다. 그녀와 함께 온 편지에는 자신이 진심을 다해 란슬롯을 사랑했기 때문에 죽음에 이르게 되었다는 탄원이 적혀 있었다.

아서 왕 신화 속 이 일화가 계관 시인의 가슴을 울렸다. 그는 무려 171개 행을 이루는 시로 이 이야기를 새로 창조했고 다음과 같이 마무리했다.

불이 환한 궁전에서
왕을 칭송하는 소리 근처에서 죽었다네.
카멜롯의 모든 기사들은 두려움에 성호를 그었다네.
그러나 란슬롯은 유심히 잠시 둘러보았네.
그가 말하기를, "그녀는 사랑스런 얼굴을 가졌구나."

존 에버렛 밀레이 〈오필리아〉 1851~1852년

하느님은 자비롭게도 그녀에게 우아함을 베풀었네.

바로 그 아가씨에게.

— 알프레드 테니슨 지음, 〈샬롯의 아가씨〉 부분에서

신화와 달리 시에서 란슬롯은 일레인이 자신을 사랑해서 목숨을 걸고 왔다는 사실을 짐작조차 하지 못한다.

'자신을 알지 못한다면 오래 살 수 있을 것'이라는 예언이나 '오로지 거울을 통해 밖을 보아야 저주에 걸리지 않을 것'이라는 예언을 들을 때 사람들은 자신이 선택할 수 있는 줄 착각한다. 자신을 알지 못하고 오래 살 수 있는 방법이 있는 것처럼, 제 눈으로 밖을 보지 않고 저주를 피할 수 있는 방법이 있는 것처럼. 나도 일레인 이야기를 처음 읽었을 때 비슷하게 해석했다. 거울로만 사물을 보는 대신 안전한 삶과 생생하게 경험하는 대신 고통이 따르는 삶, 둘 중 어떤 삶을 선택할 거냐고.

사람의 속성을 이해하지 못해 생긴 착각이다. 이제 알겠다. 선택이 아니다. 신화 속 예언이 그대로 실행될 수 있었던 건 사람의 본성에 '사랑'이 들어 있기 때문이다. 그 결과로 나르키소스처럼 자신을 알고 싶어 하고, 일레인처럼 제 눈으로 밖을 보고 싶어 한다. 이것이 우리를 살 수 있게 하는 삶의 충동이다.

우리는 '살 수 있기 위하여' 자신을 들여다보고 '동시에' 눈을 돌려 창밖을 내다봐야 한다. 반대로 비치는 거울에 자신과 세상을 가두지 말아야 한다. 이 과정은 죽음처럼 위험하고 고통스러울 것이나 새롭고 찬란한 탄생으로 안내한다. 신화에 등장하는 죽음이란 거짓된 삶을 끝낸다는 상징이다. 그래도 강요할 수는 없다. '거짓된 삶'을 계속 살지 죽이고 새로 태어날지는 저주에 걸린 '그웬돌렌'처럼 스스로 결정해야 한다.

여자들이 정말로 원하는 것은 무엇인가

내가 나를 인정하고 지지하는가

#메두사 #그웬돌렌

'그웬돌렌'에 대해 쓰기 전에 이 여인부터 소개해야겠다. 물론 사람들은 그녀를 '여자 사람'보다 '괴물'로, 그녀의 목을 벤 페르세우스Perseus를 '살인자'가 아니라 '영웅'으로 인지한다. 페르세우스는 그녀의 머리를 들고 다니며 무기로 사용했고, 아테나가 건네받아 염소 가죽으로 만든 방패인 아이기스 한가운데 박아 역시 무기로 사용했다. 죽은 뒤에도 그녀의 눈길은 여전히 매서워 보는 이를 돌로 만들었다. 바로 메두사Medusa다. 메두사의 눈길은 왜 살아서도 죽어서도 눈 마주치는 이를 돌로 만들 만큼 매서워야 했을까.

그리스-로마 신화에서 메두사는 고르고 세 자매 중 막내로, 고르고는 '두려운 것'이라는 뜻을 가진 그리스어 '고르

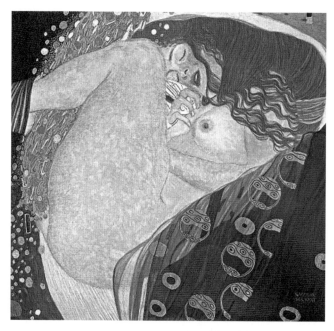

구스타프 클림트 〈다나에〉 1907~1908년

고스gorgós'가 어원이다. 고르고 자매의 이름을 보면 고대
인들이 어떤 여성을 두려워했는지 유추할 수 있다. 자매의
이름은 '스텐노' '에우리알레' '메두사'로, 그리스어로 각각
'힘센 여자' '떠돌아다니는 여자' '여왕'을 뜻한다. 이름으로
미루어 메두사는 펠로폰네소스 반도 선주민들의 주신이었
을 것이다. 메두사의 목을 벤 페르세우스는 제우스가 황금
소나기로 변신해 다나에와 결합해 태어난 아들이다. 그 광

경을 아라크네가 아테네와 길쌈 경쟁할 적에 태피스트리로
폭로해 신을 분노케 한 뒤로 많은 예술가들이 몸을 도사렸
건만 클림트가 다시 도전했다.

이렇게 태어난 제우스의 아들 페르세우스가 메두사를 죽
였다. 물론 그리스-로마 신화 어디에서도 메두사를 '신'으
로 소개하지 않는다. 대신 빼어나게 아름다워 수많은 구혼
자의 희망이자 시기의 대상이었다고 짚는다. 이런 그녀가
아테나 신전에서 포세이돈에게 겁탈당한다. 이후에 벌어지
는 일은 지금으로서는 도저히 상식적일 수 없으나 당시에
는 지극히 상식적이었다. 아테나는 가해자 남성인 포세이
돈이 아니라 피해자 여성인 메두사에게 죄를 물어 벌을 내
린다. 메두사는 다른 곳도 아름다웠지만 머리카락이 가장
매력적이었는데 그 머리카락 한 올 한 올을 전부 흉측한 뱀
으로 바꿔버린다. 얼굴 역시 시체처럼 변했다.

그녀의 눈길이 매서워 보는 이를 돌로 만들었다는 설정
은 철저히 고립되어 홀로 지내야 했음을 비유하는 것이리
라. 세상에서 처절하게 버려졌다. 일종의 집단따돌림이라
고 할 수 있겠다. 메두사의 복수는 죽어서야 가능했을까.
오비디우스는 아테나가 자신의 아이기스에 페르세우스가
베어 온 메두사의 머리를 박은 이유를 "겁에 질린 적을 두
려움으로 놀라게 하려고"라고 적었는데, 이 표현이 내게는
아테나가 적들에게 내재된 '무의식'적 죄의식을 자극하는

아르놀트 뵈클린 〈메두사〉 1878년

행위로 읽힌다. 그것은 성폭력 피해 여성에 대한 것일 수
도, 정복당한 원주민에 대한 것일 수도 있다. 나는 고대인
이 이런 죄의식을 '의식'했을 거라고는 믿지 않는다. 아직
도 성추행이나 성폭력 피해 여성에게 "도대체 몸가짐을 어
떻게 하고 다니기에 그런 일을 당하냐!"고, 정복당한 민족
이나 수탈당한 국가에 "무지하고 무능해서 당할 만하니까
당했다"고 제2, 제3의 폭력을 가하는 이들이 도처에 있지

않은가. 그사이에 놓인 대부분의 사람들은 메두사가 될까 두렵고, 메두사를 마주칠까 두렵다.

메두사는 괴물이라 불리는 여타와 달리 아무에게도 해를 끼치지 않았다. 그저 존재했을 뿐이다. 그녀를 보는 이들이 돌이 되었을 뿐이다. 심지어 페르세우스와 일전을 겨룬 것도 아니다. 자고 있을 때 목을 베였기 때문이다.

메두사 신화는 포세이돈이 상징하는 권력과 힘, 대타자의 시선이 뒤엉킨 비극이다. 있는 그대로 볼 수 없고, 있는 그대로 보지 못하고, 있는 그대로 보고 싶지 않은 시선들. 메두사는 그것들에 죄여 자신의 삶을 스스로 선택할 수 없었다. 나는 메두사가 다시 태어나 그웬돌렌처럼 살 수 있다면 얼마나 좋을까, 하고 안타까워한다.

"여자가 무엇보다 좋아하는 것은 주권이랍니다."

'그웬돌렌'이라는 생소한 이름은 아서 왕 신화에 스치듯 짧게 등장한다. 아서 왕이 원탁의 기사를 모으기 위해 고심할 때였다. 혼자 사냥을 하러 숲으로 갔다가 그에게 원한을 품은 남자를 마주친다. 당장이라도 죽일 것처럼 몽둥이를 높이 쳐드는데 설상가상으로 엑스칼리버를 두고 나와 아서 왕에게는 아무 무기가 없었다. 살려주면 보상해주겠노라 소리치는데 남자가 엉뚱한 제안을 한다. "내가 하는 질문에 대답하면 목숨을 살려주기로 하지. 대답을 가져올 때까지 시간 여유도 주겠다."

질문이란 바로 이것이었다.

"여자가 제일 좋아하는 것은 무엇인가?"

남자는 1년 뒤에 바로 이곳에서 답을 듣겠다며 돌아간다. 아서 왕은 만나는 사람마다 붙잡고 묻지만 매번 다른 대답이 돌아왔다. 1년 뒤, 약속을 지키기 위해 숲속으로 간다. 알고 있는 답이 없으니 몽둥이에 맞아 죽을지 모른다는 생각에 심란하기만 했다. 그런데 난데없이 얼굴이 온통 종기투성이에다 팔다리는 비틀려 있고 더럽고 너덜너덜한 옷을 입은 여자가 튀어나왔다. 그웬돌렌이었다. 아서 왕에게 목숨을 구해줄 답을 알고 있는 건 자기뿐이라며 답을 알려주겠다고 한다. 그리고 그 대가로 모두가 보는 앞에서 자신을 연인으로 소개해달라고 요구한다. 아서 왕에게 그웬돌렌의 제안은 끔찍했다.

보는 사람이 아무도 없다면 그런 제안을 받아들일 수 있을지도 모른다. 하지만 이런 괴물 같은 여자를 제후와 측근에게 소개해야 한다니? 대체 사람들이 뭐라고 떠들겠는가?
— 장 마르칼 지음, 《아발론 연대기 2》

사람은 한평생 대타자의 시선에서 자유롭기 힘들다. 우리가 하는 선택과 결정 대부분은 대타자의 시선을 의식한다. 그런데 지나치게 시선에 얽매이는 사람도 불편하지만 그렇다고 전혀 의식하지 않는 사람도 불편하다. 아서 왕 역시 시선을 의식하지 않을 수 없었지만 우선은 살고 볼 일이라 여자의 제안을 받아들인다. 이 지점에서 '나중에 딴말하면 되지'라고 꿍꿍이를 갖는 독자가 있을지 모르겠다. 신화가 멋진 이유 중에 하나는 신이 하는 말과 왕이 하는 말은 무조건 실행된다는 점이다. 신화 속 주인공들은 입 밖으로 뱉은 말을 무슨 수가 있어도 지키며 번복하는 경우가 없다. 이는 동서양의 신화에서 공통이다. 수많은 신화에서 '빛'이 상징하는 것이 바로 '말'이다. 말을 지키지 않는다는 것은 빛을 꺼뜨리는 것이다. 빛이 꺼지면 세상이 혼탁해진다. 그래서 몽둥이를 든 남자가 아서 왕의 말을 믿고 돌려보냈고, 그웬돌렌도 아서 왕이 자신이 한 말을 지킬 거라 믿고 답을 알려주었다.

"여자가 무엇보다 좋아하는 것은 주권이랍니다."

몽둥이를 든 남자도 자기가 한 말을 지켰다. 아서 왕이 맞는 답을 이야기했기 때문에 내버려두고 돌아갔다. 아서 왕은 그웬돌렌을 데리고 성으로 가 큰 잔치를 열었고 사람들에게 앞으로 함께 살 여자라고 소개한다. 그리고 문제의 첫날밤, 그웬돌렌이 입맞춤 정도는 예의로라도 해줘야 하지 않느냐고 유혹, 아니 요구한다. 아서 왕이 입을 맞추자 놀라운 일이 일어난다. 입맞춤에 개구리가 왕자가 되었던 것 마냥 마녀가 미녀가 된 것이다. 이야기는 아직 끝나지 않았다. 이번에는 그웬돌렌이 문제를 낸다. "당신은 두 가지 가운데 하나를 선택할 수 있어요. 나는 낮에는 아름답고 밤에는 끔찍한 모습을 할 수도 있고, 밤에는 아름답고 낮에는 추한 모습을 할 수도 있어요. 당신이 선택하세요."

당신이라면 무엇을 선택하겠는가. 힌트는 그웬돌렌이 앞서 아서 왕에게 알려준 답에 있고 아서 왕이 답한다.

"여자만이 판단할 수 있는 문제요."

스스로 선택하라는 아서 왕의 대답은 그웬돌렌을 저주에서 완전히 풀려나게 한다.

"저는 세상에서 가장 용감하고 빼어난 남자가 나타나 저를 사랑해주고 모든 권리를 베풀어줄 때까지 흉측한 모습을 하고 있어야 했어요. 당신이 제게 그렇게 해주었지요. 게다가 당신은 저에게 선택할 수 있는 권리를 주어서 여자가 가장 좋아하는 것이 주권이라는 것을 인정했어요."

그웬돌렌이 말한 주권을 풀면, 자신의 삶을 자신이 주도

하는 것이다. 주권을 '인정'한다는 말은 고개만 끄덕이는 것을 넘어 상대가 자신의 삶을 자신이 주도할 수 있도록 존중하고 지지한다는 뜻이다. 시대에 맞춰 이 장의 제목을 바꾸기로 하자.

"사람들이 정말로 원하는 것은 무엇인가?"

이에 따른 답변도…

"사람이 무엇보다 좋아하는 것은 주권이랍니다."

우리는 저마다 그웬돌렌일지 모른다. 나의 진정한 모습을 인정해주고 내가 내 삶을 주도하며 살 수 있도록 지지해주는 이를 아직 만나지 못해 마법에서 풀려나지 못한 그웬돌렌. 그러니 이것은 사랑에 대한 이야기기도 하다. 상대의 진정한 모습을 인정해주고 스스로 삶을 주도하며 살 수 있도록 지지해주는 마음이야말로 '사랑'이니까. 한편으로 이것은 리더십에 대한 이야기이기도 하다. 탁월한 리더가 되려면 사람들이 무엇보다 좋아하는 것이 주권이라는 사실을 염두에 둬야 한다. 그런데 정작 스스로에 대해서는 어떠할까.

나는 나의 진정한 모습을 인정해주고 내가 내 삶을 주도

하고 결정할 수 있도록 지지해주고 있을까. 더 이상 오지 않는 남을 기다리기보다 이제 그만 내가 나를 저주에서 풀어주면 안 되나.

왜 다르마를 지키지 않습니까?

참모습을 깨쳐 발휘한다는 것

#아바타 #비슈누 #달마 #파에톤

그리스에 《일리아스》와 《오디세이아》가 있다면, 인도에는 《라마야나》와 《마하바라타》가 있다. 신화를 소재로 한 서사시로 자국민의 정신적 고향이라는 공통점을 가지고 있다.

《일리아스》와 《오디세이아》는 기원전 8세기 고대 그리스 시인 호메로스가 저술한 것으로 알려졌으나 기원전 12세기 이전부터 구전으로 내려온 신화와 전설 등을 엮었을 가능성이 크다. 또 호메로스가 가공의 인물이라거나 한 명이 아니라는 풍문도 있다.

《마하바라타》는 기원전 15세기에 처음 나와서 1천여 년에 걸쳐 꾸준히 구절과 대목이 덧대어져 총 10만 연, 등장인물 3천여 명으로 세상에서 가장 긴 저작물이 되었다.

《오디세이아》보다 3분의 1가량 분량이 더 많은 《일리아스》가 총 1만 5천 행이니 《일리아스》와 《오디세이아》를 합친 것보다 여덟 배나 길다. 이런 방대한 분량이니만큼 수많은 인물들이 저마다의 스토리를 이끌어간다. 우선 《라마야나》의 주인공은 라마Rama*, 《마하바라타》의 주인공은 크리슈나Krishna*지만 둘이 결국 같은 인물이다. 인도신화에서 삼주신은 브라흐마, 비슈누, 시바로 각각 창조, 유지, 파괴를 담당하는데 라마와 크리슈나는 비슈누의 아바타기 때문이다.

2009년 개봉한 제임스 카메론 감독의 영화 제목이기도 한 '아바타Avatar'는 산스크리트어 '아바타라Avatāra'를 영어로 음역한 것으로 '아바'는 '하강하다', '타라'는 '땅'을 가리켜 '땅으로 내려오다'라는 뜻이다. 풀이하면 인간의 몸을 입고 땅으로 내려온 신, 화신化身이다. 영화에서 나비족의 피부색이 왜 파랑인지를 두고 추측이 난무했지만, 나는 제임스 카메론 감독이 인도신화의 아바타에서 영감을 받았으리라 추측한다. 인도에서는 시바, 비슈누, 크리슈나를 형상화할 때―신은 눈에 보이지 않으므로 신을 형상화한다는 것은 신의 아바타를 대상으로 할 수밖에 없다는 뜻이 된다―피부색을 파랑으로 칠하는데, 인도신화에서 '검푸른 광채'는 영적인 권능을 가진 자임을 상징한다.

파랑은 자연에 없는 색이다. 인공적으로 만들어야 얻을

〈전차를 모는 크리슈나〉

수 있다. 여기서 나온 고사성어가 '청출어람靑出於藍'이다.
쪽이라는 초록색 풀에서 더 짙은 색인 파랑이 나온다는 뜻
인데, 맹자가 스승보다 나은 제자를 두고 이런 표현을 한
기원전 3세기에 유럽에는 파란색 염료를 제조하는 기술이
없었을 뿐더러, 라틴어에는 명확하게 파랑을 규정하는 단
어조차 없었다.

　이와 달리 기원전부터 중국에는 '쪽'을, 인도에는 '인디고
페라'를 이용해 파랑을 불러내는 기술이 있었는데 초록색
풀에서 파랑색 염료를 얻으려면 7천 번 이상 발길질하는
등의 고된 노동과 오랜 기다림을 거쳐야 했다. 파랑은 그만
큼 귀한 색이었다. 신앙심 깊은 인도 사람들은 가장 귀한

색을 가장 중요한 신에게 바쳤을 것이다.

인도의 주요 신들 중 대중적으로 가장 인기가 많은 신은 '비슈누'다. 세계의 창조와 파괴가 중요하긴 해도 사람에게 필요한 신은 유지를 담당한 비슈누일 수밖에 없다. 이 때문에 비슈누도 무려 열 번이나 아바타로 땅에 내려온다. 세상이 위기에 처할 때마다 아바타로 땅에 내려와 '다르마 Dharma'를 회복해 세계를 보존하고 유지한다. 지금까지 아홉 번 아바타로 내려왔는데 일곱 번째가 라마, 여덟 번째가 크리슈나, 아홉 번째가 붓다였다. 앞으로 한 번 남은 미래의 아바타는 현 우주의 파괴기인 칼리유가('말세末世'라는 뜻)에 나타날 칼키Kalki° 다. 그는 현 우주의 악을 소멸하고 선을 담아 새로운 우주가 탄생할 수 있도록 준비할 것이다.

'다르마'는 인도 신화와 경전에서 가장 많이 볼 수 있는 산스크리트어다. 맥락에 따라 법, 도리, 의무, 정의, 규범, 순리, 진리, 정체 등으로 옮길 수 있으며 동시에 그 전부를 아우르는 광활한 낱말이다. 그렇지만 고대 인도인이 이해한 다르마와 오늘날 한국인이 이해하는 법, 도리, 의무, 정의, 규범, 순리, 진리, 정체 등은 의미의 차이가 있을 것이다.

다르마는 '지지하다' '뒷받침하다'라는 동사 '드리dhri'에서 파생해 존재를 붙들어 지지하는 법, 존재하는 방식이

김명국 필 〈달마도〉 17세기

라는 뜻에 어원을 두고 있다. 한자로 음차하면 '달마達磨', 6세기에 선종을 창시한 달마 대사의 그 달마며 〈달마도〉의 그 달마다.

　한때 불자가 아니어도 집집마다 〈달마도〉를 걸어놓는 게 유행했다. 액을 쫓는다는 믿음에서다. 선화禪畵에서 장르나 다름없는 〈달마도〉에서 대부분 달마는 사천대왕처럼 우락부락하게 생겨 액을 쫓고도 남을 기상이 넘친다.

인도의 6세기 승려, 달마는 그때까지 말과 글로 불법을 깨우치던 방식에서 탈피해 면벽좌선으로 개혁을 시도했다.—참고로 불교는 고타마 싯다르타가 힌두교를 개혁하는 과정에서 탄생했다—그는 9년 동안 벽을 마주하고 앉아 깨달음을 얻었다. 김명국이 그린 〈달마도〉를 보면 일필휘지로 그린 듯 붓질이 호방한데 정작 눈빛은 그렇지 못하다. 뭔가 안쓰럽고 못마땅하지만 그렇다고 외면할 수 없는 것을 바라보는 눈망울이다. 그는 내가 어떻게 해야 카르마에서 벗어날 수 있는지 알고 있으나 절대 말로 알려주지 않고 계속 이렇게 지켜보기만 할 것 같다. 만약 다르마가 현재 우리가 인지하는 법, 도리, 의무, 정의, 규범, 진리, 순리, 정체 등의 수준이라면 달마가 9년이나 면벽좌선했을 것 같지 않고 사람들이 지키지 않는다고 저렇게까지 처연하게 쳐다볼 것 같지 않다.

잘하지 못하면서도 제 다르마를 하는 것이 남의 다르마를 잘하는 것보다 낫다. 제 다르마를 다하다 죽는 것이 좋으니라. 남의 다르마는 무섭기만 할 뿐이다.
—《바가바드 기타》 제3장 〈카르마 요가〉 35절

다르마 앞에는 이 수식어가 와야 실감난다. '나의.' 나의 법, 나의 도리, 나의 의무, 나의 정의, 나의 규범, 나의 진리, 나의 순리, 나의 정체… 이렇게 되면 세상에 하나의 다르마가 아니라 각자의 다르마가 존재하게 된다. 하지만 자신의 다르마가 무엇인지 깨닫기 쉽지 않다. 더구나 법, 도리, 의무, 정의, 규범, 진리, 순리, 정체 등으로 단순하게 옮기면 강제로 씌운 굴레처럼 여겨질 수 있다. 사람을 신이 쓴 극본에 출연하는 꼭두각시로, 다르마를 신이 꼭두각시에 매단 줄로 오해할 수 있다. 여기에 대해 인도의 주요 경전인 《바가바드 기타》는 앞서의 구절 전에 아래와 같이 짚었다.

비록 지식이 있는 사람이라도 제 (본)성에 따라서 하는 것이다. 모든 산 물건은 각각 제 성에 따라 한다. 무엇으로 그것을 누를 수 있느냐.
　　　　　─《바가바드 기타》 제3장 〈카르마 요가〉 35절

사람을 포함해 세상의 모든 생명체는 각각 제 본성대로 살아가며 무엇으로도 억압할 수 없다. 이것이 변치 않는 존재의 원리다. 다르마는 고유한 성질, 즉 본성이나 천성과 무관하지 않다. 내가 지닌 성질대로, 참모습대로 사는 것이 다르마를 따르는 것이다. 마음 가는 대로 하라, 하고 싶은 대로 하라는 뜻이 아니다. 서양에서와 달리 동양에서 마음이란 감각이나 마찬가지로 본질이 아니라 '무상(無常, 한순간도 일정하지 않고 늘 변함)'이다. 이 때문에 평생 《바가바드 기타》를 경독했던 마하트마 간디가 앞서의 구절에 다음과 같은 주석을 달았다.

우리는 천성을 모른다. 그러나 습관이 천성은 아니다. 나아가고 물러서지 않는 것, 올라가고 내려가지 않는 것이 영혼의 천성이다. 그렇기 때문에 어려워서 물러서지 않고는, 내려가지 않고는 못 견딜 것 같아도 버티어야 한다.

'나는 누구인가'를 생각할 적에 육신, 감각, 마음, 인식 등을 '나 자신(자아, self)'이라고 여기기 쉽지만 그러한 것들은 무상이며 연기緣起[15]이기에 진정한 '나'라고 할 수 없다. '진정'이나 '참'이라고 할 수 있으려면 과거에도 있고 현재에도 있고 미래에도 있어야 한다. 그런데 육체, 감각, 마음, 인식 등은 있거나 없거나, 오거나 가거나 변화하기에 '나 자신'이라기보다 내가 놓여 있는 '환경'에 가깝다. 중요하지

---

15 모든 현상은 무수한 원인과 조건이 상호 관계하여 성립되므로 독립 자존인 것은 하나도 없고 모든 조건 원인이 없으면 결과도 없다. 즉, 삼라만상은 홀로 존재하지 못한다.

않다는 뜻이 아니다. 나의 참모습을 찾아가는 데 꼭 필요한 통로라서 '현재' 거기서 무슨 일이 일어나고 있는지 들숨, 날숨까지 세심하게 살펴야 한다. 이것이 자기 수행의 첫걸음이다.

인도 신화와 철학에서 진정한 나를 가리키는 말은 '아트만'이다. 《우파니샤드》는 '아루나'와 '슈베따게뚜'라는 이름을 가진 부자父子의 대화 형식을 빌려 다음과 같이 아트만을 설명한다.

"저 보리수에서 열매 하나를 따오너라."

"여기 따왔습니다."

"그것을 쪼개라."

"예, 쪼갰습니다."

"그 안에 무엇이 보이느냐?"

"씨가 있습니다."

"그중 하나를 쪼개보아라."

"쪼갰습니다."

"그 안에 무엇이 보이느냐?"

"아무것도 보이지 않습니다."

"총명한 아들아, 네가 볼 수 없는 이 미세한 것, 그 미세함으로 이루어진 이 큰 나무가 서 있는 것을 보아라. 보이지 않는 것이지만 그것이 있음을 믿어라. 그 아주 미세한 존재, 그것을 세상 모든 것들은 아트만으로 삼고 있다. 그 존재가 곧 진리다. 그 존재가 곧 아트만이다. 그것은 바로 너다, 슈베따게뚜야."

—《찬도기야 우파니샤드》제6장 제12편 1절~3절

앞의 구절은 15세기 일본의 선승, 잇큐가 쓴 이 선시를 떠올리게 한다.

때가 되면 해마다 피는 산벚꽃
벚나무 쪼개봐라 벚꽃이 있는가.

없다고 존재하지 않는 것이겠는가, 눈에 보이지 않을 뿐이다. 바로 그 아트만을 깨우칠 때까지—이를 해탈이라고 한다—반복해서 태를 바꾸어 세상에 태어난다. 아트만을 깨우치지 못해 이 생에서 카르마를 쌓고 다음 생에 업보를 치르는 윤회의 굴레에 묶인다.

카르마네, 업보네, 윤회네 하는 자체를 믿지 않는 이도 있을 것이다. 상관없다. 태어남과 죽음이 반복되는 틀을 뜻하는 '윤회'를 산스크리트어로 '삼사라samsara'라고 하는데, '떠다니다' '방황하다'라는 뜻인 '삼사라티samsarati'에서 파생한 말이다. 나의 참모습을 깨치지 못하는 한 반복적으로 방황할 수밖에 없다. 번번이 같은 구멍에 빠져 허우적거린다. 어떻게 해야 빠져나올 수 있는지 알지 못하고, 겨우 빠져나와도 같은 구멍에 또 빠진다. 아트만, 자신의 참모습을 깨치면 피해서 다른 길로 갈 수 있다.

생의 목적이 무엇이냐고 묻는다면 많은 이들이 '자아실현'이라 답할 것이다. 시절이 이렇다보니 세속적 성공과 혼동하는 경향이 없지 않지만, 본뜻은 '자신의 참모습(자기 원형)을 발휘하는 것'이다. 그러려면 우선 자신의 참모습, 씨앗 속에 들어 있는 열매, 벚나무 속에 들어 있는 벚꽃 같은 아트만을 만나야 하고 그러기 위해 다르마가 필요하다. 큰 강을 내가 사는 세상에, 아트만을 강 건너에 있는 마을에 비유하면 다르마는 그곳까지 나를 태워 실어 나를 수 있는 나룻배 같다. 그리하여 그곳에 도착했을 때 우리는 인격 발달의 최종 단계에 이르러 평안과 기쁨, 자유 속에서 자신의 참모습을 발휘할 수 있을 것이다.

하지만 우리를 둘러싼 환경은 늘 변화무쌍하고 서로의 필요와 이해관계까지 복잡하게 얽혀 있어 평생 올곧게 다르마를 따르기가 수월치 않다. 《라마야나》와 《마하바라타》에도 다르마를 실천하는 데 일어나는 내면의 갈등과 관계의 갈등이 거듭 등장한다. 왜 우리는 끊임없이 갈등 속으로 빠져들고 그 결과로 고통을 받을까.

《우파니샤드》는 이른바 '축의 시대'[16]에 등장한 인도 사상과 철학의 집결체로 '베단타'로 불리며 서양 사상에도 깊이 영향을 끼친 경전이다. 총 2백여 편의 문헌이 우파니샤드에 속하는데 이중 《카타 우파니샤드》에 나오는 글에서 도움을 받아보자.

아트만을 수레의 주인이라 생각하고 육신을 수레라고 생각해보라. 지혜를 마부 그리고 마음을 고삐라 생각해보라. 감각을 말이라 하고 감각이 좇는 그 대상들을 말이 달려 나가는 길이라 생각한다면 이렇게 육신과 감각과 마음이 한데 모인 아트만은 마차 안에 들어앉은 주인이다. 지혜인 마부가 만일 마차를 제대로 몰지 못하여 마음인 고삐가 불안정하면 그 조정을 받는 감각들은 각기 제멋대로 움직이게 된다. 그러나 지혜인 마부가 마차를 제대로 몰아 항상 마음을 통제할 수 있게 되면, 그의 말인 감각들은 마부가 길을 잘 들인 말처럼 항상 절도 있게 되는 것이다. 그러나 무지에 갇혀 그 의식을 통제하지 못하

---

16 독일 철학자 칼 야스퍼스가 제창한 용어로, 기원전 8세기부터 기원전 3세기, 세계의 네 지역에서 인류 정신의 위대한 전통이 탄생한 시기를 일컫는다. 중국의 유교와 도교, 인도의 힌두교와 불교, 이스라엘의 유대교, 그리스의 합리주의적 철학이 이에 해당한다. 야스퍼스는 이 시기에 새로운 사상과 철학이 직접적 문화 교류 없이 발생했다는 점에 주목했다.

는 사람은 그 지혜가 영구한 순수함에 이르지 못하여 최
종 목적지까지 가지 못하고 탄생과 죽음의 윤회의 길을
따라 이 속세로 다시 되돌아 내려온다.
—《카타 우파니샤드》제1부 제3장 7절

놀랍게도 플라톤이 60세에 쓴《파이드로스》에도 비슷한
이야기가 등장한다. 《파이드로스》는 어느 화창한 여름날
소크라테스와 그의 젊은 친구 파이드로스가 주고받는 대화
로 이루어져 있는데 여기서 소크라테스는 영혼을 '날개 달
린 한 쌍의 말과 마부'에 비유하여 이렇게 말한다.

"우리 인간이 마부가 되어 모는 한 쌍의 말 중에서 한 필
은 훌륭하지만 다른 한 필은 정반대로 그렇지 못하지. 이
때문에 우리 마부의 업무가 어려울 수밖에 없다네.
— 플라톤 지음,《파이드로스》

마부가 잘못 훈련시키면 본성이 나쁜 말은 몸이 무거워
져 자신의 무게로 마부를 아래로 끌어내린다. 그 결과, 혼
이 시련과 어려움을 겪는다. 마치 태양신 헬리오스(혹은 아
폴론)의 아들 파에톤Phaethon*이 몰던 태양 마차처럼 말이
다. 제우스는 부적격한 마부 때문에 온 세상이 불타는 걸
두고 볼 수 없어 번개를 내리쳤다.

오딜롱 르동 〈아폴론의 마차〉 연작 중, 1905~1916년

마부는 지혜를, 날개 달린 말 한 쌍은 의지와 욕구를 상징한다. 이 셋이 '영혼'이라는 한 팀을 이룬다. 날개는 무거운 것을 높이 들어 올리는 힘을 가지고 있다. 그런데 어떤 영혼은 날이 갈수록 날개를 잃어버린다. 오그라들고 사그라진다. 말의 잘못이 아니라 마부의 잘못이다. 자신이 어떻게 해야 존재할 수 있는지 알지 못한다. 그 결과, 높이 떠올랐다가 도로 땅으로 내동댕이쳐져 시련과 어려움을 겪는다.

불확실성을 감당해내는 능력

행동의 결과를 버리면 두려움을 뛰어넘을 수 있다

#마하바라타 #쿠루크셰트라 #아르주나 #크리슈나

세계 각국의 주요 신화에는 반드시 거대한 전쟁이 등장한다. 선과 악, 천국과 지옥이라는 개념은 국가가 성립된 뒤에 생겨난 것으로 원형은 토착민과 이주민이 치른 전쟁이며 대부분 이주민의 승리로 끝난다.

현존하는 가장 긴 서사시 《마하바라타》의 줄거리를 요약하면, '하스티나푸라 왕국의 전 왕인 판두의 아들 5형제(이들을 '판다바'라 한다)가 현 왕인 드리타라슈트라의 아들 1백 형제(이들을 '카우라바'라고 한다)를 무찌르고 승리한다'이다. 판두와 드리타라슈트라가 이복형제로 같은 쿠루족이니 사촌끼리 벌이는 살육전이다. 그런데 드리타라슈트라의 아들 1백 명은 모두 그의 핏줄이지만 판두의 아들 다섯은 판두의 핏줄이 아니다. 첫째부터 셋째 아들은 왕비 쿤티가 낳았고 각각 야먀(죽음과 심판의 신), 바유(바람의 신), 인드라(최고 신)가 아비다. 또 두 번째 왕비 마드리가 낳은 넷째 다섯째 쌍둥이 아들은 아스윈(쌍둥이 신)이 아비다.

과거에 판두는 교미 중인 사슴 한 마리를 사냥한 적 있었다. 사슴이 죽어가며 '네가 아내와 결합하는 순간 죽음을 맞을 것'이라고 저주해서 본의 아니게 금욕적으로 살 수밖에 없었다. 판두는 무엇보다 자식을 얻지 못하고 죽는 것이 끔찍했다. 왕비 쿤티는 어떤 신이든 마음대로 불러내어 만날 수 있는 만트라를 알고 있기에 판두가 신들을 맞아 축복받은 어머니가 되라고 권유한다. 이렇게 반인반신으로 태어난 판다바 형제가 카우라바 형제를 상대로 최후의 전쟁을 벌인 곳이 '쿠루크셰트라'다. '쿠루족의 들판'이라는 뜻으로 인도 북서부에 실재하는 지명이다. 여기는 또한 다르마의 들판이기도 하다. 전사들이 저마다 자신의 다르마를 두고 내적갈등에 처하기 때문이다.

강가(갠지스강) 여신의 아들이자 전사이며 쿠루족의 큰 어른인 '비슈마'는 전쟁을 막으려고 애썼지만 돌이킬 수 없다는 사실을 알고 카우라바 편에 선다. 그에게는 여자와 싸우지 않는다는 다르마가 있다. 그런데 판다바 진영에는 남장한 여전사, 시칸디가 있다. 시칸디가 비슈마를 공격한다면 어찌할 것인가. 또 다른 전사 카르나는 왕비 쿤티가 결

혼 전에 수르야(태양신)와 결합해 낳은 아들이다. 사실상 판다바의 맏형이나 갓난아기 때 쿤티에게 버림받았다. 전쟁이 임박하자 생모인 쿤티가 막사로 찾아와 형제들과 맞서지 말고 함께하자고 호소한다. 하지만 카르나에게는 카우라바 진영의 장수로서 따라야 할 다르마가 있다. 동시에 비록 자신을 버린 어머니지만 자식으로서 따라야 할 다르마도 있다. 무엇을 택할 것인가.

한편 판다바 진영의 가장 뛰어난 전사는 셋째 아르주나다. 판두와 쿤티가 꼬박 1년 동안 고행하면서 인드라에게 기도해 얻은 아들로 모든 종류의 무기를 다룰 수 있고 그에 대한 모든 지식을 가지고 있다. 사실상 전쟁의 승패를 쥔 주인공이나 다름없는데, 결전을 앞두고 적진을 바라보더니 활과 살을 손에서 떨어뜨리고 주저앉아버린다. 죽여야 하는 대상이 카우라바 1백 형제를 빼면 존경하는 스승, 사랑하는 친척, 친구 들이다. 동족을 죽이고 가족을 파괴하는 죄를 짓는다면 왕국을 얻는다 한들 무슨 가치가 있겠냐고, 차라리 자신이 저들에게 죽을 수 있다면 행복할 거라며 하염없이 흐느낀다. 아르주나는 크샤트리아로서의 다르마를 지키기 위해 제자, 친척, 친구로서 지켜야 할 다르마를 버리는 게 과연 옳은지 갈피를 잡지 못한다.

아르주나만큼 극한 상황은 아니라도 우리도 비슷한 갈등에 빠지곤 한다. 옳고 그름, 선과 악, 잘잘못을 구분할 줄 몰라서가 아니다. 쉽게 선택하지 못하는 대부분은 옳고 그름, 선과 악, 잘잘못과 사실상 무관하다. 그보다는 어느 쪽을 택해도 결과를 장담할 수 없는 불확실성 때문인 경우가 많다. 어디까지 노력해야 하나, 언제까지 인내해야 하나, 그렇게 해서 원하는 것을 얻는다 한들 가치가 있을까, 과연 행복할까, 혹시 아무것도 아니면 어쩌나, 그래서 나는 어떻게 해야 좋은가… 하는 식으로 번뇌가 꼬리에 꼬리를 문다. 아무래도 답은 내 지혜 밖에 있는 것만 같다.

다행히 아르주나에게는 비슈누의 아바타인 크리슈나가

곁에 있다. 아르주나가 탄 전차의 마부가 되기를 자청해 함께 전장에 나서는데 앞서 소개한 말과 마부의 비유를 대입하면 크리슈나가 무엇을 상징하고 어떤 역할을 할지 짐작할 수 있을 것이다.

크리슈나는 '결정적인 태도는 오직 하나 있을 뿐이며 결정적이지 못한 생각이 가지가 많고 끝이 없는 법'이라면서 《바가바드 기타》를 관통하는 핵심문구를 발화한다.

네 할 일은 오직 행동에만 있지, 결코 그 결과에 있지 않다. 행동의 결과를 네 동기가 되게 하지 마라. 그러나 또 행동 아니함에도 집착하지 마라.
—《바가바드 기타》 제2장 〈상카 요가〉 46절

운명이 존재하는지 아닌지 모르겠지만 사람이 할 수 있는 것과 없는 것은 분명하다. 사람은 의지를 키우고 욕망을 제어할 수 있다. 그러나 태어나고 죽는 일, 행위의 결과는 내 뜻대로 할 수 없다. 내 뜻대로 할 수 없는 일의 결과를 미리 그리면 욕망과 집착이 생기고, 욕망과 집착이 두려움과 분노를 불러오고, 두려움과 분노가 미망이라는 그물을 던져 이성을 마비시킨다.

존경하고 사랑하는 동족을 죽여야 승리할 수 있는 현실이 고통스러워 무기를 놓고 주저앉아 흐느끼는 아르주나는 인간적 영웅이다. 소설이나 영화에 흔히 나오는 감상적인 장면이다. 그러나 실제 전장에서 그렇게 행동하는 전사를 두고 평화주의자라거나 휴머니스트라고 칭송할 수는 없다. 크리슈나는 아르주나에게 분별 있는 사람처럼 말하지 못했다고 꾸짖는다. 같은 구절을 마하트마 간디는 "너는 지혜의 빈말을 했다"로 번역한다. '지혜의 빈말'이라는 표현이 뜨끔하다. 우리는 보기에 그럴듯한 '지혜'라는 포장을 쓴 '무지'에 얼마나 자주 속는가. 심지어 제 입으로 지혜의 빈말을 하고 스스로를 속이기까지 한다.

아르주나의 내적 갈등은 '자비'가 아니라 제 손으로 제 사람을 죽여야 하는 '두려움'에서 비롯되었다. 그 두려움을 이기지 못해 책임을 회피하고는 싸우지 않겠노라 선언한 것이다. 그는 지금 공황상태다. 이때 크리슈나가 처음 한 조언은 '감각을 견디라'였다.

감관[17]이 대상과 접촉하면 차고 덥고 즐겁고 괴로움이 일어난다. 그것은 오고 가는 것이어서 덧없다. 그것을 견디어라. 그런 것들을 견디어내고 쾌락과 고통을 꼭 같이 보는 사람, 그런 어진 이는 영원한 생명에 합당한 이다.

17　대상이 실제로 있는 것을 직관하는 감각기관과 감각기관을 통하지 않고 내부에서 지각하는 능력을 통틀어 이르는 말.

이 말에 따르면 동족을 죽이려니 괴롭다는 것은 감관이 대상과 접촉해 일어난 지각작용이다. '쾌락과 고통을 꼭 같이 본다'는 말은 둘이 똑같다는 게 아니라 쾌락에도, 고통에도 흔들리지 않는다는 뜻이다. 크리슈나는 이어 "(감각이 오고가는 것처럼) 난 자는 반드시 죽고, 죽은 자는 반드시 난다. 그러므로 피할 수 없는 것에 대해 너는 근심하지 마라"고 한다. 이런 구절들 때문에《바가바드 기타》가 윤회를 구실로 전쟁을 부추긴다는 비판을 받기도 한다.

그러나 고대에 인도뿐이었을까. 오비디우스의 표현을 빌리자면 "부끄럼과 진실과 성실은 온데간데없고 기만과 계략과 음모와 폭력과 저주받을 탐욕이 들어찬 철의 종족 시대"에 전쟁은 선택이 아니라 생존방식이었다. 전투를 주저하는 병사에게 앞서와 비슷한 요지로 조언하는 장면은 동서양의 신화에 곧잘 등장한다. 다른 점이라면 다른 데서는 에피소드로 그치는데 인도에서는《바가바드 기타》라는 주요 경전이 되었다는 사실이다.《바가바드 기타》는《마하바라타》 제6권 〈비슈마의 서〉에 나오는 아르주나의 내적 갈등과 그의 정신을 깨치는 크리슈나의 대화를 독립적으로 다룬 경전이다. 이것은 '쿠루크셰트라'가 단순히 눈에 보이는 살육전이 아니라 '진정한 나(아트만)'를 획득하기 위한, 즉 자아 실현을 이루기 위한 내면의 전쟁임을 시사한다.

> 자아로 자기를 높이 들게 하라. 자기로 자아를 떨어뜨리게 말지어다. 자아만이 자기의 벗이요, 자아만이 자기의 대적이기 때문이다. 자기의 자아로 자기를 정복한 사람만은 제 자신이 자아의 벗이 될 수 있으나, 자기 자신을 정복하지 못하므로 자신에 대해 적의를 품는 사람은 그 자아조차도 원수가 되느니라.
> —《바가바드기타》 제6장 〈진정한 요가〉 5~6절

앞의 경구에서 자아는 대아大我, 자기는 소아小我라 할수 있다. 대아와 소아를 사전에서는 아래와 같이 풀이한다.

- 대아: (불교) 우주의 본체로서 참된 나. 사견이나 집착을 떠난 자유자재의 경지를 이룬다.

  (철학) 인도철학에서 우주의 유일 절대의 본체를 이르는 말. 형이상학에서 그 본체를 개인의 아我에 귀결하여 이른다.
- 소아: (불교) 진실도 없고 자재自在도 없이 개인적인 욕망과 망집에 사로잡힌 나.

  (철학) 우주의 절대적인 나와 구별되는 자아. 현

상 세계에서 한 인간으로서의 개성을 이루는 나를 이른다.

　자기(소아)를 정복한 사람은 춥거나 덥거나, 즐겁거나 괴롭거나, 명예에서나 불명예에서나 흔들리지 않고 안정적이다. 그 덕에 다르마를 따를 수 있다. 앞서 다르마가 '존재하는 모든 것을 붙드는, 지지하는 법法'이라는 뜻에 어원을 두고 있다고 했다. 다르마는 저절로 주어지는 게 아니라서 자아를 정복하고 완전한 고요함에 이르는 수행을 통해—이를 인도에서는 요가라 한다—스스로 얻고자 해야 한다. 자신의 참모습을 아는 이는 세상이 무도하고 무정해도 평화와 기쁨, 자유를 누리며 자신의 존재를 붙들고 지지해나간다. 인간의 능력 밖에 있는 불확실성을 감당해낼 수 있다.

　《바가바드 기타》는 기원전 2세기부터 성립되기 시작한 경전이다. 신자가 아니면 공감하기 힘든 구절이 없지 않지만 "행동의 결과가 네 동기가 되게 하지 마라"는 경구는 4천 년 뒤 사람인 20세기 실존주의 철학자 장 폴 사르트르의 정언, "실존이 본질에 선행한다"를 떠올리게 한다.

　실존주의에 따르면 의식이나 정신은 고정된 실체가 아니라 변화하는 관계이며, 그 자체로는 '무無'이다. 따라서 인간은 부조리할 정도로 무의미하다. 왜 사느냐고 묻는다면 정해진 이유나 목적 역시 없다. 자신의 의미와 목적을 스스로 선택하고 만들어내야 하는 본질(실존)만 있을 뿐이다. 전장에서 무기를 내려놓고 주저앉아 흐느끼는 아르주나의 고통은 현대인들이 내면의 전쟁에서 겪는 고통에 다름아니다. 세상이 왜 이렇게 돌아가는지, 사람들이 왜 이렇게까지 하는지, 나는 또 왜 이렇게 살아야 하는지 이유도, 의미도, 목적도 찾을 수 없다. '찾는다'는 표현부터 맞지 않다. 크리슈나나 사르트르에 따르면 의미와 목적, 행동의 결과 같은 그런 건 세상에, 현재에 없기 때문이다. 그러나 인간이라는 존재는 '그런 것' 없이 단 하루도 사는 것처럼 살아가기 힘들다. 그래서 스스로 의미와 목적을 선택해야 한다. 가치있는 환상을 만들어야 한다. 평생《바가바드 기타》를 애송했던 간디가 말했다.

"힘씀은 사람이 다스려가는 속에 있지 거기서 나오는 결과에 있지 않다. 그가 해야 할 것은 오직 그 결과에는 관심 말고 제 행동의 방향 혹은 의무를 결정하는 데 있다. 집착 없는, 혹은 무사한 정신으로 제 의무를 다하는 것이 자유에 이르는 길이다."

고통 대신 평화와 기쁨, 자유를 누리며 살 수 있는 방법이 있다면 모두 그 길을 택하지 않을까. 인도의 신화《마하바라타》와 경전《바가바드 기타》는 그 길로 가는 방법 중 하나로 "행동의 결과가 네 동기가 되게 하지 마라"라고 한다. 자기를 정복하고 행동의 결과를 버리면 두려움을 뛰어넘을 수 있고, 두려움이 없으면 자유다. 인생을 흔히 고해에 비유하지만 고통에서 벗어날 수 없다는 뜻이 아니다. 틱낫한의《붓다처럼》에 나오는 구절이 차갑게 얼어붙은 머리를 따스하게 어루만진다.

고통은 우주의 진정한 본질이 아니라네. 고통은 우리가 살아가는 방식의 결과이며 인생의 잘못된 이해의 결과이지.
— 틱낫한 지음,《붓다처럼》

배운 대로만 하다간 사람 잡는다

공감과 연민이 먼저다

#스톤헨지 #성배의_왕 #파르치팔

거대한 선돌이 둥글게 줄지어 놓인 유구遺構[18]를 '환상열석 (環狀列石, a stone circle)'이라 한다. 선사시대를 대표하는 유적으로 우리나라를 비롯해 세계 곳곳에 산재하며 특히 유럽 대서양 해안에 대거 분포하는데 그중에서도 영국 서남부 솔즈베리 평원에 있는 '스톤헨지Stonehenge'는 외계인의 지구 착륙장이었다는 가설이 나돌 정도로 밝혀진 게 없다. 환상열석을 구성하는 수십여 개의 돌은 높이 4~8미터, 무게 25~45톤에 이르며 두 개의 입석 위에 거석을 얹은 형태

---

18 지난날의 토목(또는 건축) 구조를 알아볼 수 있는 실마리가 될 구조물의 유물.

도 다섯 쌍이다.

스톤헨지라는 명칭은 '공중에 걸쳐 있는 돌'이라는 뜻으로 바로 그 높은 입석 위에 가로 얹은 거석에서 유래했다. 기원전 2000년부터 기원전 1400년까지 세 차례에 걸쳐 건조한 것으로 추정되는데 수십 톤에 이르는 거석을 어떻게 운반했는지, 어떻게 세로로 세웠는지 또 어떻게 그 위에 거석을 올려놓았는지 경이롭다. 하지만 거석을 운반하고 세우고 올려놓고 하는 등의 작업은 인력과 시간만 넉넉하면 나무를 바닥에 깔고 바위에 줄을 매달아 끄는 방식으로 충분히 가능해서 불가사의라고 하기 힘들다. 물론 이때 전제하는 것은 인근의 거석을 가져오는 경우에 한해서다. 스톤헨지가 불가사의로 불리는 이유는 블루스톤 때문이다.

스톤헨지에 사용된 거석은 두 종류로 사르센석과 블루스톤이다. 사르센석은 잉글랜드 중남부에 흔하니 조달과 운반이 어렵지 않았을 것이다. 그런데 블루스톤은 서쪽으로 4백여 킬로미터 떨어진 웨일스에 있다. 어떤 방식으로 그먼 데서 무겁고 큰 돌을 운반했는지 지금까지 그 불가사의를 풀지 못했다. 스톤헨지에서 발굴된 유골들 역시 웨일스에서 온 것으로 밝혀졌는데 이 책을 여기까지 읽은 독자라면 이제 '웨일스'라고 하면 떠오르는 이름이 있을 것이다. 그렇다. 아서와 멀린이다. 실제로 아서 왕 신화에 스톤헨지로 추정되는 거석 기념물을 세우는 이야기가 등장한다. 그에 따르면 스톤헨지는 아서의 백부인 엠리스 펜드레건의 무덤이다.

엠리스는 아서의 생부인 우터와 함께 브리튼을 통치했고 색슨족을 상대로 솔즈베리 평원에서 전투를 치르다 전사했다. 우터는 형과 전사자들의 시신을 수습해 다른 무덤보다 더 크고 높게 짓고 싶어 했는데 브리튼을 구한 전사자들의 영예를 높이기 위해서였다. 이에 멀린이 '시간에 버틸 수 있는 기념물을 지으라'고 조언하면서 아일랜드의 킬데라산 정상에 있는 바위를 가져와 무덤 주위에 둥글게 세울 것을 추천한다. 멀린에 따르면 그 바위들은 거인들이 신전을 세우기 위해 아프리카에서 가져온 것으로 땅과 하늘, 신과의 관계를 증언하는 존재들이다. 아서 왕이 믿을 만한 사람들을 아일랜드로 보내 바위를 가져오라 명했지만 바위를 땅에서 파내기도, 운반하기도 불가능에 가까웠다. 책임자와 인부들이 열성과 끈기로 갖은 수단을 동원하며 애썼지만 번번이 실패했고 마침내 멀린에게 도움을 청한다.

"제발 부탁이니 저 바위들을 옮기도록 신과 왕의 이름으로 도와주십시오."

멀린은 잠깐 동안 깊이 생각하는 듯한 표정을 짓고 있다 물었다. "내가 여러분을 도울 수 있다고 생각하나?" 그들은 대답했다. "당신만이 그렇게 하실 수 있습니다." 멀린이 웃으면서 말했다. "배에 가보시게나. 어떤 일이 일어났는지 보게 될 걸세." 배로 돌아간 사람들은 눈이 화등잔만 해졌다. 그들이 그렇게 움직여보려고 애썼지만 꿈쩍도 않던 바위들이 전부 배 위에 척하니 차곡차곡 실려 있었기 때문이다.

— 장 마르칼 지음, 《아발론 연대기 1》

아무리 애써도 꿈쩍 않는 바윗돌이 있다. 혼자서 애쓰다가 안 되면 '최선을 다했지만 되지 않았다고, 어쩔 수 없다'며 포기한다. 참으로 쓸쓸하게도 우리에겐 최선을 다해도 되지 않는 일이 있고, 어쩔 수 없는 일이 있다. 하지만 그렇게 마음을 매듭짓기 전에 스스로에게 이 두 가지를 물어보자. "간절히 원하는가?" "진심을 다해 도움을 요청한 적 있는가?"

간절히 원해도 혼자 힘으로 할 수 없을 때는 자책하거나 포기하지 말고, 도움을 받을 수 있는 상대를 찾아 진심과 예의를 갖춰 도와달라고 요청해야 한다. 여기까지 해야 최선을 다했다고 할 수 있다. 그러나 세상에는 도움이 간절해도 청할 수 없는 처지에 있는 사람들이 있다. 아서 왕 신화와 파르치팔 전설에 등장하는 '어부 왕Fisher King'이 대표적이다.

어부 왕은 예수가 최후의 만찬 때 쓴 술잔, 성배를 수호하는 가문의 왕이었다. 영국의 켈트신화에는 '펠레스'로, 게르만신화와 바그너의 오페라 〈파르치팔〉에서는 '암포르타스'로 등장하는데 동일인물이다. 그는 창상을 입은 뒤 오랜 세월 극심한 고통을 겪고 있다. 별칭이 어부 왕인 이유는 들것에 실린 채 호수로 나가 배를 타고 낚시질을 했기 때문이다. 어부 왕의 고통이 나을 수 있는 방법은 단 하나, 성배가 선택한 선한 기사가 찾아와 '질문'하는 것이었다. 그렇게만 하면 왕은 다시 걸을 수 있고 백성들은 기쁨과 행복을 되찾을 수 있을 터였다. 그때까지 어부 왕은 고통을 참고 기다리는 수밖에 다른 방법이 없었다. 아픈 몸을 이끌고 굳이 호수에 나가는 이유는 선한 기사를 놓치지 않고 자신의 성으로 안내해야 한다는 간절함에서였을 것이다. 드디어 파르치팔이 나타났다. 어부 왕이 놓치지 않으려고 뒤쫓으며 꼭 성에 들러달라고 간청했다. 파르치팔이 성에 들어서자 조용하던 성안에 활기가 넘쳤다. 개 중에는 기쁨의 눈물을 흘리는 이들까지 있었다. 시종들이 목욕시키고 값비싼 새 옷으로 갈아입혔다. 연회장에 들어서자 나이 많은 기사들이 모두 일어나 고개를 숙였다. 모든 것이 풋내기 기사에게 지나친 환대였지만 파르치팔은 연유를 묻지 않았다. 어부 왕이 두터운 털옷을 입고도 추위에 떠는 모습을 보았지만 안부를 묻지 않았다. 황금과 보석으로 장식한 칼집과 칼을 선물받았지만 칼에 대해 묻지 않았다. 담소를 나누는 동

페르디난트 필로티 〈암포르타스와 함께 있는 파르치팔〉
19세기 초 추정

안 눈부시도록 흰 창을 든 시종이 나타나 파르치팔과 어부
왕 사이를 지나갔다. 창날 꼭대기에서 피 한 방울이 솟아나
와 시종의 손 위로 흘러내렸고 모든 사람이 큰 소리로 통곡
했지만 이때도 사정을 묻지 않았다. 창을 든 시종이 들어왔

던 문으로 나가고 이번에는 보석이 박힌 금 촛대를 든 시종 둘이 들어왔다. 그들 뒤로 한 여인이 두 손으로 에메랄드 잔을 소중하게 감싸들고 들어왔다. 여인이 잔을 들고 식탁 앞을 지날 때마다 각각의 그릇에 손님이 원하는 가장 좋아하는 음식이 새롭게 채워졌다. 왕 앞에 놓인 황금 접시 위에는 작은 빵 한 조각 말고는 아무것도 없었다. 이 경이롭고 이상한 일에 대해서조차 파르치팔은 아무것도 묻지 않았다. 식사가 끝나자 어부 왕은 깊은 한숨을 쉬었다. 그러곤 편히 쉬라는 말을 끝으로 연회를 마쳤다.

이튿날 아침이 밝았다. 성안에 사람은 하나도 보이지 않고 가구에는 뽀얗게 먼지가 앉았으며 마당은 황폐했다. 오랫동안 비어 있던 게 분명했다. 그러나 어제 있던 일도 분명한 현실이었다. 파르치팔이 허리에 차고 있는, 어부 왕에게 선물 받은 칼이 증거였다. 파르치팔이 성을 나설 때 성벽 위에 서 있던 늙은 시종이 화난 표정으로 내려다보며 소리를 지른다.

"너에게나 우리에게나 구원이 되었을 일을 너는 실수로 놓치고 말았구나. 단 한 번의 질문으로 너는 암포르타스 왕을 고통에서 구하고, 너 자신을 위해서도 이 세상 최고의 행복을 누릴 수 있었는데! 그러나 넌 질문하지 않았어. 이제 네가 원하는 곳으로 가거라. 재앙이 너를 뒤따를 것이며, 네게는 결코 태양이 비추지 않으리라.”

—아우구스테 레히너 지음, 볼프람 폰 에센바흐 원작,

《파르치팔의 모험: 성배를 찾아서》

파르치팔은 아무것도 하지 않았다. 얼마나 아무것도 하
지 않았느냐면 자기 눈앞에서 연거푸 일어나는 경이로운
일에 대해서, 어부 왕이 겪고 있는 가엾은 고통에 대해서
묻지조차 않았다. 그저 묻지 않았을 뿐인데 큰 잘못이냐고
할 수 있다. 궁금해도 예의상 묻지 않는 경우도 많지 않던
가. 그래서 우리도 상대에게 물어야 하는지, 말아야 하는지
소심하게 갈등할 때가 있으니까.

파르치팔은 켈트신화와 게르만신화에 공통으로 등장하
는 '성배의 기사'다. '성배'는 예수가 최후의 만찬에서 포도
주를 담은 잔을 들어 "이것은 나의 몸이다. 또한 이것은 나
의 피다. 이것을 마실 때마다 나를 기억하라"고 한 말에서
유래한다. 펠레스의 연회장에 등장한 피 흘리는 창은 '롱기
누스의 창', 에메랄드 잔은 '성배'였다. 중세에 '성배를 찾아
떠나는 모험'은 기사들의 주요 임무 중 하나였다. 대부분
성배를 찾지 못했을 것이다. 그러나 또한 대부분 성배를 찾
았을 것이다.

성배는 모든 기사들의 위대한 꿈이었으나 선택받은 기
사만 찾을 수 있었다. 선택받은 자만 구원받는다는 그리스

도교의 구원예정설과 연관 있을 것이다. 파르치팔은 성배의 기사로 선택받은 자였다. 펠레스와 백성들이 그토록 환대한 것도 자신들을 구원해줄 성배의 기사라는 사실을 알았기 때문이다. 안타깝게도 그들의 기대는 완전히 무너져버렸다. 성배의 기사가 성배를 알아보지 못하다니 말이 되는가 말이다.

하트♥ 모양은 그리스도교에서 본래 성배를 상징했다. 붉은 포도주를 담은 성배가 붉은 피를 담은 심장과 닮았기 때문이다. 그런데 예수가 십자가에 못 박혀 흘린 피로 만인의 죄를 대속한 이유가 오로지 사랑 때문이니 예수의 몸이자 또한 피인 성배는 곧 사랑이기도 하다. 사랑은 마음에서 나온다. 현대 뇌의학이 마음은 뇌에 있다고 밝히기 전까지 사람들은 마음이 가슴에 있다고 믿었다. 13세기부터 점술에 사용한 트럼프의 일종인 타로에 있는 컵 카드 역시 정신이나 감정 등 마음을 상징하는 걸 보면 꽤 오래전부터 사람들은 컵과 심장, 하트 문양 그리고 감정을 연관 지었을 것이다.

여기까지 추론하면 중세부터 현대까지 이어지고 있는 '성배를 찾아서'가 어떤 과제인지, 또 어떤 자가 성배를 찾을 수 있는지 짐작할 수 있다. 컵에는 붉은 포도주, 심장에는 붉은 피가 담기듯 마음에는 '신성한 연민'이 담겨야 한다. 파르치팔의 마음에는 '아직' 그것이 없었다.

'파르치팔Parsifal'이라는 이름은 '순수한 바보'를 뜻하는 페르시아어 'Fal-Parsi'에서 두 음절의 순서를 바꾼 것이다. 순수한 바보라서 스승의 가르침을 그대로 따랐다. "이해하지 못하는 것을 보더라도 호기심을 드러내지 말고 쓸데없는 질문을 하지 마라"는 가르침이었다. 파르치팔은 스승이 가르친 기사도를 따랐을 뿐이다. 하지만 그것이 면죄부가 될 수는 없다. 파르치팔의 사촌 누이 구지네는 사실을 알고 난 뒤 통렬하게 꾸짖는다.

"네가 무엇이 어울리는 것인지 생각을 덜 하고 가슴 속에 연민의 불꽃을 가졌다면, 네 꿈 너머에 있는 명예를 얻었을 것이다. 그러니, 알거라. 큰 잘못을 저지른 어부 왕이, 한 기사가 와서 시킴을 받아서가 아니라 스스로 우러나 '당신은 왜 병이 들었습니까?'라고 물을 때까지 고통스러운 상처로 고통받도록, 그 성배라 불리는 것이 정했음을, 또한 그 물음이 이루어지자마자 어부 왕의 상처는 치유될 것이고 그렇게 물은 한 기사는 세상에서 가장 높은 명예로 보상받을 것이다. 그러나 너는 네 무언으로, 그리고 네 오만으로, 또한 너의 차가운 마음으로, 어부 왕과 그의 모든 성배의 기사들이 기다려왔던 네가 침묵하여 네 것이 되었을 그 위대함을 잃어버리고 말았다. 묻지 않왔기에 너는 저주를 받을 것이다."
— 찰스 코박스 지음,《파르치팔과 성배 찾기》

파르치팔이 질문하지 않고 침묵한 것은 진심으로 상대를 예우해서가 아니라 어부 왕과 다른 기사들에게 기사도와 궁정법도를 모른다고 책잡히고 우습게 보일까봐서였다. 다른 사람이 비참하게 고통당하는 모습을 볼 때 느끼는 연민은 인간의 자연스러운 감정이다. 파르치팔의 마음에 전혀 연민이 없었다고 할 수는 없다. 그러나 이기심이 먼저 앞섰고 침묵으로 실행했다. 인간애가 부족한 자에게 성배는 허용될 수 없다.

19세기 말 영국 화가인 에드워드 콜리 번 존스가 도안한 태피스트리에서 파르치팔은 맨 뒤에 서 있고, 주인공은 성

에드워드 콜린 번 존스가 도안하고 모리스 공방이 생산한 태피스트리
〈성배에 경배하는 갈리하드, 보리스, 파르치팔〉 1895~1896년

배 앞에 무릎 꿇고 앉은 기사인 '갈라하드'다. 초기 판본에서는 파르치팔이 어부 왕의 뒤를 이어 성배의 왕이 되지만 후기 판본에서는 란슬롯의 아들 갈라하드가 성배의 왕이 된다.

그러나 '성배를 찾아서'가 우리에게 들려주고 싶은 숨은 이야기는 누가 성배를 찾았느냐가 아니다. 어떤 사람이 성배를 찾을 수 있느냐이다. 파르치팔은 성배를 찾아 헤매는 동안 겪은 고통과 수난을 통해 이기적이고 형식에 얽매인 풋내기 기사에서 타인에게 공감하고 연민을 느끼는 진정한 성배의 기사로 성장한다. 허물을 벗고 고귀한 인간으로 거듭나는 이 신성한 과정을 상징으로 압축한 것이 성배일 것이다. 성배를 찾기 위해 우리는 도움을 요청할 줄 알아야 하고, 또한 도움이 필요한 사람을 알아볼 수 있어야 한다.

어디 사람 사이뿐일까, 삼라만상이 상호의존적이다. 모두가 머리로 아는 이 말을 가슴에서 이치로 받아들여 음미하고 깨우치면 세상이나 인생에서 벌어지는 많은 일들이 날씨처럼 신비롭고 선명하다.

내가 비록 가진 눈이
한 개뿐이지만

스핑크스에게 살해당하지 않을 자신 있는가

사람의 조건, 주체적으로 사유하기

#오이디푸스 #스핑크스

"아침에는 네 다리로 걷고, 낮에는 두 다리로, 저녁에는 세 다리로 걷는 짐승은 무엇이냐?" 혹은 이렇게도 묻는다. "한때는 두 발로 걷고, 한때는 세 발로 걷고, 한때는 네 발로 걷는데, 발이 많을수록 더 약한 것은 무엇이냐?"

세상에서 가장 유명한 이 수수께끼가 어떤 문장으로 나타나든 답은 같고, 정작 내가 궁금한 건 따로 있다.

"오이디푸스 이전엔 왜 아무도 이 수수께끼를 풀지 못했을까?"

소포클레스의 동명 희곡 〈오이디푸스 왕〉에서 테베의 왕 라이오스가 스핑크스 때문에 흉흉해진 민심을 우려해 델포이 신전으로 떠났다는 극 중 대화는 그도 수수께끼의 답을 알지 못했다는 소리다. 그러나 왜 아무도 이 수수께끼를 풀지 못했느냐는 질문은 정확하지 않다. 신화는 오랜 세월에 걸쳐 사람들이 입에서 입으로 지어내 퇴적층으로 쌓아올린 것이기 때문이다. 그러니 이리 질문해야 정확할 것이다.

"그들은 왜 오이디푸스 이전에 아무도 이 수수께끼를 풀지 못한 것으로 상황을 설정했을까?"

수수께끼를 풀기 위해선 잠시 멈춰 생각해야 한다. 늘 그렇듯 답은 가까이 있으나 질문은 생뚱맞기 그지없어 지금까지와 다른 방식으로 사고해야 풀 수 있다. 생각(가늠하거나 헤아리거나 판단), 사고(분석, 종합, 추리, 판단 등의 정신작용), 사유(문제 해결의 과정에서 그 결론에 이르기까지의 심리과정)… 필요 없다. 웬만한 문제는 지도자가 해결해주었고 하라는 대로 하면 되었다. 문제가 발생하면 지도자에게 쫓아가 해결해달라고 요구했고, 지도자는 그 요구를 들어줘야 했다. 거절하거나 해결하지 못하면 살해당하는 것이 지도자의 운명이다. 그런데 그 지도자조차도 생각, 사고, 사유 등의 능력이 없어 신전으로 달려가 신탁을 물었다. 이런 시대에 오이디푸스가 나타나 수수께끼를 푼 것이다.

"사람이다."

스핑크스Sphinx*는 분을 이기지 못해 스스로 죽었다. 이

귀스타브 모로 〈오이디푸스와 스핑크스〉 1864년

로써 바야흐로 신탁이 아닌 철학의 시대가 열린다. 인류사의 전환점인 이 순간을 많은 화가들이 그렸다. 주인공은 대부분 '사람'이라는 단 한 마디로 스핑크스를 무찌른 오이디푸스다. 그러다 1864년, 오이디푸스가 아닌 스핑크스에 매혹된 화가가 파리 살롱에 등장한다. 귀스타브 모로다.

젊고 벌거벗은 오이디푸스의 몸으로 뛰어올라 밀착한 스핑크스는 괴물이되 눈길과 표정이 야릇하고 유혹적이다. 그래도 잊어선 안 된다. 사자의 네 발은 발톱을 세워 연약한 인간의 몸을 금방이라도 찢을 것 같고, 등에 돋은 날개는 인간의 육신을 한 번에 잡아채 공중으로 날아갈 것처럼 힘차게 펼쳐져 있다. 사자는 땅에서 가장 강해 왕을 상징하고, 독수리는 하늘에서 가장 강해 제우스를 상징한다. 지금 이 상황이 무엇을 의미하는지 향로를 감싸고 오르는 뱀이 말해준다. 욕구다. 이 유혹에 빠진 자들의 최후가 어찌될지 그들의 발밑에 나동그라진 썩은 시체들이 말한다. 죽음이다. 스핑크스는 하늘과 땅에서 가장 강한 전부를 가졌을 뿐 아니라 동시에 인간이 가장 바라는 것들을 한군데 모아놓았기 때문에 괴물이다. 괴물은 결코 길들여지지 않는다. 죽이든지 죽든지 둘 중 하나다. 이런 스핑크스가 묻는다.

"한때는 두 발로 걷고, 한때는 세 발로 걷고, 한때는 네 발로 걷는데, 발이 많을수록 더 약한 것은 무엇이냐?"

나는 진정 '사람'이라고 답할 수 있는가. 하늘과 땅에 존재하는 따뜻하고 아름답고 강한 것들의 영향력을 뿌리치고 무엇을 원하고 언제 행동해야 하는지 주체적으로 사유하는 '사람'인가. 그리하여 스핑크스에게 살해당하지 않을 수 있는가.

스핑크스는 살아 있다. 그의 발아래 무수한 시체들, 사람이라고 답하지 못해 살해당한 시체들로 오늘도 탑은 높이 올라간다.

내가 비록 가진 눈이 한 개뿐이지만

지식과 지혜의 쓸모

#오딘 #이그드라실

북유럽의 신들은 완벽하지 않다. '만물의 아버지'인 오딘 Odin*이 애꾸눈이고, 서약의 신 티르Tyr*는 외팔이다. 아무리 바이킹이 애꾸눈이나 외팔이를 전장의 영예로 여겼다고 해도 최고신을 애꾸눈으로 설정한 것은 유례없이 독특하다. 신화에서 흔히 신체의 완벽함은 능력의 완벽함을 비유하고, 맹인은 현자를 상징한다. 오딘은 이 중간에 있다. 그는 다리가 여덟 개 달린 명마, 슬레이프니르를 타고 자신이 창조한 아홉 개의 세상을 거침없이 다녔다.

미미르Mimir*라는 거인이 있었다. 세상에서 가장 지혜로웠는데 매일 아침 '갈라르호른''이라는 뿔나팔에 지혜의 샘물을 담아 마신 덕분이었다. 샘을 단단히 지키면서 아무

〈홀리드스캴프에 앉은 오딘〉 19세기 추청

한테도 샘물을 내주지 않고 혼자서만 마시고 혼자만 점점
더 지혜로워졌다. 오딘이 찾아와 청해도 내주지 않았다. 하

---

1   아스가르드의 수문장 헤임달이 위험을 감지할 때 부는 것도 걀라
르호른으로 일종의 뿔나팔이다.

도 끈질기게 청하자 한쪽 눈을 내놓으면 샘물을 마시게 해주겠노라 제안한다. 오딘은 한쪽 눈을 뽑아 내려놓고 지혜의 샘물을 마음껏 마셨다. 오딘이 애꾸눈이 된 사연이다.

오딘이 창조한 세계의 중심에는 가지들이 온 세상으로 뻗어 하늘을 덮고 있는 이그드라실Yggdrasil°이라는 세계수가 있다. 그는 겨드랑이에 날카로운 창을 꽂아 반대쪽 겨드랑이로 나오게 한 뒤 세계수의 가지에 매달렸다. 아흐레 동안 먹지도 마시지도 않았다. 이때 보고자 한 것은 죽음 너머의 세계였다. 하기는 생의 한 주기를 마친 죽은 자만큼 지혜로운 이가 어디 있겠는가. 우리도 죽은 자를 만나 그의 지혜를 배울 수 있다면 지금보다 훨씬 또렷하게 온갖 시비를 가릴 수 있지 않을까. 생사를 오가는 아흐레 밤낮이 완전히 지나고 나무 아래로 떨어졌을 때 룬 문자에 통달해 있었다. 아흐레 만에 문맹에서 탈출했다는 소리가 아니라 주술과 마법을 획득했다는 뜻이다. 고대인에게 말과 문자란 말하는 대로, 쓰는 대로 이루어지는 것이었다.

신화가 아니라서, 현실이라고 해서 다를까. 말하고 쓰는 행위는 미래에 열매를 맺을 씨앗을 심는 것이다. 의도 없이 무심히 하더라도 매일 말하고 쓰는 대로 된다.

북유럽의 신들은 자연신이 아니라 인격신이다. 전지전능하지도 않고 불사신도 아니다. 영화와 드라마, 소설, 만화 등의 소재로 인기 있는 것도 혹시 신치고 모자라서가 아

윌리엄 게르솔 콜링우드
〈오딘의 자기 희생〉 1908년,
《에다》 삽화

닐지. 그리스의 제우스는 지혜로워지고 싶어서 첫 번째 부
인이자 지혜의 신인 메티스Metis*를 통째로 삼켜버렸다. 그
뒤 제우스 머리에서 태어난 자식이 '아테나'다. 아테나는
나면서부터 완성된 지혜의 신이었다. 반면에 오딘은 한쪽
눈을 빼주고, 이그드라실에 아흐레 동안 매달리는 등 각고
의 희생과 노력을 지불해서 지혜와 마법의 힘을 얻는다. 고
대에 지혜와 이성, 주술, 마법은 어떤 이름으로 불리든 하
나였다. 오딘의 갈증은 아직 채워지지 않았다.

오딘이 창조한 세상에 '아스' '엘프' '드발린의 딸' 등 여러 신족이 살았는데, 점차 수가 늘어나 '아스'와 '반'으로 나뉜다.—오딘은 아스 신족이다—두 신족은 갈등과 전쟁, 화해를 반복하다가 강화조약을 맺는데, 그때의 일이다. 오딘이 커다란 함지를 가져와 모든 신들에게 침을 뱉으라 했고 모은 침으로 평화의 상징을 만들자고 했다. 신들이 동의해 함께 남자 한 명을 만들고 오딘이 직접 혀를 만들어 붙인 다음 '크바시르'라고 이름을 지었다. 크바시르는 뭘 물어도 대답 못 하는 게 없을 만큼 똑똑하고 말을 잘해서 신들의 사랑을 받았다. 그런데 어느 날부터 보이지 않았다.

'팔라르'와 '갈라르고'라는 난쟁이들이 있었다. 그들은 크바시르가 가진 지식과 시적 영감을 탐했다. 집으로 초대해 칼로 찔러 죽이고선 피를 한 방울도 남김없이 받아 꿀과 섞어 술을 빚고 항아리 세 개에 나누어 보관했다. 누구라도 이 술을 마시면 시인이나 학자가 될 수 있었고, 이때부터 북유럽에서는 시 문학을 '크바시르의 피'라고 부른다. 술은 살인사건과 복수라는 드라마를 거쳐 거인 수퉁의 수중으로 들어가고 딸 군뢰드가 지켰다. 오딘이 룬 문자의 힘으로 군뢰드를 유혹했다. 그녀는 오딘을 처음 본 순간부터 사랑했다. 둘이 함께한 사흘 동안 오딘은 몰래 술 세 통을 몽땅 마셔버리고는 독수리로 변신해 날아올랐다. 이를 발견한 수퉁도 독수리로 변신해 맹렬하게 추격했고 둘의 간격이 빠른 속도로 좁아졌다. 그도 그럴 것이 오딘은 배 터지도록 술을 마셔 몸이 무거웠기 때문이다. 별 수 없이 일부를 오줌으로 내보냈는데 이렇게 지상에 떨어진 크바시르의 피를 마신 자들이 시인이 되었다. 하지만 재능 없는 시인이었다. 오딘이 가까스로 아스가르드 성벽 안으로 들어와 머금고 있던 술을 항아리에 뱉어냈고, 이 술을 마신 사람들은 뛰어난 시인이 되었다. 오딘 역시 시 작법에 능란해져 모든 것을 시로 표현할 수 있게 되자 사람들이 더욱 오딘의 말을 믿었다.

'보다나즈.' 고대 게르만족이 오딘을 부르던 이름이다. 예언자라는 뜻이다. 예언은 사람들이 믿어야 힘을 발휘한다. 트로이의 카산드라Cassandra*를 보라. 누구보다 정확하게 트로이의 멸망을 예언했지만 아무도 믿지 않았다. 아폴론은 그녀에게 예언할 수 있는 능력과 그녀의 말을 아무도 믿지 않는 저주를 동시에 주었다. 지식이나 지혜, 예지력이 탁월한들 말과 글에 설득력이 없으면 카산드라처럼 영향력을 발휘할 수 없다. 오딘은 지혜로워서 크바시르의 피를 탐했다. 지혜와 지식, 마법에 더해 설득력까지 갖춘 오딘은 최고 신만이 앉을 수 있는 옥좌 '흘리드스칼프'에 앉아 아홉 개의 세상[2]에서 일어나는 일을 다 보았다. 양쪽 어깨에 앉아 있

2　아스 신족이 거주하는 '아스가르드', 아스 신족에 패배한 반 신족이
　　　거주하는 '바나헤임', 서리 거인들의 땅인 '요툰헤임', 요정들이 사

는 까마귀, '후긴'과 '무닌'은 각각 '생각'과 '기억'이라는 뜻이다. 오딘은 군이 따지자면 생각보다 기억을 더 챙겼다.

후긴과 무닌이 매일
거친 대지 위로 날아간다.
나는 후긴이 돌아오지 않을까
걱정하지만
무닌에 대해 더 염려한다.
—스노리 스툴루손 지음, 《에다 이야기》

생각이 나일까, 기억이 나일까. 생각 없이 사는 게 걱정스럽긴 해도 기억이 사라져 영영 돌아오지 않는다면 나는 누구일까. 최고신, 오딘은 늘 생각하고 기억했다. 발밑에는 '프레키'와 '게리'라는 늑대 두 마리가 앉아 있다. 각각 '탐식하는 놈' '욕심 많은 놈'이다. 오딘은 지식과 지혜를 탐식했고 욕심냈다. 그것들을 얻기 위해서 한쪽 눈을 뽑았고, 스스로 창에 꿰어 이그드라실에 아흐레 동안 매달렸으며

는 '알프헤임', 난쟁이들이 사는 '스바르트알프헤임, 불의 공간인 '무스펠헤임', 얼음과 냉기의 나라 '니플헤임'(이후에 로키의 딸 헬의 거주지가 된다), 인간이 사는 '미드가르드', 죽은 자들의 세상인 '헬헤임', 아홉 개의 세상이다. '9'는 북유럽신화에 자주 등장하는 숫자로 소멸되지 않는 완벽한 수를 상징한다.

자칫 망신당할 위험을 감수하고 크바시르의 피를 훔쳤다. 왜 이렇게까지 애썼을까.

두말할 것 없이 '라그나뢰크' 때문이다. 북유럽신화는 독특하게도 처음부터 '멸망'을 예고한다. 다른 여느 신화와 달리 인간의 세계뿐 아니라 신의 세계까지 모두 멸망할 것이다. 해피엔딩은 없다. 오딘만이 이 진실을 알고 있다. 만반의 대비를 하기 위해 세상의 모든 지식과 지혜, 정보가 필요했다.

스웨덴의 화가 힐마 아프 클린트는 칸딘스키나 몬드리안보다 앞서 추상화를 그린 서양 최초의 추상 화가였다. 보이는 세계를 추상화한 것이 아니라 보이지 않는 세계를 그렸다. 우리가 말하는 '있다' '없다'는 '보인다' '보이지 않는다'와 같은 말이 아니다. 보인다고 반드시 있는 것이 아니고, 보이지 않는다고 꼭 없는 것이 아니다. 클린트가 1923년에 완성한 〈지식의 나무〉는 북유럽신화의 세계수인 이그드라실을 연상시킨다. 이그드라실은 아홉 개의 세계로 뿌리를 뻗어 샘을 만들었고, 모든 생명에 원천이 되었다. 지식이 그리할 수 있을까. 생명의 원천이 되고 세계수가 될 수 있을까.

나무 밑동에 둘이 꼭 껴안고 있는 것처럼 생긴 하트가 들어 있다. 여기에서 솟구친 에너지가 무한대를 그리며 상층으로 뻗어 올라가 우듬지에 이르는데 모양새가 성배처럼 생겼다. 성배에서 빛줄기가 흘러넘친다. '신성한 연민'을 가

힐마 아프 클린트 〈지식의 나무 1번〉 1913년

진 지식이라면 세상을 구하는 데 보탬이 될 수 있을까.

오딘이 그토록 힘겹게 습득한 지식과 지혜는 세상의 멸
망을 막지 못했다. 라그나뢰크를 감지하고 오들오들 떨던

울루프 울룹센 바게 〈이그드라실〉 1847년, 《산문 에다》 삽화

이그드라실은 끝내 불타버린다. 나는 이그드라실에서 보지
못한 희망을 클린트가 그린 〈지식의 나무〉에서 본다. 지금
이 세상은 라그나뢰크를 앞두고 있을까, 라그나뢰크 이후
일까. 이그드라실은 불에 타버렸을까, 여전히 세계수일까.
우로보로스 같은 질문에 《에다》는 답하지 않는다. 오딘이
지혜를 구하기 위해 스스로 빼놓은 한쪽 눈이 지혜의 샘 밑
바닥에서 빛나고 있다.

겨우 그까짓 거 때문에 모든 것의 종말이 왔다

작고 약하고 사소한 것을 간과한 결과

#발드르 #황금가지 #라그나뢰크

아스가르드에서 완전무결한 존재는 오딘이 아니라 그의 둘째 아들, 발드르Baldr*였다.

그에 관해서는 오직 좋은 것만 얘기된다. 발드르는 가장 좋은 신이어서 모두 그를 칭송한다. 생김새가 어찌나 훤한지 광채가 뿜어져 나올 정도다. 식물 중에서 제일 하얀 것을 발드르의 눈썹과 비슷하다고 말하는데, 이런 점에서 그대는 발드르가 얼마나 멋있는지, 그의 머리카락뿐만 아니라 몸이 얼마나 아름다운지 짐작할 수 있을 것이다. 그는 아스 신들 중에서 가장 똑똑하고, 가장 말을 잘하며 가장 자비로운 신이다. 그래서 그가 결정하면 아무도 반박할 수 없을 지경이다.

— 스노리 스툴루손 지음, 《에다 이야기》

발드르는 축복이었다. 이런 그가 꿈을 통해 죽음을 예감하고 있다는 사실은 좋지 않은 징조였다. 아스 신들은 온갖 위험한 것들에게서 발드르를 해치지 않겠다는 약속을 받기로 결의했고, 어머니인 프리그Frigg가 불과 물, 철과 모든 종류의 금속, 돌, 땅, 나무, 질병, 짐승, 새, 독, 뱀 등에게 서약을 받았다. 서약을 널리 공포한 날, 아스 신들은 발드르를 향해 온갖 것을 쏘고 치고 던지는 행사를 열었다. 발드르는 조금도 상처 입지 않았다. 모두 제 일처럼 기뻐했다. 19세기 덴마크 화가 엑케르스베르크가 이 순간을 화폭에 담았다.

앞서의 설명과 달리 한 젊은이가 가슴에 나뭇가지가 박힌 채 쓰러져 있다. 즉사한 것으로 보인다. 발드르다. 나뭇가지를 던진 팔을 아직 거두지 못한 남자는 발드르의 형, 회드Höd다. 무슨 일이 일어났는지 모르는 얼굴이다. 그는 맹인이었다. 회드의 뒤에 서서 옷자락으로 간사한 미소를 숨기고 있는 자가 보인다. 순식간에 벌어진 비극을 보고 모든 신들이 충격에 휩싸였는데 저 혼자 희희낙락이다. 로키Loki다. 그가 회드를 이용해 발드르를 죽음으로 몰았다.

발드르의 가슴을 관통한 나뭇가지는 '겨우살이'였다. 다른 나무의 가지에 뿌리를 내려 물과 영양분을 흡수하는 기

크리스토페르 빌헬름 엑케르스베르크 〈발드르의 죽음〉 1817년

생목이다. 《에다》에서는 프리다가 겨우살이가 너무 어려
서약을 받지 않았다고 했는데 여기서 어리다는 표현은 '나
이가 적다'가 아니라 다른 나무에 비해 상대적으로 '작고
약하고 사소하다'로 이해하는 것이 맞을 것이다. 로키가 바
로 그 작고 약한 겨우살이 가지를 꺾어 앞을 보지 못하는
회드에게 건네면서 모두가 하는 것처럼 똑같이 발드르에게
던지라고 했다. 아스가르드에서 가장 완전무결한 신을 살
해한 무기는 역설적이게도 가장 작고 약하고 사소한 존재
였다. 그러나 신이 아닌 우리가, 인간이 아닌 신들의 황혼

을 슬퍼할 이유가 무엇이겠는가. 라그나뢰크 덕에 새로운 세상, 인간의 세상이 시작될 것이다.

이런 관점에서 발드르는 신들의 세상을 종식시키고 인간의 세상을 열기 위한 제물이다. 제물은 흠결 없이 귀하고 선해야 한다. 발드르는 라그나뢰크에 가장 적합한 제물이었다. 그를 살해하는 데 쓰인 겨우살이의 특성을 알고 나면 더욱 무게가 실린다.

우리말 '겨우살이'는 겨울 동안 먹고 입고 지낼 옷가지나 양식 따위를 통틀어 이른다. 식물에 동일한 이름을 붙인 것은 혹독한 겨울에도 성성하게 푸른 모습 때문일 것이다. 사시사철 푸른 나무는 많다. 그중에서도 겨우살이는 특별하다. 땅이 아닌 다른 나무의 가지에 뿌리를 내리는 것도 기이하나 저가 내린 나무가 모든 잎을 떨어뜨리고 죽은 것처럼 고요할 때 정작 그 위에 올라앉은 겨우살이는 푸르기만 하다. 거센 바람 한 번 불면 얻어맞고 금방 떨어질 것처럼 연약해 보여도 어림없다.

비결은 단단하지도, 강하지도 않은 데 있다. 부드럽고 잘 휘어지고 늘어지는 덕에 쉽게 부러지지 않고 붙어살 수 있다. 눈치도 밝아 생장속도도 눈에 띄지 않을 정도로 느리다. 이제 겨우 싹을 틔웠구나 싶을 정도면 숙주나무에 5년 이상 기생한 것으로 줄기 깊숙이 뿌리 내린 상태다. 겨우살이한테 물과 영양분을 빨리는 나무는 수명이 짧아지고 목재로서 가치가 떨어질 수밖에 없다. 이를 보다 못한 한 식물학자가 겨우살이가 기생한 줄기와 잎을 잘라 나무 전체에서 겨우살이한테 가는 양분을 차단해보았다. 결과는 어떻게 나왔을까.

> 성스러운 심장이 있는 겨우살이를 떼어내면 참나무는 바로 쓰러지고 만다. (…) 겨우살이를 손으로 꺾는 것은 그 인간의 죽음의 징표임과 동시에 그 인간을 살해하는 일이기도 했다.
> ― 제임스 조지 프레이저 지음, 《그림으로 보는 황금가지》

겨우살이를 죽이면 겨우살이가 기생하고 있는 나무도 함께 죽는다. 또한 겨우살이의 성질은 기생하고 있는 나무의 성질을 닮아 참나무의 겨우살이는 참나무 성질을, 동백나무의 겨우살이는 동백나무 성질을 갖는다. 이런 성질이 그 나무의 겨우살이에 그 나무의 생명이 들어 있는 것으로 비쳤고 겨우살이가 무사한 한 그 나무는 불사신이었다.―고대인들이 나무를 정령이 깃든 존재로 여겼다는 사실을 염두에 둘 필요가 있다―그러니 나무를, 즉 정령을 죽이려면 겨우살이부터 떼어내야 한다.

이 이야기는 로키가 발드르를 살해하기 위해 겨우살이를 떼어내는 순간 숙주 나무도 죽었다는 뜻으로 해석할 수 있다. 그 나무는 무엇이었을까? 《에다》에는 프리그의 입을 빌려 발할valhall[3] 서쪽에서 자라고 있는 어린 겨우살이 가지라고만 적혀 있고, 제임스 프레이저는 《황금가지》에서 참나무였을 것으로 추정하지만, 나는 세상을 보호해주는 세계수世界樹, '이그드라실'이 아니었을까 하고 상상한다.

로키가 발드르를 살해할 작정으로 겨우살이를 떼어내면서부터 죽어갔을 것이다. 이그드라실은 라그나뢰크 때 손에 불꽃 검을 들고 있는 거인 수르트Surt˚에게 불태워진다. 한편으로 세계수의 겨우살이가 발드르의 가슴팍에 박혔다는 이야기를 발드르가 세계수가 된 것의 비유로 상상해볼 수 있다. 비록 물질로서의 생명은 소실되었지만 더욱 신성한 존재가 된 것이다. 실제로 북유럽에서는 발드르를 태양신으로 숭배했다. 태양이 정점에 오르는 하지의 전날 밤 겨우살이를 채취하고, 하짓날 불에 태우며 발드르의 죽음과 화장을 재현하는 축제를 치렀다.

북유럽신화에서 발드르의 가슴에 박힌 겨우살이는 켈트족에게 '드루이드Druid'[4]의 지팡이가 된다. 오컬트에 관심

---

3 '죽은 자들의 집'이라는 뜻으로 아스가르드에서 가장 크고 아름다운 궁전이다. 이곳에서 매일 잔치가 벌어지는데, 산해진미와 명주가 나온다.

4 켈트의 땅(현재의 영국과 프랑스)에서 신의 의사를 전하는 존재로서 정치와 입법, 종교, 의술, 점, 시가, 마술을 행한 자들을 드루이드라고 한다.

있다면 드루이드에 대해 들어봤을 테고, 처음 들어본다 해도 마법을 걸 때 '살라가둘라 메치카불라 비비디 바비디 부' 같은 주문을 외워야 할 것 같다든가 손가락을 돌리기보다 나무젓가락이라도 들고 돌려야 주문이 잘 통할 거 같은 기분이 든다든가 정수리를 쑥 뽑아 늘린 것 같은 검정색 모자를 써야 할 거 같다면, 틀림없다. 당신은 드루이드에 대해 알고 있다. 애니메이션 〈신데렐라〉의 대모 요정이나 〈피터 팬〉에서 팅커벨이 들고 있는 지휘봉 같은 지팡이, 영화 〈반지의 제왕〉에서 간달프가 늘 쥐고 있는 커다란 지팡이, 〈백설공주〉의 왕비, 〈해리 포터〉에 나오는 마법 학교, 〈아서 왕과 원탁의 기사〉, 핼러윈 등은 모두 드루이드의 영향을 받았다. 서양의 판타지 영화나 애니메이션에서 마법사나 요정이 들고 다니는 지팡이는 참나무[5]일 것이다. 드루이드들은 참나무, 그중에서도 겨우살이가 기생하는 참나무를 성스러운 나무로 숭배했고, 참나무에 기생하는 겨우살이를 '파나케아'라 불렀는데 어원은 '만병통치'란 뜻이다. 드루이드는 겨우살이로 만든 약물을 주술과 함께 처방했다.

---

5   참나무는 어느 한 종種을 지칭하는 것이 아니라, 참나무과 참나무 속에 속하는 여러 수종을 가리키는 명칭으로 상수리나무·굴참나무·떡갈나무·신갈나무·갈참나무·졸참나무 등이 여기에 속한다. 쓰임새가 많아 유용한 나무라는 뜻이며, 이 속屬에 속하는 나무는 모두 도토리라고 불리는 견과를 생산하므로 '도토리나무'라고도 불린다.

지금의 프랑스, 벨기에, 스위스 서부, 라인강 서쪽의 독일 지방에 살던 켈트족을 궤멸해 브리튼으로 밀어낸 것은 율리우스 카이사르다. 기원전 58년에서 기원전 51년까지 갈리아에서 전투를 치러 끝내 정복했고, 켈트족은 갈리아에 살던 민족들 중 하나였다. 율리우스 카이사르는《갈리아 전기》에 드루이드에 대해 이와 같이 기록했다.

"그들의 주요 교리가 강조하는 것은, 영혼이 멸하지 않고 죽음 뒤 한 몸에서 다른 몸으로 옮겨간다는 것이다. (…) 그들은 이 가르침 때문에 남자들이 죽음의 공포를 무시할 수 있고 따라서 용맹을 발휘할 수 있다고 생각한다. 그들은 또한 천체와 그 움직임, 세계와 지구의 크기, 자연과학, 불멸의 제신들의 영향과 힘에 관한 많은 것들을 젊은이에게 전수한다."

카이사르와 로마가 이민족의 종교에 관용적이었다곤 하나 불가사의한 능력을 가진 드루이드들을 내버려두었을 리 없다. 켈트신화에서 만물의 어머니는 다누Danu다. 신화는 '다누'와 '다누의 가족'이 처음부터 그 땅에 살았던 게 아니라 세계의 북쪽 끝에 있는 섬들에서 검은 구름을 타고 왔다고 소개하는데, 카이사르를 피해 갈리아에서 건너온 드루이드들이 아니었을까. 그러나 로마가 브리튼까지 정복하고 6세기경이 되면 드루이드교는 사실상 절멸하고, 다누의 가족은 요정이 된다. 신화에서 '요정'의 실체는 이렇다 할 존재감이 없는, 힘없는 혹은 몰락한 신을 부르는 다른 말이다. 이렇게 드루이드의 존재는 사라졌지만 겨우살이의 신성함만큼은 '황금가지'라는 이름으로 로마신화에서 빛을 발한다.

카이사르의 조상은 트로이가 멸망하자 유민을 이끌고 탈출한 패장 아이네아스다. 국가의 기틀을 잡아가는 시기에 시민들에게 필요한 것은 조국에 대한 자부심과 리더에 대한 신뢰, 미래에 대한 비전이다. 아우구스투스가 이 작업을 시인 베르길리우스에게 맡겼고 《아이네이스》가 세상에 나왔다. 아이네아스는 저승으로 가서 아버지인 안키세스를 만나 민족의 운명을 알아보라는 계시를 받고는, 시빌레 Sibylle를 찾아가 살아서 저승에 갈 수 있는 방법에 대해 물었다. 그러고는 '황금가지'를 얻어야 저승으로 갈 수 있다는 답을 얻는다. 황금가지는 살아서 저승에 갔다가 돌아올 수 있는 일종의 허가증이었다. 신이 선택한 자만이 손에 쥘 수 있는 허가증 말이다. 운명은 아이네아스를 불렀다. 두 마리 비둘기가 아이네아스를 어슴푸레한 계곡으로 인도했고, 그가 한 그루 나무 아래 쉬고 있을 때였다.

나무에서 한 줄기 황금빛이 반짝거리고 있다. 추운 겨울 숲에서 본래 그 나무의 것이 아닌 겨우살이가 성성한 푸른 잎과 노란 열매를 줄기에 매달고 있다. 어두운 참나무

조지프 말로드 윌리엄 터너 〈황금가지〉 1834년

에 겨울살이의 황금빛이 무성한 모습은 마치 황금 잎이

미풍을 받고 바스락거리는 듯하다.

　— 베르길리우스 지음, 《아이네이스》

　바로 그 황금가지를 가슴에 맞고 발드르는 죽었다. 오딘
은 아스 신들에게 재앙이 닥칠 것을 직감했다. 헬에 가서
몸값을 주고 발드르를 데려오기로 하고 막내아들 헤르모드
에게 임무를 맡긴다. 죽은 자들의 지배자 헬이 제시한 조건
은 '세상의 모든 생명체와 죽어 있는 모든 것들이 발드르를
위해 울어준다면'이었다. 아스 신들은 세상에 전령들을 파
견해 발드르가 돌아올 수 있도록 울어달라고 요청했다. 모
든 인간과 다른 생명체, 지상의 돌, 나무, 금속 같은 것들이
모두 따랐다. 전령들은 임무를 마치고 돌아오는 길에 '퇴
크'라는 여자 거인을 만난다. 그에게도 울어달라고 요청하
자 퇴크가 답한다. "퇴크는 발드르가 한 줌 재로 돌아간 것
에 대해 울더라도 눈물을 흘리지 않을 것이다. 그 늙은이의
아들이 살아 있든 죽어 있든 거기서 내가 이득을 볼 건 하
나도 없다. 헬은 자신이 소유한 것을 계속 지켜야 할 것이
다."

　발드르는 헬에서 돌아오지 못했다. 이를 방해한 퇴크는
로키였다. 변신에 능한 로키가 여자 거인으로 변신해 또 발
드르를 죽인 것이다. 서리 거인 로키가 이따금 아스 신들을

프리드리히 빌헬름 하이네 〈멸망하는 신들의 전쟁〉 1882년

골탕 먹이긴 해도 친구였다. 그러나 발드르에게 저지른 짓은 도저히 용서할 수 없었다. 아스 신들이 총출동해 로키를 잡으러 갔다. 연어로 변신해 폭포로 올라가 도망치려던 로키를 토르가 붙잡아 날카로운 세 개의 바위에 묶는데 로키를 묶은 쇠사슬은 그의 아들 '나르피'의 창자다. 아스 신들의 분노는 이것으로 풀리지 않아 독사 한 마리를 로키의 위에 고정시켜 독이 얼굴에 뚝뚝 떨어지도록 했다. '라그나뢰크'가 등장하는 것은 이 다음 장이다.

얼마나 세월이 흘렀을까. 사슬에서 풀려난 로키가 서리거인족을 이끌고 바다를 건너오고 헬의 모든 일족이 뒤따른다. 죽은 자들의 지배자 헬, 아가리를 벌리면 위턱과 아

요한 하인리히 퓌슬리 〈토르와 미드가르드 뱀의 전투〉 1788년

래턱이 하늘과 땅까지 닿는 늑대 펜리르, 인간이 사는 대지를 둘러싸고 독을 내뿜는 뱀 요르문간드, 이 셋은 모두 로키가 낳은 자식들이었다. 펜리르는 오딘을 잡아먹고 오딘의 아들 비다르에게 죽는다. 요르문간드는 토르에게 죽지만 죽어가며 내뿜은 독기가 토르의 숨을 거둬간다. 세상이

온통 불타고 신이 모두 죽고 인간 종족 전체가 죽는다. 라 그나뢰크! 신들이 멸망한 것이다.

어쩌다 일이 이렇게까지 되고 말았을까. 시작에 겨우 그까짓 것, '가장 작고 약하고 사소한' 겨우살이가 있었다. 이런데도 가장 작고 약하고 사소한 것을 가리켜 아직도 '겨우 그까짓 것'이라고 하는가. 신들의 황혼이 거두어지면 선한 신 발드르가 서약의 신 티르와 함께 헬에서 돌아올 것이다.

새로운 세상이 오는 게 아니라
때가 되면 새로 태어난다

여러 개의 캐릭터가 필요하다

#아바타 #바마나

비슈누는 세상이 위기에 처할 때마다 땅에 내려와 다르마를 회복해 세계를 보존하고 유지하는 역할을 했다. 다섯 번째 아바타는 '바마나'라는 난쟁이로 비슈누가 처음으로 인간으로 육화한 것이다. 이때 우주는 악마들의 왕, 발리의 손아귀에 있었고, 최고신인 '인드라'마저 지위를 빼앗겨 온 세상이 위태로웠다. '바마나'가 발리를 찾아가 자비를 베풀어달라고 청했다. 발리가 보기에 바마나는 작고 하찮았다. 책사가 비슈누의 아바타임을 알아차리고 어떤 청을 해도 들어주지 말라고 조언했다. 그러나 아무리 내용인즉 옳아도 이런 조언은 승부욕 강한 자에게 하는 게 아니다. 최고신이자 무신인 인드라를 무찌르고 우주의 지배자가 된 자가 아닌

가. 이런 그의 눈에 바마나가 설령 비슈누의 아바타라 해도 보아하니 영 적수조차 될 성 싶지 않았다. 발리가 호탕하게 웃으며 말해보라 했다. 바마나가 청한 자비는 이러했다.

"세 걸음만큼의 공간을 저에게 주십시오."

이 우주에 고작 난쟁이의 세 걸음이라니 지나치게 약소했다. 발리가 자비를 베풀겠노라며 승낙했다. 그 순간 바마나의 몸이 커다랗게 부풀어 오르더니 첫걸음을 내디뎌 하늘에서 땅까지 덮었고, 두 번째 걸음을 내디뎌 땅에서 지하까지 덮었다. 마지막 한 걸음이 남았다. 곧장 한 걸음을 내디뎌 발리의 머리를 밟아 숨통을 끊었다. 가장 작고 약하고 사소한 것을 '겨우 그까짓 것'이라고 얕잡아본 결과다.

인도신화에서 '아바타'는 그리스 신화의 '변신'이나 불교의 '윤회', 그리스도교의 '성육신'과 다르고 그 전부를 합친 듯도 하다. 그리스 신들처럼 자유자재로 변신해 갑자기 땅에 나타나거나 하는 대신 이 땅에 사는 이의 체體을 빌려 태어나고 온전히 맞추어 살다 결정적인 순간에 비슈누의 전능함을 드러내 세상을 구원한다. 비슈누는 꼭 사람의 형상으로만 아바타하지 않았다. 첫 번째부터 열 번째 아바타까지의 이름과 외양을 순서대로 나열하면 '마츠야(물고기) – 쿠르마(거북이) – 바라하(멧돼지) – 나라심하(반인반수) – 바마나(난쟁이) – 파라슈라마(도끼를 든 라마) – 라마(서사시 〈라마야나〉의 주인공) - 크리슈나(서사시 〈마하바라타〉의 주인공) - 깨달은 인간 붓다 - 미래의 구세주 칼키'다. 저마다 다른 형상과 이름, 힘을 가졌으나 결국은 하나, 비슈누다. 그냥 비슈누로 활동하면 될 것을 무엇하러 굳이 아바타했을까. 또 하나, 전능한 힘으로 세상을 바꾸면 간단할 것을 왜 자기를 바꿨을까. 그것도 마법을 부려 변신하는 게 아니라 정말로 처음부터 새로 태어나고 성장하는 등의 번거로운 방식으로 말이다.

세상을 바꾸기 위해서는 파괴와 창조가 필요하다. 인도 신화에서 그것은 브라흐마와 시바의 몫이다. 비슈누는 파괴의 신도, 창조의 신도 아닌 유지의 신이다. 그에게는 그의 다르마가 있다. 파괴나 창조는 그의 몫이 아니다. 그래서일까. 비슈누의 아바타 열 개를 나란히 열거해놓고 보면, 인간과 세상을 바로잡고 구원하는 데 성공하는 각각의 스토리를 가진 동시에 물고기로 시작해 깨달은 인간에 이어 마침내 구세주로 등극하는 흐름이다. 한 사람이 태어나 차근차근 단계를 밟아 스스로 깨달은 자가 되고 사람과 세상을 구하는 모습 같다. 그는 하나이나 환경이나 상황, 대상에 맞추어 외양과 이름, 힘을 바꾸었다. 그러면서도 '비슈누', 본래의 정체성을 잃지 않았다. 때가 되면 새로운 시대가 오는 게 아니라 때가 되면 새로 태어난다.

그러나 이것은 21세기 현대인이 처한 가장 큰 괴로움이

기도 하다. 보이지 않는 세력이 새로 태어나라고 자꾸 등을 떠밀고 있어서 이제는 낭떠러지에서 간신히 발끝을 세워 버티는 기분이다. 내가 무엇으로 태어났는지 아직도 모르겠는데 무엇으로 새로 태어나라는지 도통 알 수가 없다.

비슈누의 아바타에 대해 생각하자니 20세기 초 미국 뉴욕에서 활동한 화가 존 슬론의 그림 〈분장하는 광대〉가 떠올랐다. 힐마 아프 클린트가 '보이지 않는 세계'를 그렸다면, 존 슬론은 '보지 않는 세계'를 그렸다. 그는 뉴욕이라는 화려한 대도시에 사는 이민자나 노동자의 삶을 캔버스에 눅진하게 옮겼다.

늙은 광대가 거울 앞에 앉아 있다. 우주복처럼 헐렁한 옷을 입고 얼굴에 허옇게 분칠을 하는 걸로 미루어 곧 막이 오를 연극에서 맡은 역할이 '피에로'다. 우리가 광대라고 통칭하는 캐릭터에는 피에로 말고도 '할리퀸' '스카라무슈' '메제티노'가 있다. 몸에 딱 붙는 다이아몬드 체크 무늬 옷을 입고 있다면 춤추고 노래하며 갖가지 진기한 곡예를 선보일 할리퀸, 까만 의상을 입고 있다면 비굴한 허풍을 떨고 다닐 스카라무슈, 붉은색이나 줄무늬 옷을 입고 있다면 기타 연주로 사람의 혼을 쏙 빼서 남녀의 욕망에 불을 붙일 메제티노다.

16세기 이탈리아에서 시작했고 18세기 프랑스에서도 상연된 '코메디아 델라르테commedia dell'arte'는 대본 없이 배

우들의 즉흥연기로 이루어졌고 캐릭터가 고정되어 있었다. 관객은 배우의 의상이나 분장을 보고 극에서 대략 어떤 일을 펼칠지 알아차렸다. 의상이나 분장이 곧 캐릭터였다.

'분장을 한다'거나 '가면을 쓴다'고 하면 본모습을 감춘다는 뜻으로 여긴다. 고대 그리스나 로마의 연극에서는 반대였다. 고대 그리스에서는 가면을 '프로소폰'이라고, 로마에서는 '페르소나레'라고 칭했는데 둘 다 '말하는 것을 통하여'라는 어원을 가졌다. 가면을 쓰면 당연히 누구인지 알 수 없고 목소리만 들린다. 그는 가면을 벗고서는 차마 하기 힘든 말, 가장 진솔한 말을 들려준다. 즉, 가면을 쓰고 하는 말이야말로 가면을 쓴 자의 정체성일 수 있다. 실제로 정체성을 뜻하는 영어 '퍼스낼리티personality'와 사람을 뜻하는 단어 '퍼슨person'은 가면을 뜻하는 '페르소나레personare'에서 유래했다. '정체성'을 겹겹이 쓴 가면을 다 벗기고 남은 알맹이처럼 생각하지만 사실은 겹겹이 쓰고 있는 가면이 모두 '나'이다. 내가 가면을 택하고 그에 맞추어 새로 태어난다.

늙은 광대가 무대에 오르기 위해서 거울 앞에 앉아 분장을 한다. 지금까지의 나를 지우고 새로운 나로 태어나는 시간이다. 곧 아무런 소리도 내지 않고 익살스러운 표정과 연기로 관객을 웃기는 순정의 피에로가 될 것이다. 피에로의

온 프랜치 슬론 〈분장하고 있는 광대〉 1910년

존 프랜치 슬론 〈분장하고 있는 광대〉 1910년

무대를 마치면 거울 앞에 다시 앉아 피에로를 지우고 평상
의 나로 태어날 것이다. 극장 문을 열고 거리로 나서니 대
도시 퇴근길에 나와 같은 너들이 파도처럼 출렁인다. 오늘
의 무대에서 나는 그저 피에로 흉내를 낸 게 아니라 진짜

존 프렌치 슬론 〈저녁 6시〉 1912년

피에로였다. 이런 날은 평상의 나로 돌아가는 마음이 제법
흡족하고도 홀가분하다.

속임수를 써서 승리하라

이승과 저승의 진실

#대별왕과_소별왕 #오시리스 #세트 #정의의_저울

우리 신화에 어떻게 천지가 개벽했고 인간이 존재하게 되었는지 들려주는 〈창세가〉가 있다. 창세신은 미륵彌勒*이다. 미륵이 다스리는 세월에 인간 세상은 태평했다. 그런데 '석가釋迦'가 내려와 미륵이 만든 세월을 빼앗으려 했다. 다른 여느 신화 같으면 몸을 상하게 하는 투쟁이 벌어지기 마련인데 미륵은 석가에게 병에 줄을 매달아 동해에 던지는 내기를 제안한다.

"내 병의 줄이 끊어지면 네 세월이 되고
네 병의 줄이 끊어지면 네 세월이 아직 아니다."

미륵이 금병에 금줄 달고, 석가가 은병에 은줄 달고 동해에 던졌다. 석가의 줄이 끊어졌다. 석가는 승복하지 않고 한 번 더 하자며 배를 내민다. 그가 제안한 내기는 여름에 성천강을 얼어붙게 하는 거였다. 이번에도 석가가 졌다. 두 번 다 졌는데도 물러나지 않았다.

"또 한 번 더 하자.
너와 내가 한방에 누워
모란꽃이 모랑모랑 피어서
내 무릎에 올라오면 내 세월이오,
네 무릎에 올라오면 네 세월이라."

미륵은 석가가 하자는 대로 따른다. 미륵이 잠들자 무릎에 모란꽃이 피어올랐다. 석가는 잠든 척하고 있다가 미륵의 무릎에 핀 꽃을 꺾어다 제 무릎에 꽂았다. 미륵이 잠에서 깬 후에 정황을 파악하고 이리 저주한다.

"축축하고 더러운 이 석가야.
내 무릎에 꽃이 핀 것을
네 무릎에 꽂았으니,
꽃이 피어 열흘이 못 가고,
심어서 10년이 못 가리라."

곧 미륵이 석가에게 강력한 벌을 내리고 쫓아내는 절정으로 치달을 것 같다. 이런 기대가 무색하게 미륵은 석가에게 자신의 세월을 주고 물러난다. 비슷한 이야기가 제주 무가 〈천지왕 본풀이〉에 등장한다.

하늘의 최고신 천지왕이 땅의 총맹부인과 배필을 맺어 두 아들을 낳았는데 '대별왕과 소별왕'˙이라고 한다. 해가 동쪽으로 뜨고 달은 서쪽으로 지는 법을 함께 마련했고 이제 이승법, 저승법을 세우려 하는데 둘 다 죽은 자들의 세상보다 산 자들의 세상을 더 좋아했다. 소별왕이 수수께끼를 내어 이기는 자가 이승을 차지하자고 한다. 대별왕이 수수께끼를 낸다.

대별왕   어떤 나무는 밤낮 평생 이파리가 안 지고, 어떤 나
      무는 이파리가 지느냐?
소별왕   속이 여문 나무는 밤낮 평생 이파리가 안 지고 속
      이 빈 나무는 밤낮 평생 이파리가 집니다.
대별왕   모르면 말을 마라. 푸른 대나무는 마디마디 속이
      비어도 푸른 잎이 아니 진다.

대별왕이 또 다른 수수께끼를 낸다.

대별왕   어떤 일로 동산의 풀이 못 자라고, 구덩이의 풀은

잘 자라느냐?

소별왕   이삼사월 봄비가 오더니 동산의 흙이 구덩이로 가
        서 동산의 풀이 못 자라고, 구덩이의 풀은 잘 자랍
        니다.

대별왕   모르면 말을 마라. 어떤 일로 인간의 머리는 길고
        발등의 털은 짧으냐?

나무를 물어놓고 왜 풀을—대나무는 이름이 나무일 뿐
풀이다—답이라고 하고, 풀을 물어놓고 왜 사람을 답이랍
시고 하냐라며 다툼 벌일 소지가 다분한 수수께끼다. 그러
나 다른 무엇도 아닌 산 자들의 세상을 놓고 하는 내기다.
나무를 묻는다고 정말 나무만 떠올리고, 풀을 묻는다고 풀
만 생각하는 소견으로는 이승법을 세우기에 역부족이다.
  소별왕이 지혜롭지 못하다고 판명났는데 굴복하지 않고
'꽃 피우기' 내기를 하자고 한다. 둘이 꽃씨를 받아다 심으
니 대별왕이 심은 꽃은 무성한 번성꽃이 되고, 소별왕이 심
은 꽃은 시들어가는 꽃이 되었다. 여기서 꽃은 생명을 상징
한다. 살아 있는 생명 하나 보살피지 못하는 심성으로 이승
법을 세운다면 산 자들에게 괴로움을 줄 뿐이다. 이처럼 연
패했는데도 소별왕은 물러서지 않는다.
  "이보십시오. 형님. 잠을 오래 자는 경쟁을 해보는 것이
어떠하오리까?"

다시 내기가 시작되었고 대별왕이 잠에 들었다. 소별왕은 잠자는 척만 했다. 석가가 미륵에게 한 것처럼 대별왕의 번성꽃을 제 앞에 놓았다. 대별왕이 깼을 때 시들어가는 꽃이 앞에 있었다. 속았다는 사실을 알았지만 이승을 내주고 저승으로 물러난다. 대별왕이 마지막으로 한 말은 이러했다.

"소별왕아, 이승법을 차지하고 들어서라마는
인간 세상에는 살인 역적이 많을 것이다.
남의 것을 훔치는 도둑이 많을 것이다.
(…)
나는 저승법을 마련하마.
저승법은 맑고 청량한 법이다."

소별왕이 이승을 차지하고 이승법을 세울 수 있었던 비결은 '속임수'였다. 우리는 소별왕이 세운 이승법에 따라 살고 대별왕이 세운 저승법에 따라 죽음을 맞는다.

속임수를 써서 이승을 차지한 신의 이야기는 이집트신화에도 나온다. 이집트에서는 하늘의 신이 여신으로 이름이 '누트'이고 대지의 신이 남신으로 '게브'다. 이들이 결합해 오시리스Osiris˚, 이시스Isis˚, 세트Set˚, 네프티스를 낳았다. 게브는 장남인 오시리스에게 권력을 물려주어 상·하 이집트를 다스리게 했다. 오시리스는 여동생 이시스와 부부가 되어 테베[6]의 궁전에서 살았는데, 어느 날 세트가 옷감 한 필을 선물했다. 오시리스가 맘에 꼭 들어하자 세트가 옷으로 지어 올리겠다며 오시리스의 신체 치수를 재고는 재단사에게 맡기러 길을 떠난다. 그리고 며칠 뒤 돌아와 약속한 옷을 바치고는 자신의 집으로 초대했다. 이시스가 불길한 예감에 만류하지만 언제나 그렇듯 선한 주인공은 지나치리만치 의심이 없다. 연회에서 세트는 여행길에 진기한 상자 하나를 얻었다며 시종에게 들여오도록 한다. 흑단나무로 만들고 보석으로 장식한 상자는 모두 감탄할 만큼 아름다웠다. 세트가 제안한다.

"이 상자에 꼭 맞는 몸을 가진 분께 상자를 드리겠습니다."

연회에 초대받아 모인 하객들은 상자가 욕심이 나 앞다퉈 상자에 들어갔다. 맞는 자가 아무도 없었다. 그들이 저마다 오시리스에게도 들어가보라고 권했다. 오시리스가 들어가 누우니 세트가 지어 바친 옷처럼 몸에 맞춘 듯 꼭 맞았다. 그 순간 세트가 상자의 뚜껑을 덮어버리고는 못을 박고 밀랍을 칠해 완전히 밀폐해버렸다. 그러고는 그대로 나일에 던졌다. 세트가 궁전을 장악하고 왕위에 오름은 물

---

6   그리스의 고대 도시 테베와는 다른 곳으로 이집트 룩소스 주변 지역이다.

론이다.

이시스는 시신이 없어 제대로 장례를 치르지도 못한 남편의 영혼이 애달팠다. 왕궁에서 빠져나와 오시리스의 시신을 찾으러 다녔지만 시신을 담은 상자는 이미 나일을 타고 비블로스[7]까지 흘러가 그곳 왕궁의 대들보가 되어 있었다. 뚜껑을 열어보니 오시리스는 이시스가 본 마지막 모습 그대로였다. 그러나 추적해온 세트의 무리들이 오시리스의 시신을 강탈해 열네 개로 토막 내어 이집트 각지에 뿌렸는데 부활을 막기 위해서였다. 이시스는 수년에 걸쳐 기어코 오시리스의 시신을 모았지만 열세 조각이었다. 나머지 한 조각은 음경으로 물고기가 먹어버린 뒤였다. 델타로 귀환해서 시신을 모래 위에 나란히 놓자 태양신 라가 아누비스를 내려보내 오시리스의 시신을 하나로 접합시키고 약을 주입해 미라를 만들었다. —이집트에서 미라를 만들기 시작한 것은 이때부터라고 한다—마침내 오시리스가 부활했다. 이제부터 본격적으로 피의 복수전이 펼쳐질 차례다. 그런데 오시리스는 할리우드식 전개를 뿌리치고 스스로 이승을 떠나 저승으로 들어가 죽은 자들을 심판한다.

지혜롭고 선한 대별왕이나 오시리스가 도전자를 무력으

---

7   오늘날 레바논의 주바일이다.

로 제압하고 이승을 지키는 대신 스스로 저승의 왕으로 물러나는 이야기가 신화가 되었다는 사실은 그때나 지금이나 뼈아픈 진실을 방증한다. 이승은 저승만큼 공정하지 않다. 선한 신들이 떠나서 공정하지 않을 수도 있고, 혹은 도저히 공정할 수 없어서 선한 신들이 떠난 걸지도 모른다. 세상은 근본적으로 불완전하다. 그래서 모든 사람이 반드시 지켜야 하는 율律이 필요하다. 율은 무엇에 근거해야 하는가.

이집트신화에서는 사람이 죽으면 누구나 오시리스의 법정에 선다. 자칼의 형상을 한 아누비스Anubys가 '라의 천칭'이라는 수평저울에 죽은 자의 심장과 타조의 깃털을 올

《사자의 서》에서 오시리스의 심판

려놓는다. 이집트신화에서 심장은 사람으로서 마땅히 지켜야 할 '양심'을 상징한다. 타조의 깃털은 최고신 '라'의 딸로 정의와 진리를 수호하는 법의 신, '마아트'의 것이다. 수평을 이루면 죽은 자의 영혼이 라의 배에 올라 천국으로 향해 행복하게 머물다 부활할 것이다. 수평을 이루지 못하고 올라가거나 내려가면 앞발은 악어, 몸체는 사자, 뒷몸은 하마인 괴물 '암무트'가 심장을 먹어치우고 영혼이 끝이 보이지 않는 동굴 속으로 떨어진다.

수평저울은 그리스도교에서 최후의 심판 때도 등장한다. '정의의 저울'이라 한다. 대천사 미카엘이 수평저울 양쪽에 각각 한 사람씩 올려놓고 무게를 잰다. '라의 천칭'과 달리 수평 아래로 기우는 자가 천국에, 위로 떠오르는 자가 지옥에 간다. '악은 실체가 없고 다만 선이 결여된 상태'라는 사상을 반영한 것이다. 서양에는 이와 관련한 미술 작품들이 상당수인데 15세기 플랑드르 화가 한스 멤링이 제단화로 그린 〈최후의 심판〉이 대표적이다.

미카엘이 들고 있는 수평저울 오른쪽에 앉아 두 손을 모은 자는 천국에 오를 것이고, 나자빠진 채 왼쪽 저울에 있는 자는 지옥으로 떨어질 것이다. 15세기 플랑드르는 황금시대였고 브뤼헤는 유럽에서 번성한 상업 도시 중 하나였다. 부유층 사람들이 앞다퉈 한스 멤링에게 작품을 의뢰했고 그중엔 유럽 최대 은행인 메디치 은행의 브뤼헤 지점장

한스 멤링, 세 폭 제단화 〈최후의 심판〉(부분) 1467~1471년

인 '토마소 포르티나리'가 있었다. 멤링이 그린 〈최후의 심판〉에서 수평저울 오른쪽에 앉아 기도하는 이가 바로 그다. 과연 율의 기준인 양심과 정의에 따라 살아 천국에 갈만한 자였을까.

포르티나리는 '정치인에게 되도록 융자해주지 마라'라는 메디치가의 불문율을 깨고 브뤼헤의 군주인 샤를 공작에게 막대한 금액을 융자해주었다. 샤를 공작은 그 돈으로 십자

군 전쟁에 병사들을 실어 나를 갤리선 두 척을 건조했는데 출정이 무산되면서 쓸모없어지자 포르티나리에게 갤리선을 강매했다. 이를 떠안은 브뤼헤 지점은 설상가상 금 시세까지 오르면서 이자를 감당하지 못해 폐쇄되는 지경에 이른다. 이런 상황에서도 따로 개인회사를 차려 이권을 챙겼다는 걸 보면 어지간히 탐욕스러운 자였다. 포르티나리가 차곡차곡 저지른 악성 부채는 메디치 은행이 몰락하는 데 결정적인 역할을 했다. 꼼꼼히 관리 감독하지 않은 로렌초 메디치의 잘못도 없다 할 순 없겠다.

1494년, 로렌초 메디치가 죽고 2년 뒤 피렌체 본점까지 문을 닫으면서 60여 년에 걸친 메디치가의 르네상스가 막을 내린다. 멤링은 포르티나리의 허영과 탐욕을 몰랐을까, 어찌해도 소중한 고객님이었을까. 아니면 포르티나리보다 선이 결여된 자가 많다고 생각했을까. 그런데 율의 토대여야 할 양심과 정의가 이렇게 상대적이라도 괜찮을까.

정확히 무게를 재려면 수평저울의 영점을 정확히 맞춰야 한다. 그런데 영점만 정확히 맞추면 뭐하나. 프랑스 파리 노트르담 대성당의 정문 팀파눔에서 악마들은 정의의 거울에 붙어서 노골적으로 위에서 누르고, 밑에서 들어 올려 저울에 오른 자가 끝내 지옥행을 심판받게 한다. 미카엘이 옆에서 벌어지는 난장을 모를 리 없는데 정의의 저울을 든 채 단호하게 앞만 본다. 이는 죄가 개인의 단독 행위뿐 아니라

여럿의 공모로 저질러질 수 있다는 것, 악마의 유혹이나 속임수에 당하는 것도 죄라고 이른다.

삶이 우리를 속일지라도
불운이란 지성과 열정, 모험의 기원이다

#프로메테우스 #시시포스 #오디세우스 #판도라

'트로이 목마'는 컴퓨터를 감염시키는 악성코드다. 바이러스나 악성 프로그램인 웜처럼 다른 프로그램이나 PC를 통해 감염되는 게 아니라 웹페이지나 이메일, 다운로드 사이트 등에서 사용자에게 유용한 프로그램으로 위장해 설치를 유도한다. 덜컥 열었다가는 컴퓨터가 트로이처럼 결딴날 수 있다. 거대한 목마는 오디세우스Odysseus°가 낸 꾀였다. 10년이나 붙어 싸웠는데 트로이에 승리할 가망이 없어보였다. 아킬레우스는 전사한 지 이미 오래였다. 그리스 연합군은 며칠 동안 정성 들여 제작한 목마를 선물처럼 놓아두고 퇴각했다. 트로이 사람들이 목마를 승리의 상징으로 여겨 기뻐하며 성안에 들였고 그날 밤 목마 안에 있던 그리스 군사들이 밖으로 나와 트로이 성문을 열어젖혔다. 퇴각하는 척하면서 매복해 있던 그리스 연합군이 트로이 성안으로 쏟아져 들어와 트로이 사람들을 대학살했고 트로이는 한순간에 멸망했다.

영예를 목숨보다 중시한 아킬레우스가 살아 있었다면 오디세우스의 계략에 동의하지 않았을 것이다. '속임수'이기 때문이다. 그러나 아킬레우스처럼 타협할 줄 모르는 영웅들은 전투에서 이겨도 전쟁에서 승리하기 힘들다. 결정적한 수는 늘 계략에 있다.

신화에 종종 등장하는 '족보'는 어려운 이름들의 나열이라 읽기에 지루하지만 주인공의 캐릭터를 어떤 말보다 정확하게 알려준다. 그리스신화를 통틀어 최고의 지략가로 꼽히는 오디세우스가 어떤 자인가. 족보를 훑는다. 오디세우스는 시시포스Sisyphus°의 아들이다. 시시포스는 아이올로스의 아들이고, 아이올로스는 헬렌의 아들이며 헬렌은 데우칼리온Deucalion°의 아들이고, 데우칼리온은 프로메테우스의 아들이다. 족보가 심상치 않다. 이미 프로메테우스 때부터 속임수가 등장한다.

프로메테우스는 티타노마키아 때 동족 대신 제우스 편에 섰고, 전쟁이 끝난 뒤에는 진흙을 빚어 인간을 창조했다. 또한 헤시오도스에 따르면 '제우스 몰래 꺼질 줄 모르

하인리히 프리드리히 퓌거
〈인류에게 불을 가져다 주고 있는 프로메테우스〉 1817년

고 타며 멀리 빛을 비추는 불'을 훔쳐다 인간 세상에 선물
했다. 인류 문명은 불을 사용하면서 거인의 한걸음처럼 도
약한다. 섭취할 수 있는 식량의 종류가 늘어났기 때문이다.
식량이 넉넉해지면 인구가 증가한다. 그런데 헤시오도스는
불을 설명하면서 '열'의 측면이 아니라 '빛'의 측면을 강조
했다. 그러고는 인간들 옆에서 활활 타오르는 것을 보자 제

우스의 분노가 극에 달했다고 설명한다. 인간들이 날것을 익혀 먹고 추위를 누그러뜨리는 데 불을 쓰는 것 가지고 그렇게까지 분노했을 리 없다. 제우스가 본 것은 인간이 신으로부터 놓여나고자 하는 혁명의 전조였을 것이다. 혁명을 꿈꾸려면 '꺼질 줄 모르고 타며 멀리 빛을 비추는' 프로메테우스의 불, 지성이 필요하다. 하지만 지성에는 긍정적인 측면만 있지 않다. 인류는 이전보다 안전하고 자유롭고 풍요로워졌으나 타락하기 시작했고 무기까지 쓸 수 있게 되면서 서로를 죽고 죽이는 싸움을 벌였다. 보다 못한 제우스가 대홍수를 일으켜 인류를 멸망시키려고 작심하고, 이를 눈치챈 프로메테우스가 데우칼리온에게 방주를 만들어 대비하라고 일러준다. 유일하게 살아남은 인간 데우칼리온과 피라에게서 태어난 맏아들 헬렌은 고대 그리스인, 헬라스의 조상이 된다. 피라의 족보도 흥미롭다.

피라는 에피메테우스Epimetheus*와 판도라의 딸이다. 에피메테우스는 프로메테우스의 아우로 프로메테우스는 '먼저 생각하는 자(선각자)', 에피메테우스는 '나중에 생각하는 자'라는 뜻이다. 판도라는 제우스가 대장간의 신 헤파이스토스에게 명해 창조한 인류 최초의 여성이다. 올림포스의 모든 신이 저마다 최고의 것을 선물해서 '판(Pan, 모든), 도라(dora, 선물)'라는 이름이 지어졌다. '모든 선물'이라는 이름은 속임수였다. 실체는 제우스가 프로메테우스의 불을 사용하는 인간에게 내리는 벌이었다. 제우스는 '모든 선물'의 손에 모든 고통과 불행이 담긴 상자를 들려줬다. 먼저 생각하는 자 프로메테우스는 제우스가 보냈다는 이유만 가지고도 상자를 열지 않았지만, 나중에 생각하는 자 에피메테우스가 덜컥 상자를 열었고 온갖 종류의 고통과 불행이 쏟아져 나왔다. 또 다른 신화에서는 판도라가 열었다고도 한다. 결말은 같다. 황급히 상자를 닫아서 제일 바닥에 있던 희망만큼은 보존할 수 있었다.

'판도라의 상자'에 얽힌 신화는 한 편의 근사한 에토스 ethos다. 고통과 불행의 기원에 대해서가 아니라 웬만해서는 쉽게 희망을 버리지 않는 인간의 의지에 대해 말하는 것 같다. 희망마저 버리면 상자 밖으로 쏟아져 나온 고통과 불행을 도저히 견딜 수 없으리라는 진실을 우리는 선험적으로 안다.

피라는 이처럼 '모든 선물'과 '나중에 생각하는 자'에게서 태어나 프로메테우스의 아들인 데우칼리온과 결혼해 헬렌을 낳았고, 시시포스는 헬렌의 손자로 코린토스의 왕이었다.

산꼭대기까지 무거운 돌을 실어 나르는 노동은 고대에 흔했다. 오랜 도시마다 산꼭대기에 지은 성이나 성벽, 신전 등이 얼마나 많은가. 그러나 시시포스가 두 손과 두 발로 버티며 산꼭대기까지 올린 바위는 아무것도 되지 못한 채

프란츠 폰 슈투크 〈시시포스〉 1920년

번번이 도로 굴러 떨어졌다. 그러면 내려가 다시 바위를 산 꼭대기에 올려야 했다. 쓸모없는 노동! 이것이 시시포스가 받은 형벌의 실체였다. 그는 제우스의 비밀을 누설해서 이 득을 취했고, 하데스를 속여 생명을 연장했다. 천계의 최고 신과 하계의 최고신을 두루 열 받게 한 인간은 시시포스밖 에 없다. 하지만 그에게는 합당한 이유가 있었다.

시시포스가 다스리는 코린토스에는 물이 귀했다. 실종된 딸을 찾아 헤매는 아소포스에게 사실을 알려주는 대가로 물을 공급받기로 한다. 아소포스의 딸 아이나는 제우스에게 납치당한 것이다. 신의 비밀을 누설한 대가가 얼마나 끔찍할지 몰랐을 리 없다. 그런데도 기꺼이 물의 혜택을 택했다. 신의 벌이 두려웠지만 생을 향한 열정이 더 컸다. 오디세우스는 그런 시시포스의 아들이었다.

고대 그리스인이 오디세우스에게 부여한 족보는 지성을 대하는 인간의 양가성을 보여준다. 지성은 기존의 권위나 질서, 절대적인 가치에서 놓여날 때 문명을 도약시킨다. 동시에 몰락하는 원인이 되기도 한다. 제우스는 크라토스를 시켜 프로메테우스를 코카서스산에 쇠사슬로 묶어두고 매일 아침 독수리를 보내 간을 쪼아 먹게 했는데 크라토스는 힘, 지배, 통치를 의인화한 신이다. 또 시시포스에게는 전쟁의 신 아레스Ares를 보내 타르타로스로 끌고 가게 해서는 쓸모없고 희망 없는 노동을 무한히 반복하게 했다. 오디세우스는 부계뿐 아니라 모계도 기가 막히다. '오디세우스'는 외조부 아우톨리코스가 손주를 무릎에 올려놓고 지어준 이름으로 '노여워하는 자'라는 뜻이다.

왜 하필 '노여워하는 자'였을까. 아우톨리코스는 도둑질과 사기술의 명수였다. 그러니 오디세우스는 반어법으로 해석할 수도 있다. '노여워하는 자'가 아니라 '노여움을 받는 자'라고 말이다. 실제로 오디세우스는 신들의 미움을 받아 트로이 전쟁이 끝난 뒤에도 10년이나 고향으로 돌아가지 못한 채 망망대해를 떠돈다. 지혜의 신, '아테나'만이 그와 그의 가정을 보호해주었다. 아우톨리우스는 헤르메스의 아들이기도 했다. 헤르메스는 태어나 얼마 되지 않아 아폴론의 소를 훔쳤는데 뒤를 밝히지 않으려고 소의 꼬리를 끌고 뒷걸음질 치게 했을 정도로 영악했다. 헤르메스는 전령의 신이자 상인과 도둑의 수호신이었다. 아우톨리우스는 딸 '안티클레이아'를 시시포스와 동침시킨 뒤에 아티카의 왕 '라에르테스'에게 시집보냈다. 이처럼 오디세우스의 족보에는 그리스신화에서 유명한 속임수를 쓴 이름들이 총출동한다. 마치 '지략'이라는 것의 실체를 보여주는 것 같다. 우리 편에 유리하면 지혜이고 지략이지만 우리 편에 불리하면 속임수, 사기, 도둑질, 음모, 계략이다. 이 대단원에 오디세우스가 있다.

오디세우스는 분명 트로이를 파멸시킨 승리자였다. 하지만 호메로스의 《오디세이아》는 그의 파멸로 포문을 연다. 고향으로 돌아가기 위해 배에 타면서부터 시작된 포세이돈의 미움이 얼마나 극심했던지 '트로이에서 죽은 그리스 백성들이야말로 세 배 네 배나 더 행복하다'고 토로할 정도였다. 그러나 오디세우스는 신의 미움을 받아 생긴 '불운'이라는 환경조건에 놓이면서 지략가에서 비로소 진정한 영웅으로 성장한다.

우리는 사는 동안 온갖 불운에 노출된다. 고대인은 불운을 '신에게 미움을 받아서'라고 했고, 러시아 시인 알렉산드르 푸시킨은 '삶이 우리를 속일지라도'라고 했다. 그러나 삶 자체가 비슈누가 아난타를 타고 자는 동안 꾸는 꿈처럼 거대한 속임수고, 희망이 사막의 신기루처럼 다가가면 도로 사라지는 속임수다. 삶이 그렇다면 죽음 또한 속임수가 아니겠는가. 희망이 그렇다면 절망 또한 속임수가 아니겠는가. 그저 나는 '지성을 깨우친' 프로메테우스에서 시작해 '생의 열정'을 택한 시시포스를 거쳐 '스스로' 모험과 도전을 무릅쓰는 오디세우스로 한 생을 마칠 수 있다면 떠날 적에 참으로 홀가분하겠다고 짐작할 뿐이다.

죽지 않기보다 늙지 않기를 원한다
오래 살고 싶지 않다는 말에 담긴 고민

#티토노스 #딜문

매일 새벽 우리를 장밋빛으로 물들이며 축복의 꽃길을 깔아주는 에오스지만 네 발 가진 소[牛]가 아슬아슬하게 외나무다리[一]를 건너가는 생生의 진리에서 자유롭지 못했다. '끊임없이 남자 사람을 사랑하지 않고는 견딜 수 없는' 형벌을 받고 있었다. 미움, 배반, 증오, 복수, 파멸 따위가 아니라 '사랑'이 형벌이라니 기발하고 낭만적이다.

형벌을 내린 이는 '아프로디테', 아름다움과 사랑의 신으로 불리나 진면목은 애욕에 있다. 애인 아레스가 에오스와 눈 맞은 사실을 알고 이런 형벌을 내렸다. 끊임없이 사랑하지 않고는 견딜 수 없는 에오스와 배가 산처럼 크고 목구멍이 바늘처럼 좁아 늘 배고픔에 시달리는 '아귀餓鬼.'[8] 어느 쪽의 고통이 더 극심할까. 아프로디테는 그것만으로 성에 차지 않았는지 영원히 늙지 않고 죽지 않는 신에게나 통할 무시무시한 옵션을 추가했다. 바로 '남자 사람'이다.

끊임없이 남자 사람을 사랑하지 않고는 견딜 수 없게 되어버린 에오스는 아레스의 품을 떠나 남자 사람을 두루 탐하고 사랑한다. 그중 한 명이 트로이 왕자 '티토노스'로, 트로이의 또 다른 왕자 헥토르와 파리스에게는 백부가 되겠다. 여신의 눈에 쏙 들 만큼 미모와 용맹이 빼어난들 세월 앞에 속절없다. 인간이 사랑을 두고 하는 맹세라고 해봐야 '죽음이 우리를 갈라놓을 때까지'가 최대치 시한이다. 인간에게 필멸은 숙명이다. 에오스는 가는 세월이 티끌만큼도 아쉽지 않은 불멸의 존재다. 신화는 필멸의 존재가 감히 불멸의 존재에게 도전하지 말라고 거듭 충고한다. 아폴론과 마르시아스, 아테나와 아라크네의 시합이 보여주듯 정당하게 승리해도 패배는 정해진 이치요, 무참한 형벌은 덤이다. 그래도 감히 추측해본다. 필멸이 모든 것에 패배할지라도 사랑에서만큼은 승리하지 않을까 하고. 떠난 이는 흔적 없고 홀로 남아 더 이상 볼 수 없고 만질 수 없고 품을 수 없

---

8   인도신화에서 죽음의 세계에 사는 백성들을 뜻하고, 불교에서는 탐욕을 부려 죽은 뒤 육도六道에 떨어져 목마름과 굶주림에 시달리는 귀신을 말한다.

는데 계속 사랑해야 하는 고통은 애간장을 저민다. 제우스에게 달려가 티토노스를 영원히 살게 해달라고 간청한 건 그를 위해서가 아니라 에오스 자신을 위해서였으리라. 신과 인간의 경계에 엄격한 제우스가 그녀의 청을 들어준 것은 너그러운 축복이었을까, 아니면 얄궂은 저주였을까. 간청한 그대로 티토노스를 영원히 살게만 했다. 인간의 시간을 살며 하루하루 꾸준히 늙어갔다. 하도 늙어 목소리만 남았다는 설은 비유일 테지만 일리 있다. 노인이 걸어가는 모습을 뒤에서 보면 비닐봉지가 바람에 펄럭이듯 위태롭다. 살도, 뼈도, 정신마저 오락가락 세월에 내주고 속이 텅 비어버린 비닐봉지. 바람 한 번 세차게 불면 허공을 휘이 돌다 이내 저 너머로 사라질 것 같은, 이승과 저승의 경계에 선 표지처럼 보인다면 야속하다는 욕을 들을까. 부디 욕하지 말아달라. 내 미래이기도 하니.

18세기 프랑스 화가 라그르네가 에오스가 출근하는 광경을 그렸다. 두 마리 백마, 람포스와 파에톤이 넘치는 기운을 간신히 누르느라 푸드덕거리는 거친 숨소리가 여기까지 들린다. 곧 티토노스로부터 뛰쳐나가 힘차게 하늘을 달릴 것이다. 에오스의 마음이다. 그래도 아직은 고삐를 잡고 있다. 한때는 세상에서 제일 잘나 여신의 사랑을 한 몸에 듬뿍 받았더랬다. 머리카락과 수염은 허옇게 셌고 넓

루이 장 프랑수아 라그르네 〈에오스와 티토노스〉 1763년

어진 이마는 주름으로 쭈글쭈글하다. 등은 굽고 가슴은 좁
아졌다. 하루하루 꾸준히 늙어가고 있고, 앞으로 더 늙을
일만 남았다. 젊고 건강한 에오스가 한 손에 잡은 고삐가
느슨하다. 늙고 병든 티토노스가 에오스를 붙잡는 몸짓이
절박하다. 죽어지지도 않고 영원히 병과 노화에 시달려야
할 처지가 고통스럽다.

애달픈 눈길은 무엇일까. 시빌레가 아폴론의 사랑을 받
아 천 년의 수명을 보장받았으나 그 세월이 줄곧 청춘이
어야 한다는 요구를 잊어 하염없이 늙어 7백 년쯤 되었을
때 사람들이 벌레처럼 쭈그러든 그녀에게 소원이 무엇이
냐고 물었다. 시빌레가 답했다. "죽고 싶어."

하루하루 늙어가며 온갖 질병으로 힘겨워하는 모습을 영원히 지켜봐야 하는 것은 에오스에게도 커다란 고통이자 절망이었을 것이다. 티토노스를 매미로 만들어 노화와 질병으로부터 놓아준다. 그러나 아프로디테가 내린 '끊임없이 남자 사람을 사랑하지 않고는 견딜 수 없는' 형벌은 또 다른 형벌로 이어졌다. 에오스와 티토노스 사이에서 태어난 아들 멤논이 트로이 전쟁에서 아킬레우스의 창에 찔려 전사한 것이다. 이때 에오스의 심정을 오비디우스는 이리 적었다. "아침나절을 붉게 물들이는 여신의 밝은 얼굴빛은 창백해졌고, 맑은 대기는 구름 속에 숨어버렸다. (…) 지금도 여신은 모정의 눈물을 흘려 온 대지를 눈물로 적신다." 장밋빛 손가락을 가진 에오스가 새벽하늘을 달리고 나면 대지에 이슬이 맺히는데, 이는 아들을 잃은 슬픔으로 흘리는 눈물이다.

컴컴하고 차가운 땅속에서 수년에서 십수 년을 애벌레로 살다 땅에 나오지만 고작 수십 일을 살다 죽는 매미는 티토노스와 시빌레의 생을 이어받았다. 시빌레가 말했다.

"나는 앞으로 3백 년을 더 살아야 합니다. 내 몸은 점점 오그라들다 모습마저 사라져 사람들 눈에 보이지 않게 되겠지요. 그러면 포이부스 아폴론마저 나를 알아보지 못하거나 사랑한 적 없다고 부인할지 모릅니다. 그렇지

만 모습이 사라져도 목소리는 이 땅에 남겨야 하는 것이
나의 운명이라서 사람들은 목소리를 듣고 나인 줄 알겠
지요."

— 오비디우스 지음, 《변신 이야기》

사랑은 눈에 보이지 않는다. 매미도 눈에 보이지 않는다.
사랑이 뭐냐고? 매미가 왜 우냐고? 평균수명이 길어졌다고
하나 청춘은 입 안의 사탕처럼 금세 녹아버리고 노년만 엿
가락처럼 늘어진다. 에오스가 제우스에게 잘못 받아온 불
멸은 필멸만도 못한 저주다. 티토노스와 시빌레의 이야기
는 '영원한 삶'의 명확한 의미를 짚어보게 한다. 중년이 되
고부터 사람들을 만나면 으레 어디가 아프네, 누가 아프다
네 하는 호소와 전언이 릴레이처럼 이어진다. 기원전 27세
기, 수메르 사람들이 토판에 적은 '딜문Dilmun'이라 부른
낙원은 이러했다.

"눈 아픈 사람이 '나는 눈 아프다'고 말하지 않았으며,
머리 아픈 사람이 '나는 머리 아프다'고 말하지 않았다.
할머니가 '나는 할머니다'라고 말하지 않았으며, 할아버
지가 '나는 할아버지다'라고 말하지 않았다."

어린이의 글짓기처럼 단순하지만 낙원에 대한 어떤 묘

사보다 와닿는다. 아무도 아프지 않고 늙지 않는 곳, 그곳이야말로 낙원이리라. 세상에서 가장 오래된 서사시이자 영웅 이름인 길가메시Gilgamesh°도 수메르어로 '늙은이가 젊은이'라는 뜻이라잖은가. 우리가 원하는 것은 영원히 사는 게 아니라 영원히 젊은 것이다. 불사不死가 아니라 불로不老다.

불로불사의 비결, 사과를 먹을까

현생에 고달픈 이가 갈망하는 생명나무 열매

#암브로시아 #넥타르 #황금사과 #아발론

21세기 사람들이 19세기 이전 사람들보다 평균수명이 길어지고 10년쯤은 훌쩍 넘게 젊어 보이는 데는 의학기술과 약품의 발전을 비롯해 여러 가지 비결이 있겠으나 섭취하는 음식의 질도 크게 영향이 있을 것이다. 중국을 최초로 제국으로 만들고 만리장성을 세운 진시황이 불로장생을 꿈꿔 술법을 닦은 방사 서불에게 신하 수천 명을 내어주며 세계를 뒤져 불로초를 구해오도록 했다는 이야기는 인류가 오래전부터 섭생의 비결을 음식에서 찾은 사실을 유추케 한다. 흥미롭게도 동서양신화에 등장하는 신들이 영원한 젊음을 누린 공통적인 비결 역시 음식이었다.

올림포스의 신들은 '암브로시아Ambrosia'와 '넥타르Nectar'

를 먹고 마시며 불로불사를 누렸다. 이 사실을 처음 알았을 때 깜짝 놀랐는데 어렸을 적에 지금은 과일즙이나 주스라 부르는 음료를 일상적으로 '넥타'라고 부른 기억이 나서였다. 영어로 '넥타'라 발음하는 라틴어 '넥타르'는 '죽음necro'과 '뛰어넘다tar'의 합성어로, 아도니스가 멧돼지 사냥을 하다 날카로운 이빨에 찔려 죽자 연인 아프로디테가 슬퍼하며 아도니스의 피를 뿌려 아네모네로 변신시키는 장면에 등장한다.

라틴어로 '죽지 않는다'는 뜻인 '암브로시아'를 1970년대 프로그래시브 록 밴드로 먼저 알았다. 〈Biggest Part of Me〉나 〈How much I feel〉은 지금 들어도 세련된 명곡이다. 자기네 음악이 대중에게 암브로시아이길 바랐던 미국의 록밴드와 달리 제우스는 암브로시아와 넥타르를 오로지 올림포스 신에게만 허용했다. 올림포스의 많은 신들이 앞서 언급한 에오스처럼 사랑하는 남자 사람을, 여자 사람을 혹은 그 사이에서 태어난 자녀를 젊어지게 해달라고 제우스에게 간청했지만, 제우스는 아이아코스와 미노스 등 자기 아들들도 노령의 비참한 무게 때문에 경멸받고 있다며 꿈쩍하지 않았다. 모정은 달랐다.

트로이에서 맞서 싸운 아킬레우스와 아이네이아스Aeneas*는 둘 다 아버지가 인간이고 어머니가 신이었다. 아킬레우스의 어머니 테티스는 아들을 불사의 존재로 만들기 위해 갓난아기의 몸에 암브로시아를 발라 불에 넣어 필멸을 태우고 불멸을 부여하려 했는데 이때 아들을 거꾸로 들어 잡은 발뒤꿈치가 유일하고 치명적인 약점이 되었다.[9] 아프로디테는 아들 아이네이아스가 마침내 천수를 다하자 제우스에게 간청해 죽은 아들의 몸에 하늘의 향유를 바른 다음 달콤한 넥타르와 섞은 암브로시아로 그의 입술을 건드려 신으로 만드는데, 아무래도 이 대목은 트로이 유민 아이네이아스가 로마의 시조로 불리는 만큼 로마의 시인인 오비디우스와 베르길리우스가 의도적으로 신격화한 의도가 짙다 하겠다.

올림포스에 암브로시아와 넥타르가 있다면, 아스가르드에는 황금사과가 있다. 이둔Idun°이 물푸레나무로 만든 상자에 황금사과를 넣어 가지고 다니면서 신들에게 한 개씩 나누어주었고 이 순간을 아일랜드 화가 제임스 돌 펜로즈가 포착했다. 흰 드레스를 입고 눈부신 황금빛 머리칼을 양 갈래로 땋은 여인이 이둔이다. 허리에 두른 보석 허리띠가 그녀의 높은 신분을 암시한다. 공손히 한쪽 무릎을 꿇고 앉

---

9 저승에 흐르는 스틱스에 담가 불사의 몸으로 만들었다는 이야기는 뒤에 생긴 것이며 《일리아스》의 저자 호메로스는 아킬레우스의 발뒤꿈치 운운하는 이야기를 믿지 않았다. 그랬다면 테티스가 굳이 헤파이스토스가 만든 최강의 무구로 아들을 무장시키지 않았을 거라는 합리적 의심에서다.

아 붉은 사과를 받으려 하는 남성 둘이 보이는데 우리 눈에 늙은 바이킹들처럼 보여도 아스 신들일 것이다. 그들 뒤로 젊은 바이킹 둘이 나무에 기대 서 있거나 앉아 있는데, 이 둘의 황금사과를 먹고 젊음을 되찾은 신들이 아닐까. '신들의 사과가 금색으로 번쩍인다'고 한 신화 내용과 달리 펜로즈는 사과를 먹음직스럽게 붉은색으로 칠했다.

올림포스의 신들이 암브로시아와 넥타르를 섭취하지 않으면 어떻게 되는지는 전하는 이야기가 없어 알 수 없지만, 아스 신들이 황금사과를 먹지 않으면 어떻게 되는지에 대한 이야기는 있다. 트림하임에 사는 거인 트야치가 독수리로 변신해 이둔을 납치해버리는 바람에 아스 신들이 황금사과를 먹지 못해 늙기 시작했다. 오딘조차 피할 수 없었다. 신들이 힘을 합쳐 이둔을 탈출시키고 트야치를 죽이는데 성공하고 나서야 다시 황금사과를 먹고 예전의 힘과 젊음을 되찾을 수 있었다.

이런 이둔의 황금사과에 대해 이야기꾼 닐 게이먼은 자신의 저서 《북유럽 신화》에서 다음과 같이 재미나게 설명한다. "신들은 머리가 하얗게 새거나 관절이 욱신거리는 등 노화 현상이 찾아오기 시작한다고 느끼면 이둔을 찾아가곤 했다. 그러면 이둔은 상자를 열고 그 안에 든 사과 한 개를 먹도록 해주었다. 그 사과를 먹으면 바로 젊음과 힘이 되돌아왔다. 이둔의 사과가 없다면 신들은 거의 신이라고 하기

제임스 돌 펜로즈 〈청춘의 사과를 나누어 주는 이둔〉 1890년

도 어려워질 것이다."

이둔은 이처럼 젊음을 관장하는 신인 동시에 세상일을 다 알아도 침묵을 지키는 신이다. 이런 이둔의 남편이 시문학을 담당하는 신 브라기. 둘이 한 쌍이라는 사실이 의미깊다.

그리스신화와 켈트신화에도 황금사과가 등장한다. 가장 유명한 일화는 테티스와 펠레우스의 결혼식에 초대받지 못한 불화의 신 에리스Eris가 '가장 아름다운 여신에게 바친다'는 문구를 새긴 황금사과를 던져 헤라와 아프로디테, 아테네의 승부욕을 자극한 것이 트로이 전쟁의 발단이 되었다는 이야기일 것이다. 결혼식에 뜬금없이 굴러 들어온 황금사과는 헤라클레스Heracles가 처자식을 죽인 죗값을 치르기 위해 완수해야 하는 열두 개 과업 중 열한 번째에 다시 등장한다. 본디 황금사과는 헤라가 제우스와 결혼할 때 대지의 신인 가이아에게 선물 받은 황금사과 나무에서 열리는 것이라서 헤라의 소유였다. 헤라클레스에게 주어진 과업은 바로 이 황금사과를 훔쳐오는 것이었다. 그런데 어디에 있는지 알 수 없다는 것이 큰 난관이었다. 헤라클레스는 황금사과를 지키는 석양의 님프인 헤스페리데스Hesperides[10]가 하늘을 떠받치고 있는 티탄 아틀라스의 딸들이라는 사실을 떠올리고는 아틀라스를 찾아가 대신 하늘을 떠받치고 있을 테니 황금사과를 훔쳐다 달라고 부탁한다.

이처럼 그리스신화의 중요한 에피소드에 등장하는 황금사과의 정체는 무엇일까? 토머스 불핀치는 《그리스로마 신화》에 이렇게 썼다. "시인들은 해가 질 때 서쪽 하늘이 아름답게 물드는 걸 보고는 서방에 있을 광휘와 영광을 상상했다." 이런 해석은 켈트신화에 등장하는 낙원, '아빌리온'과 닮았다.

아빌리온은 '아발론의 섬'이라는 뜻이며 신화 초창기에는 죽은 자들의 낙원인 엘리시움Elysium[11]의 영주를 부르는

---

10   샛별을 뜻하는 '헤스페로스Hesperus'의 복수형이다.

11   영어로 엘리시온Elysion, 불어로 엘리제Élysée라 표기하며, 파리의 샹젤리제Champs-Élysées는 엘리제의 들판, 더 풀이하면 '죽은 자들이 사는 낙원의 들판'이라는 뜻이다.

칭호였다가 지상낙원을 의미하는 용어로 바뀌는데, 아발론은 켈트어로 '사과'다. 장 마르칼이 쓴 《아발론 연대기》에는 아발론에 대한 설명이 다음과 같이 나온다.

이 섬에서는 과일나무를 기를 필요 없이 1년 내내 풍성한 과일이 열리기 때문에 붙여진 이름이지요. 농부는 땅에

뉴웰 컨버스 와이어스
〈아빌리온으로 가는 아서 왕〉 1922년, 《소년왕 아서》의 삽화

쟁기질을 할 필요도 없고 쇠스랑으로 흙을 골라줄 필요도 없어요. 그렇게 하지 않아도 다른 곳에서보다 더 많은 수확을 하니까요. 또 숲에는 사과와 포도가 지천이라오. 그곳에서는 온갖 식량이 다른 곳에서 풀이 자라듯 자란다오. 그곳 사람들은 최소한 백 년을 사는데 병에 걸리지도 않고 늙지도 않지요. 슬픔도 모르고 죽음의 공포도 느끼지 않아요. 신들이 정해놓으신 부드러운 법에 따라 여성들이 그 섬을 다스립니다. 때때로 조언을 구하는 사람들에게 비밀을 알려주기도 하는데 지혜롭고 선한 사람들에게만 가르쳐준다오.

— 장 마르칼 지음, 《아발론 연대기 8》

켈트인의 지상낙원인 아빌리온, 여기에 아서 왕이 잠들어 있다. 켈트의 후손인 브리튼인[12]들은 때가 되면 아서 왕이 아빌리온에서 돌아올 것이라는 이야기를 들으며 성장했지만, 정복자 색슨인[13]들은 아서 왕과 귀네비어의 유해를 물리적으로 만들어냄으로써 켈트인의 신화를 부수고 성배

---

[12]   'Briton'은 웨일스, 콘월, 브르타뉴의 켈트계 민족을 가리키고 잉글랜드와 웨일스, 스코틀랜드를 통틀어 이르는 그레이트 브리튼은 'Great Britain'으로 표기한다.

[13]   현재 앵글로색슨인의 모태가 되는 민족으로 지금의 독일 북부 지역에 살았으나 프랑크 왕국에 있는 영토를 잃은 뒤 브리튼섬으로 이주해 켈트족을 몰락시켰다.

와 원탁 같은 그리스도교적 요소를 교묘히 버무려 새로 각색했다.

신들만 먹을 수 있는 아스가르드나 그리스의 사과와 달리 그리스나 켈트의 사과는 현생에 시달리는 사람들이 갈망하는 낙원—설령 그곳이 현생을 끝마치고 가는 곳이라 할지라도—에 자라는 생명나무의 열매다. 이처럼 북유럽과 그리스, 브리튼의 서쪽에 사과가 있고 아시아의 서쪽에는 다른 이름의 생명나무가 있다. 구체적 지명은 곤륜산, 이곳의 생명나무에서 열리는 열매는 복숭아다.

불로불사의 비결, 복숭아를 먹을까

이기려 하면 죽는다. 죽어서 다시 태어나야 이긴다

#서왕모 #반도 #동방삭

황도나 백도에 앞서 초여름에 출하되는 천도복숭아는 과피果皮에 털이 없어 '승도僧桃복숭아'로도 불린다. 천도天桃의 도桃가 이미 복숭아나 복숭아나무라는 뜻이니 동해바다, 역전앞, 무궁화꽃, 처가댁 등처럼 동어반복이다. 천도복숭아를 영어로 넥타린Nectarine[14]으로 옮기는데 앞서 나온 올림포스 신들이 마신 '넥타르'에서 따왔음을 알 수 있다. 올림포스의 신들이 넥타르와 암브로시아를, 아스 신들이 황금사과를 먹었다면 중국의 신들은 복숭아를 먹었다. 서왕모의 반도원에는 복숭아나무 수천 그루가 있는데 열매가 익

---

[14]　황도나 백도를 아우르는 복숭아는 '피치peach'라고 부른다.

는데 짧게는 3천 년, 보통 6천 년, 길게는 9천 년 걸렸다. 열매가 익으면 서왕모가 신선들을 불러 대접했고 이 천상계 최고의 잔치를 '반도회'라고 부른다.

반도회가 열리는 장소는 곤륜산의 '요지瑤池'다. 상자 앞면에 확대경을 달고 재미있는 그림을 넣어 들여다보는 장치인 요지경瑤池鏡이 여기에서 나왔다. 세월이 흐르면서 '세상은 요지경' '요지경 속 세상'처럼 알쏭달쏭하고 묘한 세상일을 비유적으로 이른다는 뜻이 추가되었는데 신들이 반도원의 복숭아를 먹으며 잔치를 벌이는 장소를 바라보는 관점이 고대에는 신성한 곳이었을지 몰라도, 후대에는 이성과 합리가 닿지 않는 괴이한 곳으로 바뀌었다는 사실을 알 수 있다. 그런데 놀랍게도 신들의 궁전이 있고 요지가 있는 산의 이름인 곤륜崑崙이 '혼돈'이라는 뜻이다. 동서를 불문하고 모든 신화의 태초는 혼돈, 카오스다. 여기에서 모든 것이 시작된다.

반도회는 낯설지 몰라도 반도회를 망친 놈, 진상을 부린 놈, 기물파손한 놈에 대해서는 우리 모두 알고 있다. 바로 손오공, 저팔계, 사오정이다. 옥황상제가 손오공을 어를 요량으로 제천대성이라는 벼슬을 주고 반도원의 관리를 맡겼는데, 고양이에게 생선을 맡긴 격이었다. 날마다 배 터지게 반도를 먹어치우더니 급기야 신선들에게 대접할 복숭아를 따러 온 7선녀를 제압하고, 별로 남지 않은 복숭아마저 따지 못하게 방해하는 것도 모자라 반도회에서 참석하는 신선들이 먹고 마실 안주와 술까지 실컷 먹어치우고 지상계로 도망가 버린다. 손오공이 어떤 벌을 내려도 상해조차 입지 않는 건 단약[15]에 반도원의 복숭아까지 죄다 쳐먹어서다.

돌에서 태어난 손오공과 달리 저팔계와 사오정은 반도회에 참석할 수 있을 정도로 위세를 가진 천상계의 고위관리였다. 저팔계는 반도회에서 술에 취해서 달에 사는 선녀 항아를 성추행한 벌로 인간계에 떨어졌다. 암퇘지의 배에 들어가 세상에 태어났기에 돼지를 닮은 꼴이 되었다. 옥황상제를 지키는 무관이던 사오정은 반도회에서 귀한 수정 잔을 깨트려 벌을 받아 괴물이 되어 유사하流沙河라는 강에 떨어져 인간을 잡아먹으며 살았다. 삼장법사를 만나기 전까지는.

그리스신화의 암브로시아와 넥타르, 북유럽신화의 황금사과는 신들의 음식이다. 인간은 언감생심 꿈조차 꿀 수 없다. 중국신화에 나오는 반도원의 복숭아 역시 원칙적으로 신들의 음식이지만 신처럼 불로장생을 꿈꾸며 실행에 옮긴 인간이―원숭이 말고―등장한다. 김홍도가 그를 그렸다.

15   신선이 만드는 장생불사의 영약.

김홍도 〈낭원투도〉
조선 후기

〈낭원투도闌苑偸桃〉, '신선이 사는 곳에서 복숭아를 훔치다'
라는 뜻이다.

그림 속 복숭아의 생김새를 보면 김홍도가 한나라 때 반
고가 쓴 소설 《한무제내전漢武帝內傳》을 읽었거나 관련 내
용을 알았을 것 같다. 배경은 서왕모가 한 무제를 찾아와

복숭아를 대접하는 상황이고, 글은 이러하다. "크기가 오리 알만 하고 둥글고 푸른빛이 도는 신선의 복숭아 일곱 개를 가득 담아 와 왕모에게 올렸다. 왕모가 네 개를 황제에게 주고 세 개를 자신이 먹었다. 맛이 달아 입 안 가득 달콤한 맛이 퍼졌다."

김홍도의 그림에서 신이 죄를 물어 벌을 내릴까봐 두려워하기는커녕 온통 복숭아에 푹 빠져 있는 이 자의 이름은 동방삭, 코미디언 서영춘이 몸을 흔들면서 음률과 박자를 실어 재미나게 읊었더랬다. "김수한무 거북이와 두루미 삼천갑자 동방삭 치치카포 사리사리센타 워리워리 세브리깡 무두셀라 구름이 허리케인에 담벼락 담벼락에 서생원 서생원에 고양이 고양이엔 바둑이 바둑이는 돌돌이." 세상에서 가장 긴 이 이름은 오래 산 사람들의 조합이며 여기에 나오는 동방삭이 그 동방삭이다. 1갑자가 60년이니 삼천갑자 三千甲子는 18만 년이다. 동방삭은 반도원의 복숭아를 훔쳐 먹고 18만 년을 살았고, 나는 그런 동방삭이 통쾌하다.

동방삭의 최후는 중국과 한국에서 완전히 다르다. 중국에서는 삼천갑자를 살다 신선이 되지만, 한국에서는 삼천갑자에서 갑자가 떨어진 3천 년을 살다 저승차사 중 하나인 강림도령에게 붙잡혀 저승으로 끌려간다. 한국에서 동방삭은 생사의 순리를 거역해 염라대왕의 노여움을 산 놈일 뿐이지만, 중국에서는 반도원의 복숭아를 훔쳐 먹을 수 있을 정도로 만물에 통달한 자다.

흥미롭게도 동방삭은 실존 인물이다. 본명 장만천張曼倩, 기원전 154년에 태어나 기원전 93년에 죽어 18만 년은커녕 1백 년도 못 살았다. 이런 그가 장수의 대명사가 된 것은 천하에 견줄 사람이 없다 할 정도로 지식이 뛰어났기 때문이며 삼천갑자를 살았다는 수식은 18만 년이나 산 것처럼 만물에 통달했다는 비유일 것이다.

동방삭이 택한 주군은 한의 무제, 유철이었다. 우리에게는 고조선을 멸망시킨 침략자라 쓰라리지만, 중국 최초로 유교를 통치 이데올로기로 삼고 권력을 중앙집권화했으며 영토를 확장하고 실크로드를 열었다. 동방삭은 한 무제에게 죽간竹簡 3천 장이 넘는 글을 써서 올려 박학다식함을 드러내며 스스로를 천거했고, 한 무제는 두 달에 걸쳐 모두 읽은 다음 동방삭을 발탁했다. 궁에 첫발을 디딜 때 동방삭의 정치적 포부는 원대했을 것이다. 그러나 한 무제는 동방삭의 박학다식함과 재담을 즐길 뿐 요직에 등용하지 않았다. 대신 동방삭이 기이한 행동을 일삼아 온갖 정치적 공세를 받아도 개의치 않고 끝까지 곁에 두었다. 이릉李陵 장군을 변호했다는 이유 하나로 사마천을 궁형에 처한 것은 약과요, 한 자리에서 2만 명을 처형할 만치 무자비한 황제였다. 이런 황제 옆에서 동방삭은 "세속에 젖어 세상을 금마

문金馬門[16] 안에서 피한다네. 궁전 안에서도 세상을 피해 몸을 온전히 숨길 수 있거늘 하필 깊은 산속 풀로 엮는 집이랴." 하는 대담한 시를 썼으니 얼마나 처세에 탁월했는지 알 수 있다.

동방삭이 어느 날 한 무제에게 '빙탄불상용(氷炭不相容, 얼음과 숯은 함께 할 수 없다)'이라는 말을 인용해 '간신배를 멀리 하고 중상모략을 물리치라'고 충고했다. 사마천이 쓴 《사기》에 따르면 한 무제의 반응은 이러했다. "참 이상도 하구나, 동방삭이 착한 말을 하다니…" 그런 일이 있고 얼마 뒤 동방삭이 죽었다. 아니, 삼천갑자를 산 신선이 되었다. 반도원의 복숭아를 훔쳐 먹을 수 있을 만큼 만물에 통달한 덕이다. 반면 한 무제는 서왕모에게 반도원의 복숭아를 네 개나 받아먹고도 불로장생에 실패했고 신선도 못 되었다. 서왕모가 도를 닦고 수련에 정진하라 충고했건만 따르지 않았기 때문이라는 후일담은 한 무제에게 무자비하게 시달린 백성의 저주였을 것이다.

불로불사의 음식을 저희끼리 독점하지 않고 백성과 나눈 신들도 있다. 켈트신화에서 만물의 어머니는 다누이며, 다른 신들을 '투어흐 데 다넌Tuatha Dé Danann'이라고 하는데

게일어로 '다누의 가족'이라는 뜻이다. 이들은 '에린Erin'이라는 곳에 정착했고, 에린은 아일랜드의 옛 이름이다. 다누를 섬기는 백성들은 불사신이었다. 대장장이 신 '고브니'가만든 '에일ale'을 마실 수 있어서였다. 오늘날 맥주의 한 종류인 에일은 고브니가 만든 마법의 술에 어원을 두고 있다.

한국의 마고 신화에는 '지유地乳'가 등장한다. 마고를 섬기며 마고 성에 살던 사람들은 땅에서 솟아나는 젖을 먹고 불로불사했으며, 타율 없이도 자재율自在律**17**을 따라 살아 모두 평화로웠다. 살아 있는 생명을 먹으면 안 된다는 금기를 깨고 포도를 따 먹은 이들이 오미五味**18**에 눈을 뜨면서 천성을 잃고 수명이 줄었다. 지유는 마르고, 마고 성은 닫혔다.

저마다 이야기는 달라도 불로불사를 누릴 수 있게 하는 음식들은 언제나 신들의 세계에 있다. 그곳은 죽음이 없는 세계, 죽음 너머의 세계다. 신화와 전설, 영웅담은 공통적으로 주인공이 집을 떠나 위험하고 신비한 모험을 겪고 성장해 돌아온다는 플롯을 지니는데, 이들이 겪은 것은 다름 아

---

17 신라시대 박제상이 지은 책 《부도지》에 등장하는 용어로, '내 안에 있는 율려律呂를 스스로 따른다'는 뜻인데 율려는 천지창조의 주인공인 '율려'를 가리키며 우주의 법칙을 의미한다. 율려가 잉태하여 낳은 딸이 우주의 어머니, 마고다.

18 다섯 가지 맛. 단맛, 쓴맛, 신맛, 매운맛, 짠맛.

닌 죽음이며 다녀온 곳은 죽은 다음의 세계다. 한 번 죽었고 그 이후의 세계를 깊이 겪고 돌아온 이의 지혜와 용기를 꺾을 맞수는 인간 세계에 없다. 이처럼 영웅의 덕목은 죽음에 맞서 이기는 것이 아니라 죽어서 다시 태어나는 것이다. 이기려 하면 죽는다. 죽어서 다시 태어나야 이긴다. 그러나 죽음 너머의 세계에서 빈손으로 돌아온다면 아무것도 달라지지 않는다. 불로불사의 비결을 스스로 깨우치거나 전수받거나 그럴 수 없다면 훔쳐서라도 가져와야 한다. 단지 처절한 고통이나 남다른 체험을 경험하는 것만으로는 성장할 수 없다.

불로불사의 비결, 너 자신을 돌보라

이것이야말로 인간이 해야 할 일

#길가메시 #우투나피쉬팀 #아르카디아

현존하는 가장 오랜 서사시의 주인공이자 우루크[19]의 왕, 길가메시는 죽음 너머의 세계에서 무엇을 가지고 돌아왔을까. 죽음 너머의 세계, 머나먼 곳. 그것이 이름 자체인 이가 있었다. '우트나피쉬팀'이라 한다. 그가 '머나먼 곳'이 되기 전에 이름은 '지우수드라'였다. 엔릴을 비롯한 신들이 인류를 대홍수로 심판하기로 결정했을 적에 엔키가 그의 꿈에 나타나 신들의 계획과 살아남을 수 있는 방법을 알려주었다. 지우수드라는 7일 만에 배를 만들어 아내와 함께 살아남았

---

19 고대 메소포타미아 수메르 남부의 도시국가 이름으로 기원전 4000년 무렵 세워진 것으로 추정된다. 현재 이라크 남부에 있다.

고, 그 뒤 엔릴의 축복을 받아 인간에게는 너무나도 머나먼 '딜문'에 있는 '강들의 입구'에서 영원히 살고 있다. 길가메시는 죽음의 파도를 건너 '머나먼 곳'을 만나 묻는다.

"말해주십시오. 어떻게 당신이 신들의 회합에 나설 수 있었는지를! 그리고 어떻게 영생을 얻게 되었는지를!"
— 김산해 지음, 《최초의 신화 길가메쉬 서사시》

진시황과 한 무제, 길가메시처럼 권력과 부, 명성을 모두 거머쥔 인물들이 영생까지 구한 것은 그저 끝없는 욕망, 탐욕에서였을까. 인간이 가질 수 있는 최고의 것을 최대치로 가진 자들이 영원한 생명을 바라는 모습은 역설적이게도 죽음의 평등과 그에 대한 두려움을 이른다. '신(들)의 심판'이라고 줄잡지만 인간은 죽음 너머의 세계, 그곳에 있는 신에 대해 아는 것이 없다. 변덕스럽고 무시무시한 힘이 인간 세계를 언제든 가뭄과 홍수, 질병과 전쟁 등으로 끝장낼 수 있다고 생각하면 무섭다. 고대에 멸망과 죽음은 현대인이 상상할 수 없을 정도로 눈앞에 널려 있었고, 고대인이 말하는 영원한 생명이란 그 멸망과 죽음에 대한 공포와 두려움, 불안에서 부디 자유롭고 싶은 의식이 아니었을는지. 어떻게 해야 그리 될 수 있을까. 우트나피쉬팀이 길가메시에게 조언한다.

"'태양의 얼굴'을 바라보는 얼굴은 결코 영원히 존재할 수 없는 법. 잠자는 자와 죽은 자는 얼마나 똑같은가! 죽음의 형상은 그 무엇으로도 표현할 수 없도다! 바로 그것이다. 너는 인간이다! 범인이든 귀인이든, 꼭 한 번은 인생의 종착역에 도착하고, 하나처럼 모두 모여든다. 엔릴이 찬성을 표한 뒤에 아눈나키 위대한 신들이 소집되어, 운명의 여신 맘메툼이 운명을 선포하고 신들과 함께 운명을 결정한다. 신들이 삶과 죽음을 지정해두었지만 그들은 '죽음의 날'을 결코 발설하지 않는다."

— 김산해 지음,《최초의 신화 길가메쉬 서사시》

거기서 길가메시가 깨우침을 얻고 돌아섰다면 신화의 주인공이 되지 못했으리라. 그는 당신이나 나나 다를 게 없는데 당신은 어떻게 영원한 생명을 얻게 되었느냐며 비결을 내놓으라고 거듭 요구한다. 성화를 이기지 못한 우투나피쉬팀이 여섯 날과 일곱 밤 동안—천지창조가 이루어진 기간이다—자지 않고 견디면 알려주겠다고 약속한다. 하지만 정작 길가메시는 '머나먼 곳'까지 오는 데 기진맥진했던 터라 그만 잠들고 만다. 여섯 밤이나 자고 일곱 번째 날에, 그것도 우투나피쉬팀이 흔들어 잠에서 깼는데 영락없이 빈손으로 돌아가게 생겼으니 '내 발이 어디를 디디든 거기에는 죽음이 있을 뿐'이라고 절망한다. 그가 안쓰러웠는지 우투나피쉬팀이 신들의 비밀을 알려준다. 바다 밑에 어떤 식물이 있는데 장미처럼 가시가 있다고. 그것을 얻으면 젊음을 회복시켜줄 것이라고.

용감한 길가메시는 그 식물을 얻는 데 성공하고 뱃사공에게 포부를 밝힌다.

"우루크 성으로 이것을 갖고 가서 노인에게 먹여 실험해 보겠소. 식물의 이름은 '늙은이가 젊은이가 되다'로 불릴 것이오. 그리고 나는 이것을 먹을 것이며, 내 젊은 시절로 돌아갈 것이오."

— 김산해 지음,《최초의 신화 길가메쉬 서사시》

우루크의 늙은이들은 다시 젊어질 수 없었다. 길가메시가 샘에 내려가 목욕하는 동안 뱀 한 마리가 눈 깜짝할 새에 꽃을 빼앗아 도망쳤기 때문이다. 영웅 길가메시가 주저앉아 눈물을 흘린다. "내 손으로 애써 얻은 게 결국 이것이란 말인가? 내 심장의 피를 다 쏟은 결과가 이것이란 말인가? 나는 아무것도 얻은 것이 없다."

우루크의 왕은 낚시에 걸린 고기처럼, 덫에 걸린 양처럼 주어진 수명만큼 살다 무덤에 묻혔다. 이것이 끝이다.

그는 정말 죽음 너머의 세계에서 아무것도 얻지 못하고 돌아왔을까. 앞서 길가메시가 뱃사공에게 한 말에 답이 있다. 수메르어로 '늙은이가 젊은이가 되다'라는 뜻인 '길가메시'는 우투나피쉬팀이 '젊음을 회복시켜줄 것'이라고 했던 식물에 붙인 이름이었다.

길가메시는 길가메시가 아니었을 것이다. 그러나 머나먼 곳에서 돌아온 뒤 젊음을 잃은 사람에게 젊음을 회복시켜주는 존재가 되었다. 길가메시가 된 것이다.

기원전 8세기 아시리아의 왕이었던 사라곤 2세의 궁터에서 출토된 부조 〈길가메시〉는 뱀의 대가리를 오른손으로 틀어쥐고 있다. 영

아시리아 사라곤 2세의 궁전 부조
〈길가메시〉 기원전 8세기

생을 획득했다는 의미다. 무엇이 그를 '늙은이가 젊은이'로 만들었을까.《길가메시 서사시》는 노래한다.

그는 슬기로웠고 신비로움과 비밀을 알고 있었으며 우리에게 홍수 이전의 세계에 대해 이야기해주었도다. 그는

긴 여행을 마치고 지친 몸으로 돌아와 돌 위에 이 모든 이
야기를 새겼도다.

—N.K. 샌다즈 지음,《길가메시 서사시》

그가 죽음 너머의 세계에서 가지고 온 것은 '이야기'였
다. 슬기롭고 신비롭고 비밀스러운 이야기가 젊음을 잃은
사람에게 다시 젊음을 회복시켜주었다. 거기에는 길가메시
가 '머나먼 곳'을 찾아 헤맬 적에 만난 여인 시두리가 들려
준 이런 말도 들어 있다.

"길가메시. 자신을 방황으로 몰고 있는 까닭은 무엇 때문
인가요? 당신이 찾고 있는 영생은 발견할 수 없어요. 신
들은 인간을 창조하면서 인간에게는 필멸의 삶을 배정했
고, 자신들은 불멸의 삶을 가져갔지요. 길가메시. 배를 채
우세요. 매일 밤낮으로 즐기고, 매일 축제를 벌이고, 춤추
고 노세요. 밤이건 낮이건 상관없이 말이예요. 옷은 눈부
시고 깨끗하게 입고, 머리는 씻고 몸은 닦고, 당신의 손을
잡은 아이들을 돌보고, 당신 부인을 데리고 가서 당신에
게서 즐거움을 찾도록 해주세요. 이것이 인간이 즐길 운
명인 거예요. 그렇지만 영생은 인간의 몫이 아니지요."

— 김산해 지음,《최초의 신화 길가메쉬 서사시》

솔로몬 또한 모두가 같은 운명이라며 비슷한 이야기를 들려주었고《전도서》에 전한다.

"너는 기쁨으로 네 빵을 먹고 좋은 마음으로 네 포도주를 마셔라. 참으로 하느님께서는 이미 네 행함을 원하신다. 언제나 네 옷은 깨끗하고 네 머리에 향유가 모자라지 않게 하여라. 너의 허무한 인생의 모든 날에, 하느님께서 베푸신 네 인생의 모든 날에 네가 사랑하는 여인과 함께 인생을 즐겨라. 이것이 네 인생과 태양 아래서 애쓰는 너의 노고에 대한 몫이다."

인안나Innna[20]의 현현일 시두리와 유대의 지혜로운 왕 솔로몬이 들려주는 조언을 한마디로 정리하면 "너 자신을 돌보라take care of yourself"이다.

너 자신을 돌보라. 이 말을 소크라테스도 했었다. 죽마고우인 크리톤이 곧 독배를 마실 소크라테스에게 자식들과 남은 다른 것들에 대해 이르고 싶은 말이 없냐고, 우리가 무엇을 해야 자네에게 최대한 봉사하는 것이겠냐고 물었다. 그가 답한다.

20　'하늘의 여주인'이라는 뜻으로 수메르신화에서 사랑의 신이자 전쟁의 신이다.

"내가 평소에 말했던 대로 해주게. 자네들이 자신을 돌본다면 그것이 무엇이든 나와 내 가족, 자네들을 위한 봉사가 될 것이네."

— 플라톤 지음,《파이돈》

세상이 이 모양인 것은 다들 자신을 돌보지 않고 살고 있어서다. 잘 돌보기 위해서 알아야 하고, 알기 위해서 모른다는 사실부터 자각해야 한다. 우리는 무엇을 몰랐고 또한 무엇을 알아야 할까.

서왕모는 젊음과 생명을 주관하는 신으로 칭송받았지만, 처음부터 그런 역할이 아니었다.《산해경》에 등장하는 최초의 서왕모는 이런 모습을 하고 있었다. "모습은 사람 같지만 표범 꼬리에 호랑이 이빨을 하고 있다. 그는 휘파람을 잘 불고 풀어헤친 머리에 옥 꾸미개를 꽂고 있는데, 천상의 재앙 및 다섯 가지의 형벌로 죽이는 일을 담당한다." 이처럼 죽음을 담당했던 신이 불로불사를 주관하는 신으로 역할이 바뀐 것이 우연일까. 죽음을 넘어서야 젊음과 생명을 주관할 수 있다는 고대인의 깨달음이 아닐까.

현대인이 집착하는 젊음과 장수는 지나칠 정도로 육체에 한정되어 있다. 의학과 과학의 발전으로 육체의 불로장생은 달성될 것이다. 그러면 노화와 죽음에 대한 두려움에서 자유로워질 수 있을까. 죽음을 앞에 두고 '혼이 몸에서 분

니콜라 푸생 〈아르카디아의 양치기들〉 1638~1639년

리될 때 바람에 날려서 흩어져 없어지고 더 이상 어디에도
존재하지 않게 될까 두려워할 이유가 없다'고 했던 소크라
테스의 홀가분함을 우리도 가질 수 있을까. 혹시 단지 유예
할 뿐이라 더 오래도록 노화와 죽음에 대한 두려움에 시달
리지는 않을까.

17세기 프랑스 화가 니콜라 푸생이 그린 〈아르카디아의
양치기들〉을 본다. '아르카디아Arcadia'는 고대 로마의 시
인 베르길리우스가 《목가집》에 쓴 이상향이다. 아름다운

자연에 둘러싸인 풍요의 땅에서 사람들은 양을 치고 시를 짓고 노래를 부르며 평화롭게 살고 있다. 세 남자가 길에서 석관을 발견했다. 파란색 키톤을 입은 남자가 한쪽 무릎을 꿇고 앉아 돌에 새겨진 글귀를 손가락으로 더듬고, 붉은색 키톤을 입은 남자는 고개를 외로 틀어 옆에 선 여인을 본다. 글귀를 가리키는 손가락을 보아하니 무슨 뜻이냐고 묻는 듯하다. 한 손을 허리에, 다른 한 손을 남자의 어깨에 올린 채 선 여인은 한 눈에도 범상치 않아 보인다. 석관에 새겨진 글귀는 이러하다

아르카디아에도 나는 있다Et in Arcadia ego.

'나ego'로 인격화한 것의 실체는 '죽음'이다. "이상향을 꿈꾼다고? 거기에도 죽음은 있어. 그건 생각 안 해봤지?" 하는 소리가 그림에서 들리는 것 같다. 푸생은 죽음을 넘어서는 방법 한 가지를 그림에 그려넣었다. 이 세 남자의 옆에 서 있는 여인은 지혜의 신, 아테나다.

우리는 죽음에 대해 너무 모르고 모르는 자들의 특성이 대체로 그렇듯 모르는 것을 모르는 줄 모른다. 그리하여 죽음과 함께 한 배에서 태어난 이란성 쌍둥이 같은 생명에 대해서도 알지 못하니 시두리의 충고대로 소박한 즐거움을 누리지도, 소크라테스의 부탁대로 자신을 잘 돌보지도 못

한다. 진정한 불로장생은 그저 생을 길게 이어나가는 것이 아니라 노화와 죽음에 대한 공포와 두려움으로부터 자유로 워지는 것이리라. 그러기 위해 머나먼 곳에서 온 이들이 가지고 온 슬기롭고 신비롭고 비밀스러운 이야기와 함께 생이라는 외나무다리를 건너는 것도 좋겠다.

파라다이스, 그것은 지금 여기에 있다.

시간의 신 크로노스

태양의 신
헬리오스

과거와 미래를 보는
두 얼굴의 야누스

새벽의 신
에오스

비눗방울

모래시계

여름(즐거움)

가을(노동)

봄(부富)

겨울(가난)

니콜라 푸생 〈시간이라는 음악의 춤〉 1635~1640년

ㄱ

가이아Gaia

그리스신화에서 대지의 여신. 카오스처럼 태초부터 존재했다. 카오스와 가이아가 결합해서, 혹은 가이아 단독으로 티탄 신족이 태어났고, 이로부터 그리스 신들의 계보가 형성된다. 무엇보다 초기 신들의 행동에 결정적인 역할을 했다.

강가Ganga

인도에서 가장 성스러운 강으로 여겨지는 갠지스강을 상징하는 신. 왕관을 쓰고 악어 위에 앉은 아름다운 여신의 모습으로 묘사된다.

게니우스Genius

로마신화에서 출생과 죽음을 주관하는 신. 고대 로마인은 모든 인간에게 저마다의 수호신이 있고 남자는 게니우스, 여자는 유노 여신의 보호를 받는다고 믿었다.

기간테스Gigantes

그리스신화에서 가이아가 낳은 티탄 형제들로 수는 헤아릴 수 없다.
제우스가 티타노마키아에서 승리한 뒤 약속을 지키지 않자, 가이아는
기간테스를 부추겨 올림포스 신과 제2차 전쟁을 일으키는데 이를 기
간토마키아라 한다. 기간테스가 제우스의 벼락을 맞아 부서진 산에 깔
려 모두 죽자 가이아가 기간테스의 몸뚱이에서 흘러나온 피에 생명을
불어넣어 사람을 빚었는데 이렇게 만들어진 이들은 살육과 폭력을 탐
했다.

긴눙가가프Ginnungagap

고대 노르드어로 '하품하는 심연'이라는 뜻이다. 북유럽신화에서 무스
펠(불의 세계)과 니플헤임(냉기의 세계) 사이에 존재하는 어둡고 커다란
협곡으로, 오딘과 형제들이 태초의 거인 이미르의 몸을 긴눙가가프에
넣어 만물을 창조했다.

길가메시Gilgamesh

지금으로부터 4,800년 전에 성립된 인류 최고最古의 신화이자 서사시
《길가메시》의 주인공. 수메르의 도시국가 우루크 제1왕조의 다섯 번
째 왕이었다. 아버지는 사람인 '루갈반다', 어머니는 들소의 여신인 '닌
순'으로 3분의 2는 신, 3분의 1은 인간이었다. 완전한 신이 아니라서
죽음이라는 운명을 피할 수 없었기에 영생을 찾아 길을 떠난다. 그리
스신화나 유대신화보다 수천 년 먼저 발생했음에도 아무도 길가메시
의 존재를 몰랐던 이유는 1852년에 길가메시 서사시를 기록한 토판이
발굴되었고 20년 뒤에야 설형문자를 해독하는 데 성공했기 때문이다.
1872년에 제일 처음 해독한 토판은 〈지우수드라의 대홍수 이야기〉로

성서에 나오는 〈노아의 방주〉와 내용이 거의 일치한다.

ㄴ

나가Naga

인도신화에서 뱀의 신. 뱀의 형태로 묘사되는 것이 일반적이지만, 하반신은 뱀, 상반신은 사람인 형상으로 표현되기도 한다. 대지를 지키는 정령으로, 비를 내려 토지를 비옥하게 하는 등 날씨를 통제하는 힘이 있다.

나라야나Narayana

고대 인도에서 인더스 문명을 일구었던 토착민의 최고신이었다. 후에 아리아인이 인도를 정복하면서 아리아인의 최고신인 비슈누에 흡수되었고 점차 존재가 희미해졌다.

나르키소스Narcissus

그리스신화에 등장하는 미소년. 많은 젊은이들과 소녀들, 요정들이 구애하지만 모두 매몰차게 거절한다. 숲의 님프 에코 역시 실연당하고 슬퍼하다 몸은 사라지고 목소리만 남았다. 이들이 네메시스에게 대신 복수해주길 청하고 그 결과 물에 비친 자신과 사랑에 빠지는 형벌을 받는다. 나르시시즘narcissism의 어원이다.

니오베Niobe

그리스신화에서 탄탈로스의 딸로 테베의 왕 암피온과 결혼해 아들딸 각각 일곱씩을 두고 행복하게 살았는데 아폴론과 아르테미스 쌍둥이 남매밖에 낳지 못한 레토 여신보다 자기가 자식을 더 많이 낳았다고 자랑하다가 아폴론이 일곱 아들을, 아르테미스가 일곱 딸을 쏘아 죽였고 극한의 슬픔을 견디지 못해 돌기둥으로 변했다.

네메시스Nemesis

그리스신화에서 율법과 복수를 의인화한 신. 에리니에스가 혈족 간의 범죄에 따른 복수라면 네메시스는 혈족이 아닌 사람들 사이의 범죄를 응징해 원한을 풀어준다.

ㄷ

다누Danu

켈트신화에서 신들의 어머니이자 만물의 어머니. 에린(아일랜드의 옛 지명)은 다누의 사체로 이루어졌다. 고대 켈트인들은 자연의 혜택 등을 상징하는 정령들을 '투어흐 데 다넌', '다누의 가족'이라고 불렀다. 또 다누를 섬기는 백성들은 불사신이었는데 대장장이 신 고브니가 만든 마법의 술, '에일'을 다 함께 마신 덕분이었다.

다이몬Daimon

그리스신화에서 황금시대를 산 황금종족이 인간의 생을 마친 뒤 생겨난 선한 정령으로 신과 인간의 중간적 존재였다. 그러나 그리스도교敎에서 악령·악마 또는 이교異敎의 신을 의미하는 것으로 뜻이 바뀌면서 데몬Demon의 어원이 된다.

대별왕과 소별왕

제주신화 〈천지왕본풀이〉에 등장한다. 천지왕이 꿈을 꾼 뒤 인간 세상으로 내려와 총맹부인과의 사이에 두 아들 대별왕과 소별왕을 낳는다.

대별왕과 소별왕은 자라서 아버지를 찾아 하늘로 올라가 인간 세상을 고통스럽게 하는 각각 두 개씩인 해와 달을 처리하는 능력을 보여준다. 천지왕이 형제에게 각각 이승과 저승을 맡아 다스리게 하지만 소별왕이 저승보다 이승에 욕심이 나서 대별왕에게 내기를 걸고 속임수를 써서 승리한다.

데우칼리온Deucalion

그리스신화에서 프로메테우스의 아들로 현생 인류의 시조다. 그리스신화에서는 인류를 다섯으로 구분하는데 황금의 종족과 은의 종족을 지나 청동의 종족이 되자 엄청난 힘에 거칠고 사나워 제우스가 대홍수를 일으켜 멸망시키기로 한다. 프로메테우스가 제우스의 의도를 간파하고 아들인 데우칼리온에게 커다란 배를 만들어 대홍수에 대비하도록 했다. 홍수가 시작되고 아흐레 밤낮을 표류하다 파르나소스산 정상에 도착했고 이들이 뒤로 던진 돌이 새 인류의 조상이 되었다.

디오니소스Dionysus

그리스신화에서 포도주와 도취의 신. 로마신화에서 바쿠스. 제우스와 테베의 왕 카드모스의 딸인 세멜레 사이에서 태어났다. 세멜레가 항상 변신을 하고 자신을 찾아오는 제우스에게 본래의 모습을 보여달라고 간청했다가 인간으로서 신의 광채를 감당할 수 없어 불타 죽는다. 제우스가 세멜레의 태중에 있던 아기를 꺼내 자기 허벅지에 넣어 꿰맸고 산달을 채워 꺼낸 것이 디오니소스다. '마이나스(광란하는 여인들)'라 불리는 여신도들이 도취한 상태에서 춤을 추며 그를 숭배한 것이 이교도로 박해받았지만 훗날 디오니소스 제전 등 그리스의 정신문화에 크게 영향을 끼쳤으며 그리스 비극의 탄생과 연관이 깊다.

라그나뢰크 Ragnarök

고대 노르드어로 '신들의 황혼(멸망)'이라는 뜻. 북유럽신화에서 오딘과 토르를 필두로 한 아스 신들과 로키를 필두로 한 서리 거인들 사이에 벌어지는 최후의 일전을 가리킨다. 양쪽 모두 파멸하며 이로써 신들의 세계가 사라진다.

라마 Rama

인도인 5억 명이 줄거리를 안다고 할 정도로 널리 사랑받는 이야기 《라마야나》의 주인공. 인도 고대 왕국 중 하나인 코살라의 왕자로 태어나 누구나 인정하는 완벽한 인간이었으나 왕위를 계승 받기 직전 추방당해 아내 시타와 함께 숲에서 산다. 시타가 마왕 라바나에게 납치되면서 파란만장한 모험담이 펼쳐진다. 비슈누의 일곱 번째 화신(아바타)이지만 라마 자체로도 숭배받고 있다.

레아 Rhea

그리스신화에서 우라노스와 가이아가 낳은 티탄 열두 신 중 하나. 크로노스의 아내가 되어 헤스티아, 데메테르, 헤라, 하데스, 포세이돈, 제우스를 낳았다.

레토 Leto

그리스신화에서 티탄 신족으로 제우스와의 사이에 쌍둥이 남매인 아폴론과 아르테미스를 낳았다. 레토가 임신했을 때 헤라가 자기보다 더 훌륭한 자식들을 낳게 될 것을 알고 레토가 햇빛이 비치는 육지에서 출산할 수 없도록 했지만, 포세이돈의 도움으로 바다에 있는 델로스섬에서 어렵게 출산했다.

로키Loki

북유럽신화에서 선악으로 구분하기 모호하며 이중적인 특성을 가진 독특한 신으로 트릭스터(trickster, 도덕과 관습을 무시하고 사회질서를 어지럽히는 캐릭터)의 기원이다. 대개의 트릭스터가 이야기의 기폭제 역할을 하듯 로키가 북유럽신화에서 그러하다. 서리 거인이지만 오딘이 아스가르드에 받아들였다. 변신에 능하며 늑대 펜리르, 미드가르드 뱀, 헬의 아비다.

□

멀린Merlin

켈트신화에서 최고의 마법사이자 예언자이자 드루이드. 아서 왕 신화에서 가장 중요한 역할을 하는 정신적인 지주다. 어머니가 몽마夢魔와 관계해서 태어났다.

메두사Medusa

그리스신화에 나오는 고르곤 세 자매 중 막내. 인간이 신전에서 사랑을 나누면 신성모독이 되는데 아테나 신전에서 포세이돈에게 겁탈당한 것을 두고 아테나가 저주를 내려 괴물로 만들었다. 메두사를 직접보면 돌로 변하기에 페르세우스는 청동 방패에 메두사를 비쳐 목을베었고 이때 흐른 피에서 포세이돈의 아들인 크리사오르(황금 칼이라는 뜻)와 날개 달린 천마 페가수스가 태어났다. 페르세우스가 벤 메두사의 머리는 아테나의 아이기스에 박혀 공포를 부르는 무기가 되었다.

메티스Metis

그리스신화에서 초기 세대인 티탄 신족으로 지혜의 신이자 제우스의 첫 번째 아내이다. 임신한 상태로 제우스에게 통째로 삼켜졌고 그 결과 제우스의 머리에서 지혜의 여신 아테나가 태어난다.

미륵彌勒과 석가釋迦
한국신화 〈창세가〉에 등장한다. 맞붙었던 하늘과 땅이 떨어져 열리고 미륵이 나타나 세상과 인간을 창조하지만 새로운 신 석가가 나타나 인간 세상을 두고 내기를 건다. 두 번의 내기에서 이긴 미륵은 세 번째 내기에서 석가의 속임수를 알고도 지고, 세상이 겪게 될 온갖 나쁜 일을 경고하고 인간 세상에서 떠나버린다.

미미르Mimir
북유럽신화에서 이그드라실의 뿌리 아래에 있는 지혜의 샘인 미미르의 샘을 지키는 거인. 오딘은 자신의 한쪽 눈을 빼주는 대가로 샘물을 얻어 마셔 최고의 지혜를 얻었다. 미미르의 샘에는 아직도 오딘의 한쪽 눈이 들어 있다.

ㅂ

반고盤古
동양신화에서 창조신. 혼돈에서 태어나 하늘과 땅을 창조했고 이후 그의 머리와 팔다리는 산으로, 피와 눈물은 강과 하천으로, 눈은 해와 달로, 털은 풀과 나무로 변했다. 또 입김은 비바람으로, 음성은 천둥으로, 눈빛은 번개와 벼락이 되었다.

발드르Baldr
북유럽신화에서 오딘과 프리그의 둘째 아들. 아름답고 현명해서 모든 이에게 사랑받았으나 로키와 회드에게 죽임을 당한다. 고대 북유럽에서 가장 숭배한 신으로 '태양'을 상징한다. 하지 즈음에 고대 북유럽에서 주요하게 치른 불 축제는 태양신 발드르를 기리는 것으로 훗날 성 요한제 축일 풍습으로 계승되며 이를 배경으로 하는 유명 작품이 윌리엄 셰익스피어의 희곡, 〈한여름 밤의 꿈〉이다.

브라흐마Brahma

본래 아리아인에게 찬미가, 혹은 제사를 가리켰다가 아리아인이 인도에 정착하면서 창세신, 혹은 창조신이 된다. 한자로는 '범梵'으로 음역하며 우주의 궁극적인 본질을 가리킨다. 훗날 또 다른 창세신이자 자아를 가리키는 아트만을 음역한 '아我'와 함께 '범아일여梵我一如'의 사상을 이루며 인도 철학과 종교 전반에 큰 영향을 끼쳤다.《베다》에 따르면 브라흐마의 입에서 나온 이들이 '브라만'으로 인도 카스트 제도에서 최상층 계급이 된다. 브라만은 성직자로 정치에 개입할 수 없고 크샤트리아가 브라만을 대신해 인도를 통치한다.

비슈누Vishnu

인도신화에서 유지의 신. 세상을 구원하기 위해 아바타로 세상에 온다. 지금까지 아홉 번 아바타로 하강했으며, 그중《라마야나》의 왕자 '라마'와《마하바라타》의 영웅 '크리슈나'가 있다. 본래 아리아인의 하급 태양신이었으나 인도 토착신들의 장점을 흡수해 브라흐마, 시바와 함께 3주신으로 격상했다.

사오쉬안트 Saoshyant

고대 페르시아에서 창시된 조로아스터교의 구원자 혹은 메시아. '인간에게 유익을 가져다 줄 자'라는 뜻이며, '선한 자 중에 선한 자'로 인식된다. 조로아스터교에 따르면 3천 년마다 세계의 종말이 오고 각 시기마다 동정녀에게서 태어난 사오쉬안트가 나타난다고 했다.

사투르누스 Saturnus

로마신화에서 농경의 신. 그리스신화에서는 제우스가 크로노스를 타로타로스에 감금하지만 로마신화에서는 크로노스가 이탈리아로 가서 농경신이 된다. 그러나 사투르누스의 원형은 이탈리아반도 선주민이 숭배해온 최고신이었고, 그리스에서 건너가 로마의 시조가 되는 이주민의 신화에 흡수되었을 것으로 추측된다. 영어의 토성Saturn과 토요일 Saturday의 어원이다.

서왕모 西王母

동양신화에서 중국 서쪽에 있는 곤륜산에 사는 고위 신. 그가 주인인 '반도원'에는 불로불사의 영약인 복숭아가 열린다. 도교에서 특히 신봉했고, 중국과 조선의 시문학에서 곧잘 다뤄졌으며 조선 시인인 허난설헌이 지은 〈유선시遊仙詩〉에도 등장한다.

성 게오르기우스 St. Georgius

영미권에서 '성 조지Saint George'로 불린다. 4세기 초에 참수된 그리스도교 성인이다. 3세기 후반 로마제국의 속주 팔레스티나의 리다에서 태어났으며 소아시아(오늘날의 터키)의 니코메데아에서 군인으로 복무했다. 302년 로마 황제 디오클레티아누스가 로마의 전통 신들을 받들지 않으면 안 된다고 배교를 강요했으나 거절하고 순교했다. 서양의 전설이나 회화에 곧잘 등장하는 '용을 퇴치하는 기사'는 바로 성 게오르기우스다.

세트Set

이집트신화에서 암흑의 신이자 사막의 신. 악을 상징한다. 하늘의 신 누트와 땅의 신 게브 사이에서 셋째로 태어났고 오시리스의 동생이다. 형의 왕위를 빼앗기 위해 오시리스를 살해한다. 후에 오시리스와 이시스의 아들이자 태양신인 호루스에게 복수를 당한다.

수르트Surt

북유럽신화에서 불의 거인이며 신들의 적. 모든 것을 삼키는 불을 의인화한 것으로 불의 나라 무스펠하임의 파수꾼이다.

스틱스Styx

그리스신화에서 저승으로 흐르는 강의 여신. 티탄 신족이지만 티타노마키아 때 자식들과 함께 제우스의 편에 서서 승리를 이끌었다. 그에 대한 선물로 제우스는 앞으로 위대한 신들의 맹세는 스틱스의 이름을 걸고 하도록 했는데, 이때부터 스틱스의 이름으로 한 맹세는 제우스조차 어겨서는 안 되는 것이 되었다. 스틱스가 티탄 신족인 팔라스와 결혼해 낳은 자식으로는 니케(승리), 크라토스(힘 혹은 권력), 비아(폭력 혹은 용감함), 젤로스(질투 혹은 경쟁심)가 있으며 어머니 스틱스의 공으로 모두 올림포스 신으로 인정받았다.

스핑크스Sphinx

그리스신화에서 수수께끼를 내서 답하지 못하면 잡아먹는 괴물로 등장한다. 원형은 이집트신화에 나오는 '세세 푸우'로 이집트의 수호신이자 절대 권력자를 상징했고 이집트 피라미드 옆뿐 아니라 오리엔트 전역에 퍼져 신전과 왕궁, 묘소 입구 등에 세워졌다. 외양에서 사람의 머리에 사자의 몸통은 공통이지만 이집트의 세세 푸우에는 파라오의 얼굴에 날개가 없고 그리스의 스핑크스에는 여자의 얼굴과 상반신에 날개가 있다. 세세 푸우가 '목을 졸라 죽이는 자'라는 뜻인 스핑크스로 이름이 바뀐 것은 기원전 332년 마케도니아의 알렉산더가 이집트를 정복하면서부터다.

시바Shiva

인도신화에서 파괴의 신. 아리아인이 인도를 정복하면서 들여온 브라만교(바라문교, 婆羅門教)의 브라흐마나 비슈누와 달리 시바는 토착신이다. 브라만교가 토착신을 융합해 힌두교로 개편하면서 트리무르티(삼위일체 사상)이 등장하는데, 이에 따르면 브라흐마가 세계를 창조하고 비슈누가 유지하고 시바가 파괴한다고 한다. 머리에서 갠지스강이 흘러내리며 이마에 제3의 눈이 있고 검푸른 목을 지녔다. 히말라야에서 가부좌를 틀고 명상하는 모습으로 자주 표현되는 것은 신이면서 수행자이기 때문이다. 시바 신의 별칭 중 하나인 마헤슈바라Mahesvara가 대승불교에 수용되어 대자제천大自在天으로도 불린다.

시빌레Sibylle

그리스신화와 로마신화에서 자주 등장하는 이름으로 한 사람이 아니라 아폴론에게 예언 능력을 부여받은 무녀로 대략 10여 명이다. 가장 유명한 시빌레는 '에리트라이의 시빌레'로 인간의 삶을 110년씩 아홉 번이나 살았다고 한다. 베르길리우스의 《아이네이스》에 나오는 시빌레는 '쿠마이의 시빌레'다. 아폴론이 구애하면서 무슨 소원이든 다 들어주겠다고 했을 때 손에 모래를 한 움큼 쥐면서 모래알의 수만큼 장수하게 해달라고 했고 이루어졌다. 하지만 시빌레가 계속 아폴론의 사

랑을 거부하자 아폴론은 시빌레를 오래 살되 계속 늙어가게 내버려
두었다.

시시포스Sisyphus

그리스신화에서 에피레(훗날의 코린토스)의 창건자. 인간 가운데 가장
영악한 인물로 묘사된다. 제우스가 강의 신 아소포스의 딸 아이기나를
유괴하는 것을 목격하고 딸을 찾아 헤매는 아소포스에게 자신이 왕으
로 있는 코린토스의 아크로폴리스에 샘물이 솟아나게 해줄 것을 대가
로 사실을 알려준다. 이에 분노한 제우스가 죽음의 신 타나토스를 보
내지만 오히려 시시포스에게 속아 토굴에 감금당하고 지상에서 죽는
사람이 아무도 없게 된다. 제우스는 전쟁의 신 아레스를 보내 타나토
스를 풀어주고 다시 시시포스를 찾아 저승으로 압송한다. 자신의 앞일
을 예측한 시시포스는 저승으로 끌려가기 직전 아내 메로페에게 자신
의 장례를 치르지 말라고 당부했고, 이를 구실로 하데스에게 자신의
장례를 치르지 않는 아내의 잘못을 바로잡고 돌아오겠다고 속인다. 이
승으로 돌아온 시시포스는 장수를 누렸지만 저승에 가 바위를 끊임없
이 산꼭대기까지 굴려 올려야 하는 형벌을 받는다. 프랑스 작가 알베
르 카뮈가 에세이 《시시포스 신화》에서 쓸모없고 희망 없는 일을 무한
반복하는 시시포스를 실존주의 철학의 개념인 부조리의 상징으로 재
해석했다.

실레노스Silenus

그리스신화에서 상반신은 인간, 하반신은 염소의 모습을 한 사티로스
중 하나로 지혜가 뛰어났으며 제우스와 세밀레의 아들인 디오니소스
를 양육했다. 미케네의 왕인 미다스가 술에 취한 실레노스를 잘 대접
하자 디오니소스가 고마워하며 소원을 들어주겠노라 했고 미다스가
자신의 손이 닿는 것은 모두 황금이 되게 해달라고 했다. 늙은 사티로

스를 통칭해 실레노스라고 부르기도 하며 아테네 시민들이 소크라테스를 실레노스에 비유하기도 했다.

●

아가멤논Agamemnon

그리스의 도시 국가들 중 최강국인 미케네의 왕으로, 스파르타의 왕인 메넬라오스와 형제다. 동생인 메넬라오스의 부인 헬레네가 트로이 왕자 파리스와 사랑에 빠져 트로이로 도주하자 그리스 연합군의 총사령관이 되어 트로이에 출정한다. 아르테미스의 노여움을 사서 바다에 바람이 전혀 불지 않자 여신의 노여움을 풀기 위해 자기 딸인 이피게네이아를 산 제물로 바쳤다. 그리스 주요 비극의 소재인 아트레우스 가家 사람으로 증조할아버지가 탄탈로스, 고모할머니가 니오베이며 트로이 전쟁에서 돌아오자마자 아내 클리템네스트라에게 살해당한다.

아도니스Adonis

미소년을 상징하는 대명사로 불릴 만큼 아름다운 외모를 지닌 남자로 아프로디테의 연인. 멧돼지 사냥을 하다 이빨에 찔려 죽었다. 아프로디테가 슬퍼하며 그의 피에 넥타르를 뿌리자 꽃이 피어났는데, 이른 나이에 죽은 그의 모습을 나타내듯, 바람만 불어도 떨어지는 아네모네였다.

아레스Ares

그리스신화에서 전쟁과 파괴의 신. 로마신화에서 마르스. 제우스와 헤라의 아들이며 아프로디테의 연인이다. 아레스와 아프로디테 사이에 태어난 아들이 사랑의 신, 에로스(로마신화에서 큐피드)다. 같은 전쟁의 신이라도 아테나와 달리 맹목적으로 파괴적이고 황폐화시키는 힘이 있다. 그리스신화에서는 때로 신들에게 조롱당하고 인간에게조차 부상당하는 모습을 보이나 로마신화에서는 군신 마르스로 위엄 있는 모습을 보이며 숱한 전쟁과 전투를 치러야 했던 로마제국에서 중요하게 숭배되었다.

아르카스Arkas

그리스신화에서 아르카디아의 왕. 제우스와 숲의 님프 칼리스토 사이에게서 태어났다. 펠로폰네소스 지역의 선주민인 펠라스고이의 시조 펠라스고스의 외손자다. 그가 개국한 아르카디아는 후에 '이상향'을 상징하는 대명사가 되었다.

아르테미스Artemis

그리스신화에서 사냥의 신이자 달의 신. 순결의 보호자. 로마신화에서 디아나. 제우스와 레토의 딸로 아폴론과는 쌍둥이다.

아브락사스Abraxas

헬레니즘 시대에 그리스와 이집트, 동방에서 유행하던 종파인 그노시스파에서 숭배한 최고신. 닭대가리에 오른손에 방패, 왼손에 채찍을 들고, 두 발이 뱀으로 묘사되는데 닭은 예견과 사려 깊음, 방패는 지혜, 채찍은 힘, 두 마리의 뱀인 누스와 로고스는 영성과 이해를 상징한다.

아누비스Anubys

이집트신화에서 죽은 자를 하계로 인도해 영혼을 계량하고 심판받는 것을 관리·감독하는 신. 오시리스가 세트에게 살해되자 최고신 '라'의 사절로 내려와 이시스와 함께 오시리스가 소생하는 데 주요 역할을 했다.

아서 왕King Arthur

켈트족 브리튼의 전설적인 왕. 우터 왕과 콘월 공작의 아내인 이그레인 사이에 혼외자로 태어났다. 가신의 손에 자라 열일곱되는 해에 바위에 박힌 엑스칼리버를 뽑고 브리튼의 왕위에 오른다. 색슨족 게르만인의 침략을 막아냈으며 멀린과 함께 원탁을 설립해 기사를 모으고 왕국을 정비하는 데 힘을 쓴다. 원탁의 기사들과 함께 성배 찾기에 나서고 성공하지만 왕비인 귀네비어와 원탁의 기사 란슬롯의 불륜이 왕국에 불화를 일으키고, 아서 왕의 사생아인 모드레드가 캄란 전투를 일으켜 아서 왕에게 맞선다. 모드레드는 전사하고 아서 왕은 큰 부상을 입은 채 켈트인의 전설적 이상향인 아발론으로 떠난다.

아스가르드Asgard

북유럽신화의 주신들인 아스 신족이 사는 나라. 오딘이 아스가르드의 지배자이며 오딘의 궁전을 '발할'이라고 한다.

아지 다하카Azi Dahaka

고대 페르시아에서 창시된 조로아스터교의 악신 앙그라 마이뉴가 세상을 멸망시키기 위해 만든 용.

아이네이아스Aeneas

트로이의 영웅이자 고대 로마의 시조. 아프로디테와 트로이 왕자 안키세스 사이에 태어났다. 호메로스의 《일리아스》에 따르면 그리스 연합군에 맞서 헥토르에 버금가는 용맹을 떨쳤으나 트로이 패망 뒤 유민들을 이끌고 7년의 유랑 끝에 이탈리아의 라티움에 정착해 로마의 전신인 '알바 롱가'를 건설한다. 트로이를 함께 탈출한 아들 이울루스는 카이사르와 아우구스투스가 속한 율리아 가의 선조가 되고, 라티움에 정착한 뒤 공주 라비니아와 결혼해 낳은 아들의 후손이 '늑대의 젖을 먹는 쌍둥이 형제 조각상'으로 친숙한 로물루스와 레무스로 로마제국의 시조가 된다. 아우구스투스 황제의 명으로 베르길리우스가 쓴 《아이네이스》의 주인공이다. 디도 여왕과의 사랑 이야기도 유명하다.

아이도스 Aidos

그리스신화에서 염치와 겸손을 의인화한 신.

아테나 Athena

그리스신화에서 지혜의 신이자 전쟁의 신. 로마신화에서 미네르바. 제우스와 티탄 신족 메티스(지혜의 신) 사이에서 태어났다. 제우스는 첫 번째 아내인 메티스가 임신했다는 사실을 알고 메티스를 통째로 꿀꺽 삼켰다. 갈수록 제우스의 두통이 심해지자 헤파이스토스가 제우스의 머리를 도끼로 쪼갰고 여기에서 갑옷으로 완전무장한 성인 여성이 튀어나왔다. 그리스 전역에서 '아테나 폴리아스'로 숭배받았고 바쳐진 신전 중에 아테네의 아크로폴리스에 세워진 '파르테논 신전(처녀신의 신전)'이 가장 유명하다. 공예와 직조의 보호자이기도 하다.

아폴론 Apollon

그리스신화에서 궁술과 예언, 음악과 광명의 신이자 역병의 신이면서 치유의 신, 가축 떼의 보호자다. 로마신화에서 아폴로. 가장 그리스적인 신으로 그리스인에게 숭배의 대상이었고 남신들 가운데 가장 조각품이 많다. 델포이섬의 아폴론 신전은 그의 신탁을 들을 수 있는 곳으로 그리스와 주변 국가들에 성소로 여겨졌다. 제우스와 레토의 아들로 아르테미스와 쌍둥이다.

아프로디테Aphrodite

그리스신화에서 미와 사랑의 여신. 로마신화에서 베누스. 여성의 성적 아름다움과 사랑의 욕망을 관장하는 것으로 알려졌으나, 이 책에서는 생명의 시작, 카오스의 후계자로 해석했다. 대장간의 신 헤파이스토스와 결혼했으나 둘 사이에는 자식이 없고, 트로이 왕자 안키세스에게서 낳은 아들이 아이네이아스로 훗날 로마를 건국한 로물루스와 레무스 형제의 직계조상이다. 아이네이아스의 또 다른 아들의 후손이 율리우스 카이사르로 44년 파루살루스 전투에서 승리하고 사실상 로마의 일인자가 되자 가문의 신이었던 베누스 신전을 지었고, 이후 베누스는 로마의 수호신이 된다.

아후라 마즈다Ahura Mazda

고대 페르시아에서 창시된 조로아스터교의 최고신이자 유일신. 조로아스터교의 창시자인 조로아스터(차라투스트라)가 '불생불멸의 최고신'이라고 선언한 신의 이름이다. '아후라Ahura'는 빛을 뜻하고, '마즈다Mazda'는 지혜를 뜻해 '지혜의 최고신'이라는 뜻이다.

앙그라 마이뉴Angra Mainyu

고대 페르시아에서 창시된 조로아스터교에서 최고신 아후라 마즈다에 대적하는 악신.

얀카Yanka

히타이트신화의 최고신인 테슙이 그 자리에 오르기 위해 싸워야 했던 악신. 거대한 뱀으로 묘사되며 테슙과 얀카의 일전은 '용 퇴치 전설'의 기원이 된다.

에리니에스Erinyes

그리스신화에서 복수의 여신들로 특히 혈족 간의 범죄를 철저히 응징해 원한을 풀어준다. 알레토 · 티시포네 · 메가이라 세 자매다.

에리스Eris

그리스신화에서 불화의 신. 에리스에는 양면성이 있어 사악한 전쟁과 불화를 조장하는 해롭고 위험한 면이 있지만 선의의 경쟁심을 불러일으켜 부와 행복을 얻을 수 있게 하는 면이 있다.

에우리노메Eurynome

고대 그리스인(헬라스인)이 펠레폰네소스(펠라스기아)를 정복하기 전, 선주민의 태초의 신이자 창조신이었다. 후에 그리스신화로 흡수되어 바다의 신인 오케아노스의 딸로 지위가 격하된다.

에오스Eos

그리스신화에서 새벽의 여신, 로마신화에서 아우로라. 두 마리 말 파에톤(눈부심)과 람포스(빛)가 이끄는 마차를 타고 새벽하늘을 달리며 어둠을 걷어낸다. 티탄 신족인 히페리온(태양을 주관)과 테이아(빛을 주관)의 딸이며, 그가 지나가면 오빠인 태양신 헬리오스가 나타난다.

에피메테우스Epimetheus

그리스신화에 등장하는 티탄. 프로메테우스의 동생. 프로메테우스가 올림포스의 불을 훔친 것에 대한 후환이 두려워 제우스가 선물을 보내면 아무것도 받지 말라 했는데 '판도라'를 받고 만다. 판도라와의 사이에 피라가 태어나 프로메테우스의 아들인 데우칼리온과 부부가 되었으며 이들은 제우스의 대홍수로 모든 인류가 멸망한 뒤에 현생 인류의 시조가 된다.

엔릴Enlil

수메르신화에서 대기의 신. 바빌로니아 신화의 '엘릴Ellil'에 해당한다.
신들의 왕인 '안(아누)'과 땅의 신 '키' 사이에서 태어난 맏아들로 안의
지위를 물려받아 사실상 최고신이다. 인간의 소음이 시끄러워 최초의
대홍수를 일으켜 멸망시킨다. 엔키의 귀띔으로 지우수드라 부부가 살
아남았다는 사실을 알고 화를 냈으나 곧 그들 부부에게 영생을 약속
하며 신들의 낙원인 '딜문'에 살 권리를 부여한다.

엔키Enki

수메르신화에서 지혜의 신. 바빌로니아신화에서 '에아Ea'에 해당한다.
신들의 왕인 '안(아누)'와 물의 신 '남무' 사이에서 태어난 아들로 엔릴
과 이복형제다. 엔릴이 대홍수를 일으켜 인간을 멸망시키기로 결정했
을 때 지우수드라에게 귀띔해 방주를 짓게 한다.

여와女媧

동양신화에서 우주와 인류를 창조한 어머니 여신이자 대지의 여신. 정
월 초하루에 닭을, 이틀째 개를, 사흘째 양을, 나흘째 돼지를, 닷새째 소
를, 엿새째 말을, 이레째 사람을, 여드레째 일반 곡식을, 아흐레째 조를,
열흘째 보리를 만들었다. 결혼제도를 만들고 남녀를 짝 지우는 결혼의
신이기도 하다. 하반신은 뱀, 상반신은 사람의 형상으로 묘사된다.

오디세우스Odysseus

그리스신화에 나오는 트로이 전쟁의 영웅이자 이타카의 왕. 그리스 연
합군 최고의 지략가로 목마를 고안해 트로이 멸망에 결정적인 역할을
했다. 그러나 귀국길에 그리스 연합군 전체를 향한 아테나의 분노로
타고 있던 배가 난파당하고 표류를 거듭하면서 10여 년 동안 열두 번
의 기이한 모험과 위기를 겪는다. 호메로스의 《일리아스》와 《오디세이

아)에서는 지혜롭고 참을성 많고 언변에 능한 탁월한 인물로 묘사되지만, 에우리피데스와 소포클레스의 비극에서는 목적을 위해 수단과 방법을 가리지 않는 비정한 인물로 그려진다.

오딘Odin

북유럽신화에서 최고신. 천지와 인간을 창조해 '모든 이의 아버지'이고, 전투가 벌어졌을 때 발키리를 보내 가장 용감한 전사들만을 골라 아스가르드에 있는 궁전 발할로 데려온다는 점에서 전투와 죽음의 신이다. 시와 지혜의 신이기도 하다. 보탄Wotan, 보덴Voden 등으로 불린다. 수요일을 뜻하는 영어 'Wednesday'의 어원이다.

오르페우스Orpheus

그리스신화에 나오는 예술가 중 가장 유명하며 음유시인을 대표한다. 아폴론과 뮤즈 아홉 자매 중 하나인 칼리오페(서사시를 관장한다) 사이에서 태어났다. 아폴론에게 리라 연주를 배웠고, 그가 리라를 연주하며 노래하면 나무와 돌이 춤추고 맹수나 난폭한 인간도 온순해졌다. 아내인 물의 님프 에우리디케를 지극히 사랑해 그녀가 독사에 물려 죽자 슬픔을 견디다 못해 하계로 내려가 에우리디케를 풀어줄 것을 간청한다. 그의 음악에 감동한 하계의 신 하데스가 아내를 데려가되 이승의 빛에 닿을 때까지는 절대 뒤돌아봐서는 안 된다고 경고했지만 지키지 못했고, 에우리디케는 하계로 빨려 들어가버렸다. 그 뒤 슬픔에 잠겨 지내며 여자를 멀리했는데 디오니소스 축제 때 여신도들에게 살해당하였고 사체는 찢기고 만다.

오시리스Osiris

이집트신화에서 저승의 신이자 부활을 상징한다. 땅의 신 게브와 하늘의 신 누트 사이에서 태어났다. 자신의 왕위를 탐낸 세트에게 살해당하고 몸이 열네 조각으로 찢긴다. 누이이자 아내인 이시스가 시체를 수습해서 소생하지만 아들 호루스에게 다음을 맡기고 하계로 떠난다. 오시리스의 죽음과 부활은 나일의 범람과 풍요에 대한 은유다. 마치 죽음과도 같은 홍수지만 나일이 범람하면 비옥한 토양을 대지로 실어 나르고 여기에 종자를 뿌리면 곧 싹이 트고 생장해 풍요를 거둔다. 오시리스가 땅에 묻는 종자에 해당한다고 볼 수 있다.

오이디푸스Oedipus

그리스 비극의 대표적인 인물. 테베의 왕 라이오스의 아들로 태어나지만 아버지를 죽이고 어머니와 결혼하리라는 신탁이 내려져 이를 두려워한 라이오스가 양치기를 시켜 죽이라고 명한다. 목숨을 건진 오이디푸스는 자신의 신분을 알지 못한 채 코린토스의 왕자로 성장하다 델포이 신전에서 자신이 아버지를 죽이고 어머니와 결혼할 것이라는 신탁을 듣고 이를 피하기 위해 코린토스를 떠나 테베로 간다. 그 길에 친부인 라이오스와 싸움이 붙어 친부를 살해하고 만다. 스핑크스의 수수께끼를 풀어 테베의 큰 골칫거리를 해결하자 그 공으로 테베의 왕위에 오르고 왕비 이오카스테를 아내로 맞아 자녀들을 낳았다. 후에 자신이 무슨 짓을 저질렀는지 진실을 알게 되자 스스로 두 눈을 뽑고 테베를 떠난다. 소포클레스가 지은 동명의 비극 작품이 유명하며 지그문트 프로이트의 이론 '오이디푸스 콤플렉스'는 그를 모티브로 한다.

오피온Ophion

고대 그리스인(헬라스인)이 펠레폰네소스(펠라스기아)를 정복하기 전, 선주민의 신화인 펠라스기아 신화에서 에우노리메가 만든 거대한 구렁이 형상의 신. 에우노리메와 결합해 만물을 창조했다. 후에 그리스 신화로 흡수되어 티탄 신족으로 지위가 격하된다. 그러나 오르페우스교에서는 오피온을 숭배했고, 그와 에우리노메에게서 신들의 지식을 가진 고대 종족이 태어났다고 주장했다.

와젯Wadjet
고대 이집트신화에서 나일 하류 하ㅏ이집트의 최고신. 점차 파라오에 복속되면서 왕관에 부착되어 똬리를 튼 코브라의 형상으로 표현된다.

요르문간드Jormungand
북유럽신화에서 세계바다에 살며 미드가르드(인간의 세계)를 한 바퀴 감싸고 자기 꼬리를 입에 물고 있는 뱀. '미드가르드 뱀'이라고도, '세계 뱀'이라고도 부른다. 요르문간드가 자기 꼬리를 놓으면 세상이 멸망한다.

우라노스Uranus
그리스신화에서 대지의 신 가이아가 홀로 만들어낸 하늘의 신. 가이아와 우라노스가 결합해 오케아노스, 코이오스와 크레이오스, 휘페리온과 이아페토스, 테이아와 레아, 테미스와 므네모쉬네, 포이베, 테티스, 크로노스 티탄 신족 열둘을 낳았는데 모두 삼켜버렸다. 이후 태어난 퀴클롭스 3형제, 헤가톤케이레스 3형제는 타르타로스에 가두어 빛을 보지 못하게 했다. 이런 행동은 가이아의 분노를 사 크로노스가 우라노스를 축출하는 계기가 된다.

우로보로스Ouroboros
고대 여러 문화권에서 나타나는 상징이다. 커다란 뱀 또는 용이 자신의 꼬리를 물고 삼켜 원형을 이루는 형상이다. '시작이 곧 끝'이라는 의미로 영원과 무한을 상징하며, 중세에는 연금술의 대표적인 상징으로, 현대에서는 칼 융 등이 인간의 심성을 나타내는 상징으로 사용했다.

이그드라실Yggdrasil

북유럽신화에 등장하는 거대한 물푸레나무로 온 세상에 가지를 펼쳐 보호하는 세계수世界樹다. 세 개의 뿌리는 각각 아스족이 사는 세상, 서리 거인족이 사는 세상, 니플헤임으로 뻗어 있다. 서리 거인족의 세상 아래로 뻗은 뿌리 아래에 미미르의 샘이 있다.

이둔Idun

북유럽신화에서 젊음을 주관하는 신이다. 아스 신들은 이둔이 나누어주는 황금사과를 먹고 영원한 젊음을 누린다.

이시스Isis

이집트신화에서 오시리스의 아내이자 호루스의 어머니. 오시리스가 세트에게 살해당하자 시체를 찾아 이집트 전역을 헤맨다. 세트의 온갖 방해에도 오시리스의 시체 조각들을 수습해 부활시킨다. 본래는 이집트신화가 성립되기 전부터 토착 신으로 나일을 주관하는 여신이자 풍요의 신으로 농사 등의 문명을 전파했다고 한다.

인드라Indra

아리아인이 인도를 정복하기 전부터 섬긴 최고신이자 무신. 정복 뒤에 편찬한 가장 오랜 경전《리그베다》에서 가장 많은 찬가를 받았으나 정복이 끝나고 안정이 필요한 시점에는 더 이상 무신이 필요치 않기 때문에 최고신에서 물러난다. 아리아인이 숭배한 종교가 브라만교이며 이후 토착신앙을 받아들여 힌두교로 개편된다. 불교에서 불법佛法의 수호신으로 수용해 '제석천帝釋天'이라 명명했다.

ㅈ

자그레우스Zagreus

고대그리스의 밀교인 오르페우스교에서 숭배한 신. 천상의 신인 제우스와 하계의 신인 페르세포네 사이에서 태어났다. 제우스가 후계로 삼으려 했으나 티탄들에게 붙들려 사지가 찢기고 먹힌다. 오르페우스교에서는 제우스가 세멜레에게 자그레우스의 심장을 삼키게 해서 제2의 자그레우스인 디오니소스가 탄생했다고 주장하는데 이는 그리스신화에는 없는 내용이다.

제우스Zeus

그리스신화에서 최고신. 로마신화에서 유피테르. 티탄 신족인 크로노스와 레아의 막내아들이다. 형제들과 합세해 아버지 크로노스를 축출하고 우주의 지배자가 되지만 크로노스를 비롯한 티탄 신족과 전쟁을 벌인 끝에 10년 만에 힘겹게 승리한다. 이후 제우스는 하늘, 포세이돈은 바다, 하데스는 저승을 맡아 지배하나 제우스의 천둥과 번개는 아무도 대항할 수 없는 막강한 힘(권력)을 상징한다. 통치자와 보호자라는 별명에서 알 수 있듯 그리스인에게 가장 중요한 신이었다. 올림피아에서 열렸던 제우스의 제전은 고대 그리스의 4대 제전 중 가장 규모가 큰 것으로 올림픽의 기원이다.

ㅋ

카오스Chaos · khaos

그리스신화에서 천지개벽이나 만물 발생 이전 태초에 존재했던 독자적인 존재, 혹은 '텅 빈 허공'이다. 피타고라스 이후 '미분화된 혼돈 상태'로 뜻이 변하면서 오늘날 '불규칙하고 예측 불가능한 현상'에 이르렀고, 카오스에 반대되는 말이 정돈·장식·질서를 의미하는 코스모스 kosmos다.

카산드라 Cassandra

그리스신화에서 예언자. 트로이의 마지막 왕 프리아모스와 헤카베의 딸로 헥토르, 파리스의 누이다. 아폴론이 구애하면서 예지력을 선물했지만 끝내 사랑을 거부해서 그에 대한 저주로 아무도 그녀의 예언을 믿지 않는다. 트로이 목마를 성안으로 들이면 멸망할 것이라고 예언했지만 아무도 그 말에 귀 기울이지 않았다. 트로이 멸망의 순간에 아테나 신전에 있다가 그리스 장수 아이아스에게 겁탈당했다. 아테나가 크게 분노해 승전 후 귀국하는 그리스 연합군에 저주를 내리고 그 결과 항해를 시작하자마자 아가멤논의 배를 제외하고 모두 난파한다. 카산드라의 이름을 딴 '카산드라 콤플렉스'는 예언이 맞지만 아무도 믿지 않는, 혹은 믿고 싶지 않은 상황을 뜻한다.

칼키 Kalki

인도에서 가장 중요한 신으로 숭배받는 비슈누의 열 번째이자 마지막 화신으로 아직 나타나지 않았다. '칼리유가'라 불리는 말세에 나타나 악을 멸하고 새로운 세계를 창조할 것으로 예언된다.

퀴클롭스 Cyclops, 키클로페스 Cyclopes

'둥근 눈'이라는 뜻이다. 이마 한가운데 커다란 둥근 눈이 박혀 있는 티탄을 일컫는다. 그리스신화에서 최초의 퀴클롭스는 가이아와 우라노스가 낳은 티탄으로 브론테스, 스테로페스, 아르게스 3형제였다. 이들은 티타노마키아 때 제우스에게 천둥과 벼락, 번개를 만들어주었다. 호메로스의 《오디세이아》에도 퀴클롭스가 등장하는데 그들은 티탄 신족과 다른 외눈박이 거인부족이다.

크로노스Chronos

그리스신화에서 시간의 신이다. 2대 최고신이자 제우스의 아버지인 크로노스와 혼동되어 쓰이는 경우가 많지만 서로 다른 신으로 그리스어로 이름 자체가 '시간'이다. 긴 수염이 난 늙은 현자의 모습으로 등장하며 영어의 연대기chronicle, 연대학chronology 등의 어원이다.

크로노스Kronos

그리스신화에서 최초의 최고신인 우라노스의 막내아들이자 제우스의 아버지. 아버지 우라노스를 거세하고 우주를 지배하는 2대 최고신이 된다. 레아와 결합해 여섯 자녀를 낳는데 자신이 자식들 중 한 명에게 축출당할 운명임을 알고 태어나는 족족 삼켜버린다. 제우스를 비롯한 자식들이 대적해오자 티탄들과 함께 맞서는데 이 전쟁을 '티타노마키아'라 한다. 그리스신화에서는 전쟁에 패해 타르타로스에 갇힌다고 하나 로마신화에서는 이탈리아로 건너가 사투르누스가 된다. 헤시오도스에 따르면 크로노스가 지배할 때 인류는 황금종족으로 기쁘고 행복하게 살았다고 한다.

크리슈나Krishna

인도에서 가장 중요한 신으로 숭배받는 비슈누의 여덟 번째 화신이지만 비슈누 그 자체로도 숭배받는다. 《라마야나》와 함께 인도의 2대 서사시인 《바가바드 기타》에서는 '아르주나'의 전차를 모는 마부이자 책사로 등장한다. 아르주나가 혈육과의 전쟁을 앞두고 고뇌할 때 그에게 깨우침을 줘서 쿠루크셰트라 전쟁을 승리로 이끄는데, 이 설교를 단독으로 다뤄 인도의 주요경전이 된 것이 《바가바드 기타》이다. 역사적으로는 기원전에 실존했던 야다바족의 정신적 지도자로 이 세력을 흡수하려는 브라만교에 의해 비슈누의 화신이 되었다.

ㅌ

타르타로스Tartaros

그리스신화에 나오는 지하 세계의 가장 깊은 곳. 헤시오도스는 대지의
신인 '가이아의 자궁'이라고 표현했다. 지옥이라는 인식은 훗날 생긴
것으로, 제우스가 티타노마키아에서 승리한 뒤 자신에게 반기를 들었
던 티탄들을 모두 여기에 감금했다. 또 신을 모욕한 인간들이 이곳에
갇혀 모진 형벌을 받았는데 시시포스와 다나이드, 악시온이 그들이다.

탄탈로스Tantalus

그리스신화에서 제우스와 님프 플루토의 아들로 황금이 많은 리디아
를 통치했다. 신들의 능력을 시험해보려고 아들 펠롭스를 죽여 그 살
점으로 음식을 장만해서 자기 집에 손님으로 온 신들 앞에 내놓았다.
그 벌로 탄탈로스는 타르타로스에 갇혀 영원한 허기와 갈증으로 고통
받는 형벌을 받는다. 그리스 주요 비극의 소재인 아트레우스 가家의
시조다.

테슙Teshub

히타이트신화에서 최고신. 천둥과 번개의 신으로 황소를 탄 모습으로
묘사된다. 히타이트신화에서 '신'을 의미하는 용어가 하늘로부터 와서
실제로 존재한 지도자를 가리키는 보통명사였을 가능성이 있다. 히타
이트의 주요 신들은 올림포스 신들처럼 열두 신이었고, 열두 개의 천
체들과 각각 연결되어 있는 등 그리스신화에 큰 영향을 끼쳤다.

토르Thor

북유럽신화에서 천둥과 폭풍의 신. 인간을 힘들게 하는 거인으로부터 인간을 보호하는 수호신. 영어로 목요일Thursday은 '토르의 날Thor's day'이라는 뜻이다. 북유럽신화에서 가장 많은 분량으로 등장하며 로키의 친구이기도 하다. 마블 영화에는 토르와 로키가 형제이며 오딘의 아들로 설정되어 있는데 북유럽신화에 그런 언급은 없다.

토트Thoth

이집트신화에서 지혜와 정의의 신. 지식과 과학, 언어, 시간 등을 관장한다. 주로 따오기나 비비 머리에 사람의 몸을 한 모습으로 묘사된다.

티르Tyr

북유럽에서 오딘 이전에 최고신으로 숭배받은 전쟁의 신이었으나 점차 오딘에게 최고신의 자리를 내주었다. 로키의 자식인 거대 늑대 펜리르가 라그나뢰크(신들의 멸망)를 몰고 올 것을 예견하고 자신의 한쪽 팔을 내주는 대가를 치르고 '글레이프니르'라는 족쇄를 채우는 데 성공한 일화는 그의 뛰어난 지략과 용맹함, 희생을 보여준다.

티아마트Tiamat

수메르신화에서 혼돈의 신이자 만물을 창조한 신. 본래 바다의 신이었으며 마루두크(바빌로니아의 최고신)와의 전쟁에서 패한 뒤 사체는 대지가 된다.

테이레시아스Teiresias

그리스신화에 등장하는 테베의 예언자. 소포클레스의 《오이디푸스》 《안티고네》 등 그리스 문학작품에도 자주 언급된다. 예지력이 뛰어났고 남성이었지만 여성으로도 7년을 산 적도 있는데도 보통 사람의 수

명보다 일곱 배를 더 살아 사람으로서 테이레시아스만큼 현명한 자는 없다고 전한다.

티탄Titan 신족

그리스신화에서 최초의 최고신 우라노스와 가이아가 낳은 열두 자녀와 그 후손들. 막내인 크로노스가 어머니 가이아의 권유로 아버지 우라노스를 거세하고 우주를 지배하는 2대 최고신이 된다. 그 뒤 크로노스와 레아가 결합해 여섯 자녀를 낳는데, 자신이 자식들 중 한 명에게 축출당할 운명임을 알고 태어나는 족족 삼켜버린다. 막내 제우스가 태어나자 레아는 시어머니 가이아와 공모해 아기 대신 돌멩이를 포대기에 싸서 건네주고 아기는 크레타섬의 동굴에 감춘다. 제우스는 장성한 뒤 티탄 신족인 메티스(지혜의 신)를 설득해 크로노스에게 구토제를 먹인 다음 형과 누나들을 토하게 하고 힘을 합쳐 아버지 크로노스를 축출하는 티타노마키아(티탄 신족과의 전쟁)를 벌이고 승리해 올림포스 시대를 연다. 티탄 신족이라고 하면 일반적으로 올림포스 열두 신 이전의 신들을 가리킨다.

티폰Typhon

그리스신화에 등장하는 가장 강하고 무서운 티탄. 몸통은 인간이지만 눈에서 불을 내뿜는 1백 개의 용머리, 하반신은 거대한 뱀, 온몸은 깃털과 날개로 덮여 있다. 어깨는 하늘에 닿고, 1백 개의 머리는 하늘에 떠 있는 별을 스치며 두 팔은 세상의 동쪽과 서쪽의 끝까지 닿는다. 신들조차 티폰을 감당할 자가 없었다. 영어 '태풍Typhoon'의 어원이다.

파마 Fama

그리스신화에서 소문의 신. 로마신화에서 페메에 해당한다.

파에톤 Phaethon

그리스신화에서 티탄 신족 태양신인 헬리오스와 바다의 님프 클리메네의 아들. 태양신의 지위가 아폴론에게 이동하면서 아버지가 아폴론으로 바뀌기도 한다. 자신이 태양신의 아들임을 증명하려고 아버지를 졸라 태양을 이끄는 마차를 몰지만 네 마리 천마를 통제할 능력이 없어 세상에 가뭄과 화재 등을 일으키자 제우스가 벼락을 쳐서 사태를 끝내고 파에톤은 추락한다.

페르세우스 Perseus

그리스신화에 등장하는 영웅. 제우스가 황금 비로 변신해서 아르고스의 공주 다나에를 범해 태어났다. 메두사의 목을 베어 아테나에게 바쳤고, 바다 괴물의 제물이 된 안드로메다를 구해 결혼한다. 훗날 미케네의 왕이 된다. 페르세우스의 만아들 페르세스가 페르세우스 왕가의 조상이 된다.

페르세포네 Persephone

그리스신화에서 제우스와 대지의 여신인 데메테르의 딸. 시칠리아섬의 헨나(또는 엔나) 고원에서 친구들과 꽃을 따다가 검푸른 말들이 끄는 전차를 타고 갑자기 땅 밑에서 나타난 하데스에게 저승으로 납치당한다. 페르세포네가 데메테르 곁에 머무는 동안에는 대지에 온갖 곡식이 자라지만, 떠나고 없는 동안에는 딸에 대한 그리움과 슬픔 때문에 데메테르가 대지에 축복을 내려주지 않아 곡식이 자라지 못한다.

하지만 곡식이란 씨앗이 반드시 땅에 묻혀 싹이 터야만 자랄 수 있으므로 페르세포네는 씨앗을 상징하기도 한다. 하데스와 결혼해 하계의 여왕이 된다.

펜리르Fenrir

북유럽신화에서 입을 열면 위턱과 아래턱이 하늘과 땅까지 닿고 눈과 코에서 화염을 내뿜는 거대 늑대. 오딘을 죽일 것이라는 예언 때문에 '글레이프니르'라는 사슬로 묶어두었으나 라그나뢰크가 임박하면서 사슬은 풀리고 요르문간드, 헬과 함께 아스 신들과 최후의 일전을 치른다.

프라자파티Prajapati

인도신화 중 베다신화에서 창세신. 현존하는 가장 오랜 경전인 《베다》에서 언급된다.

프로메테우스Prometheus

그리스신화에 등장하는 티탄. 티탄 신족인 이아페토스Iapetos의 아들로 모두 4형제인데, 티타노마키아 때 첫째 아틀라스와 둘째 메노이티오스는 티탄 편에 서서 전쟁이 끝난 뒤 형벌을 받았고, 셋째인 프로메테우스와 넷째인 에피메테우스는 제우스 편에 섰기에 주요 임무를 맡았다. 프로메테우스는 인간과 짐승을 창조했고 에피메테우스는 그 피조물이 살아가는 데 필요한 재주를 배분했다. 자신이 창조한 인간에 애착이 깊었던 프로메테우스는 인간이 다른 짐승들보다 이로운 재주가 없자 올림포스의 불을 훔쳐다 선물한다.

프리그Frigg

북유럽신화에서 아스 신들의 어머니. 오딘의 아내이자 발드르와 회드의 어머니다. 오딘과 함께 지상을 다니며 가정에 행운을 가져다준다.
금요일의 영어 표현 'Friday'의 어원이다.

프시케Psyche
그리스신화에서 에로스가 사랑한 여인. 에로스의 얼굴을 보지 못한 채
부부가 되었는데 호기심에 에로스가 잠든 사이 몰래 보려고 하다가
'사랑과 의심은 공존할 수 없다'는 말로 버림받는다. 에로스의 어머니
인 아프로디테에게 온갖 시련을 겪지만 시험에 통과하였고, 인간으로
서는 유일하게 넥타르를 먹고 영생불사하게 되며 올림포스에 올라 에
로스와 결혼한다. 에로스와 프시케 사이에 태어난 딸이 볼룹타, 기쁨
의 신이다. 영어로 '사이키psyche'라 부르며 마음, 영혼, 정신을 뜻한다.

ㅎ

헤라Hera
그리스신화에서 결혼과 출산, 가정수호의 신. 크로노스와 레아의 딸로
제우스의 누이이자 아내로 올림포스의 여왕이다. 헤라는 주로 남편의
외도 상대를 저주하고 그렇게 태어난 자식들을 미워하면서도 정작 제
우스에게 대항하지 못하는 모습으로 그려지는데 이는 당시의 지극히
가부장적인 시선을 대변한다. 로마신화에서 유노에 해당한다.

헤라클레스Heracles
그리스신화에 등장하는 영웅들 중에서도 힘과 용기가 뛰어나 특히 유
명하다. 제우스와 페르세우스의 후손인 알크메네 사이에 태어난 아들
로 아폴론의 손자 에우리토스에게 궁술을, 아우톨리코스에게 레슬링
을, 폴리데우케스에게서 무기 사용법을 배워 최고의 전사가 되었다. 헤

라가 그를 미워해 미치게 해서 처자를 모두 살해하는 죄를 지었고 이를 정화하기 위해 수행하는 것이 파란만장한 〈헤라클레스의 12과업〉이다. 헤라클레스는 사후 신들의 반열에 올라 헤라와 화해하고 제우스와 헤라의 딸 헤베(청춘의 신)과 결혼해 행복하게 산다.

헤르메스Hermes

그리스신화에서 전령의 신이자 상업과 도둑의 보호자. 로마신화에서 메르쿠리우스. 제우스와 티탄 신족 아틀라스의 딸 마이아 사이에서 태어났으며, 마이아는 영어의 5월에 해당하는 '메이May'의 어원이다. 성장 속도가 무척 빨라 태어난 날 정오에 악기 '리라'를 만들고 오후에 아폴론의 소와 양을 훔쳤다. 죽은 자의 혼백을 저승으로 데려가는 인도자기도 하다.

헤카톤케이레스Hekatoncheir

그리스신화에서 가이아가 낳은 코토스, 브리아레오스, 귀게스 3형제를 일컫는다. 겨드랑이에 1백 개의 거대한 팔이 솟아 있고, 어깨에는 쉰 개의 머리가 돋아나 있으며 엄청나게 힘이 세다. 우라노스가 타르타로스에 가두었으나 제우스가 티타노마키아 때 그들의 힘이 필요해서 꺼내 싸우게 하고 승리한 뒤엔 다시 타르타로스에 가두었다.

헬Hel

북유럽신화에서 죽은 자들이 머무는 세계이자 그곳을 다스리는 거인의 이름이기도 한다. 헬은 로키의 딸로, 늑대 펜리르와 뱀 미드가르드의 누이다.

헬리오스Helios

그리스신화에서 태양신. 로마의 솔Sol, 이집트의 라La, 메소포타미아의 샤마시Shamash, 페르시아의 미트라Mitra, 인도의 수르야Surya 등이 이에 해당한다. 신들의 권세가 티탄 신족에게서 올림포스 신들로 이동하면서 '태양신'의 지위가 아폴론Apollon에게 이동한다.

혼돈渾沌·混沌, 제강帝江
동양신화에서 중국 서쪽에 있는 곤륜산에 있는 신.《산해경》에는 온몸이 한 덩어리며, 이름이 '제강'이라고 나온다. 같은 신을 두고 장자는 '혼돈'이라 이름 붙이고,〈혼돈칠규〉라는 이야기를 지었다.

회드Höd
북유럽신화에서 오딘과 프리그의 첫째 아들이자 발드르의 형으로 장님이다. 로키의 사주를 받아 겨우살이 가지를 발드르에게 던져 죽이는 줄 모르고 죽인다.

히브리스Hybris
그리스신화에서 오만과 교만을 의인화한 신.

1장

- 구에르치노 (조반니 프란체스코 바르비에리) 〈아우로라〉 1621년, 프레스코, 루도비시 별장 소장
- 김홍도 〈해상군선도 8첩 병풍〉 1779년, 견본 채색, 국립중앙박물관 소장
- 《산해경》 속 혼돈의 신 '제강', 명나라
- 로렌초 로토 〈매그넘 카오스〉 1524~1531년, 상감세공, 산타 마리아 마조레 성당 소장
- 살바도르 달리 〈나르키소스의 변형〉 1937년, 캔버스에 유채, 테이트모던 소장
- 조르지오 바사리 〈우라노스를 거세하는 크로노스〉 16세기, 베키오 궁전 벽화
- 페테르 파울 루벤스 〈아들을 먹는 크로노스〉 1636년, 캔버스에 유채, 프라도 미술관 소장
- 프란시스코 호세 데 고야 〈아들을 먹는 크로노스〉 1819~1823년, 캔버스에 유채, 프라도 미술관 소장
- 폼페오 바토니 〈시간이 노년에게 아름다움을 파괴하라 명하다〉 1746년, 캔버스에 유채, 런던 내셔널갤러리 소장
- 대大 페테르 브뤼헐 〈죽음의 승리〉 1562년, 목판에 유채, 프라도 미술관 소장
- 피에트로 다 코르토나 〈황금시대〉 1637년, 프레스코, 피렌체 피티 궁전 소장

- 알렉상드르 카바넬 〈아프로디테의 탄생〉 1863년, 캔버스에 유채, 메트로폴리탄 미술관 소장
- 로렌츠 끌개Lorenz attractor

2장

- 웨일스 국기
- 윌리엄 블레이크 〈거대한 붉은 용과 태양 옷을 입은 여인〉 1805~1810년, 펜과 수채, 워싱턴 내셔널갤러리 소장
- 오스카 코코슈카 〈잠자는 여인〉 1908년, 석판화, 동화집 《꿈꾸는 소년들》 삽화
- 프란츠 폰 슈투크 〈용 사냥꾼〉 1913년, 패널에 유채, 개인 소장
- 테오도로스 펠레카노스 〈우로보로스〉 1478년
- 〈사령도〉 중 청룡 부분, 조선시대, 개인 소장
- 〈진흙을 빚어 인간을 창조하는 프로메테우스와 이를 지켜보는 아테나〉 부조, 3세기
- 윌리엄 아돌프 부게로 〈지옥의 단테와 베르길리우스〉 1850년, 캔버스에 유채, 오르세미술관 소장
- 오귀스트 로댕 〈우골리노 델라 게라르데스카〉 1880~1882년, 석고 조각, 오르세미술관 소장
- 베르나르 피카르 〈탄탈로스의 형벌〉 1733년, 에칭, 존 매독스 로버츠의 소설 〈뮤즈의 사원The Temple of the Muses〉 삽화
- 귀스타브 도레 〈루시퍼의 추락〉 1866년, 목판화, 존 밀턴의 《실낙원》 삽화
- 미켈란젤로 〈최후의 심판〉 중 미다스 부분, 1534~1541년, 프레스코, 바티칸 궁전 시스티나 성당
- 미켈란젤로 〈최후의 심판〉 중 성 바돌로메와 그의 벗겨진 살갗 부분, 1534~1541년, 프레스코, 바티칸 궁전 시스티나 성당
- 디에고 벨라스케스 〈실 잣는 여인들〉 1657년, 캔버스에 유채, 프라도 미술관 소장
- 베첼리오 티치아노 〈에우로페의 납치〉 1559~1562년, 캔버스에 유채, 이사벨라 스튜어트 가드너 박물관 소장
- 장 바티스트 샤르댕 〈비눗방울〉 1733~1735년, 캔버스에 유채, 워싱턴 내셔널갤러리 소장

- 귀스타브 쿠르베 〈절망적인 남자〉 1844~1845년, 캔버스에 유채, 개인 소장
- 주세페 드 리베라 〈아폴론과 마르시아스〉 1637년, 캔버스에 유채, 벨기에 왕립미술관 소장
- 파울 클레 〈파르나소스산으로〉 1932년, 캔버스에 유채와 카세인페인트, 스위스 베른 시립미술관 소장
- 윌리엄 홀먼 헌트 〈샬롯의 아가씨〉 1905년, 캔버스에 유채, 하트퍼스 에즈워스 아테네움 박물관 소장
- 존 에버렛 밀레이 〈오필리아〉 1851~1852년, 캔버스에 유채, 테이트브리튼 소장
- 구스타프 클림트 〈다나에〉 1907~1908년, 캔버스에 유채, 개인 소장
- 아르놀트 뵈클린 〈메두사〉 1878년, 캔버스에 유채, 게르마니아 국립박물관 소장
- 〈전차를 모는 크리슈나〉
- 김명국 필 〈달마도〉 17세기, 종이에 수묵, 국립중앙박물관 소장
- 오딜롱 르동 〈아폴론의 마차〉 1905~1916년, 캔버스에 유채, 메트로폴리탄 미술관 소장
- 〈쿠루크셰트라 전쟁〉
- 페르디난트 필로티 〈암포르타스와 함께 있는 파르치팔〉 19세기 초 추정, 석판화
- 에드워드 콜리 번 존스가 도안하고 모리스 공방이 생산한 태피스트리 〈성배에 경배하는 갈라하드, 보르스, 파르치팔〉 1895~1896년, 버밍엄미술관 소장

3장
- 귀스타브 모로 〈오이디푸스와 스핑크스〉 1864년, 캔버스에 유채, 메트로폴리탄 미술관 소장
- 〈흘리드스칼프에 앉은 오딘〉 19세기 추정
- 윌리엄 게르솔 콜링우드 〈오딘의 자기 희생〉 1908년, 《에다》 삽화
- 힐마 아프 클린트 〈지식의 나무 1번〉 1913년, 종이에 수채 스케치
- 울루프 울롭센 바게 〈이그드라실〉 1847년, 《산문 에다》 삽화
- 크리스토페르 빌헬름 엑케르스베르크 〈발드르의 죽음〉 1817년, 캔버스에 유화, 샤를로텐보르 궁전 소장
- 조지프 말로드 윌리엄 터너 〈황금가지〉 1834년, 캔버스에 유채, 테이트브리튼 소장

- 프리드리히 빌헬름 하이네 〈멸망하는 신들의 전쟁〉, 1882년, 에칭
- 요한 하인리히 퓌슬리 〈토르와 미드가르드 뱀의 전투〉 1788년, 캔버스에 유채, 스위스 왕립미술아카데미 소장
- 존 프랜치 슬론 〈분장하고 있는 광대〉 1910년, 캔버스에 유채, 필립스 컬렉션 소장
- 존 프랜치 슬론 〈저녁 6시〉 1912년, 캔버스에 유채, 필립스 컬렉션 소장
- 《사자의 서》에서 오시리스의 심판
- 한스 멤링, 세 폭 제단화 〈최후의 심판〉(부분) 1467~1471년, 패널에 유채, 그단스크 국립박물관 소장
- 파리 노트르담 정문 팀파눔(부분)
- 하인리히 프리드리히 퓌거 〈인류에게 불을 가져다 주고 있는 프로메테우스〉 1817년, 캔버스에 유채, 리히텐슈타인 왕실 컬렉션 소장
- 프란츠 폰 슈투크 〈시시포스〉 1920년, 캔버스에 유채, 개인 소장
- 루이 장 프랑수아 라그르네 〈에오스와 티토노스〉 1763년, 캔버스에 유채, 개인 소장
- 제임스 돌 펜로즈 〈청춘의 사과를 나누어 주는 이둔〉 1890년, 일러스트, 도널드 A. 매킨지의 《게르만 신화와 전설》의 삽화
- 뉴웰 컨버스 와이어스 〈아빌리온으로 가는 아서 왕〉 1922년, 일러스트, 《소년왕 아서》의 삽화
- 김홍도 〈낭원투도閬苑偷桃〉, 조선 후기, 지본 채색, 간송미술관 소장
- 아시리아 사라곤 2세의 궁전 부조 〈길가메시〉 기원전 8세기, 루브르 박물관 소장
- 니콜라 푸생 〈아르카디아의 양치기들〉 1638~1639년, 캔버스에 유채, 루브르 박물관 소장
- 니콜라 푸생 〈시간이라는 음악의 춤〉 1635~1640년, 캔버스에 유채, 런던 월리스 컬렉션 소장

본문 인용 도서

《그림으로 보는 황금 가지》(제임스 조지 프레이저, 이경덕 역, 1995, 까치)

《길가메시 서사시》(N.K. 샌다즈, 이현주 역, 초판은 1978년, 4판은 2000년, 범우사)

《라 퐁텐 그림 우화》(장 드 라 퐁텐, 박명숙 역, 2004, 시공사)

《바가바드 기타》(함석헌 주, 2003, 한길사)

《북유럽 신화》(닐 게이먼, 박선령 역, 2020, 나무의철학)

《붓다처럼》(틱낫한, 서계인 역, 2016, 시공사)

《비극의 탄생》(프리드리히 니체, 이진우 역, 2005, 책세상)

《산해경》(예태일, 전발평 편저, 서경호, 김영지 역, 2008, 안티쿠스)

《소설의 이론》(게오르크 루카치, 김경식 역, 2014, 문예출판사)

《신이경》(동방삭, 김지선 역, 2008, 지만지고전천줄)

《신통기》(헤시오도스, 김원익 역, 2003, 민음사)

《아발론 연대기 1~8》(장 마르칼, 김정란 역, 2005, 북스피어)

《에다 이야기》(스노리 스툴루손, 이민용 역, 2013, 을유문화사)

《우파니샤드1, 2》(이재숙 역, 1996, 한길사)

《인간과 상징》(칼 G. 융, 이윤기 역, 2009, 열린책들)

《莊子: 다시 읽는 원전장자》(장자, 안동림 역주, 1993, 현암사)

《최초의 신화 길가메쉬 서사시》(김산해, 2005, 휴머니스트)

《파르치팔과 성배 찾기》(찰스 코박스, 정홍섭 역, 2012, 푸른씨앗)

《파르치팔의 모험: 성배를 찾아서》(아우구스테 레히너, 볼프람 폰 에센바흐, 김숙희 역, 2017, 문학과지성사)

《파이돈》(플라톤, 최현 역, 1999, 현암사)

———

《게르만 신화와 전설》(라이너 테츠너, 성금숙 역, 2002, 범우사)

《그리스와 로마의 신화》(토마스 벌핀치, 이윤기 역, 1992, 대원사)

《라마야나》(R.K.나라얀 편저, 김석희 역, 2012, 아시아)

《마하바라따 1~8》(박경숙 역, 2012~2017, 새물결)

《마하바라타》(R.K.나라얀 편저, 김석희 역, 2012, 아시아)

《모든 순간의 물리학》(카를로 로벨리, 김현주 역, 2016, 쌤앤파커스)

《문명은 왜 사라지는가》(하랄트 하르만, 이수영 역, 2021, 돌베개)

《베다》(박지명·이서경 주해, 2010, 동문선)

《변신 이야기 1, 2》(오비디우스, 이윤기 역, 1998, 민음사)

《변신 이야기: 오비디우스 서사시》(오비디우스, 이종인 역, 2018, 열린책들)

《변신 이야기》(오비디우스, 김선자 역, 2003, 살림출판사)

《변신 이야기》(오비디우스, 천병희 역, 2017, 숲)

《불온한 신화 읽기》(박효엽, 2011, 글항아리)

《서유기1》(오승은, 임홍빈 편역, 2010, 문학과지성사)

《소크라테스의 변명·크리톤·파이돈·향연》(플라톤, 박문재 역, 2019, 현대지성)

《스칸디나비아 신화》(H.R.엘리스 데이비슨, 심재훈 역, 2004, 범우사)

《신곡: 지옥》(단테 알리기에리, 김운찬 역, 2009, 열린책들)

《신화와 예술》(아리안 에슨, 류재화 역, 2002, 청년사)

《아이네이스》(베르길리우스, 김남우 역, 2013, 열린책들)

《아이네이스》(베르길리우스, 진형준 역, 2017, 살림)

《아이네이스》(베르길리우스, 천병희 역, 2007, 숲)

《안인희의 북유럽 신화 1권~3권》(안인희, 2007, 웅진지식하우스)

《오뒷세이아》(호메로스, 천병희 역, 2015, 숲)

《오디세이아》(호메로스, 진형준 역, 2019, 살림)

《오딧세이아》(호메로스, 김병철 역, 2002, 혜원출판사)

《오이디푸스 왕·안티고네·아가멤논·코에포로이》(소포클레스·아이스퀼로스, 천병희
　역, 2006, 문예출판사)

《원문대조 한국신화》(이복규·양정화 엮음, 2017, 민속원)

《이야기 동양신화》(정재서, 2010, 김영사)

《이집트 死者의 書》(서규석 편저, 1999, 문학동네)

《조로아스터교의 역사》(메리 보이스, 공원국 역, 2020, 민음사)

《조르주 뒤메질, 인도–유럽 신화의 비교 연구》(김현자, 2018, 민음사)

《중국신화사 上》(위안커, 김선자 이유지 홍윤희 역, 2010, 웅진지식하우스)

《켈트신화와 전설》(찰스 스콰이어, 나영균·전수용 역, 2009, 황소자리)

《틸문, 그리고 하늘에 이르는 계단》(제키리아 사친, 이근영 역, 2009, 도서출판AK)

《파이드로스》(플라톤, 김주일 역, 2020, 아카넷)

《플라톤전집 2》(플라톤, 천병희 역, 2019, 숲)

《향연》(플라톤, 강철웅 역, 2020, 아카넷)